国际经济学

胡庆江　牛朝辉　编著

北京航空航天大学出版社

内 容 简 介

国际经济学是在传统的国际贸易和国际金融理论基础上发展起来的一个经济学独立分支学科。它以经济学的一般理论为基础，研究对象是国际经济活动和国际经济关系，是一般经济理论在当今国际经济活动领域的延伸与应用，是经济学理论体系的有机组成部分。

本书共分二十章，全面、系统地介绍了国际经济学的基本理论、政策及其实践，涵盖了国际经济学大纲的全部内容，并且对国际经济中的新现象、新事物、新研究成果给予了关注。

本书可作为经济学、国际经济与贸易、金融学等专业的本科生及研究生的基础课教材，也可供相关专业的研究人员参考。

图书在版编目(CIP)数据

国际经济学 / 胡庆江，牛朝辉编著. -- 北京：北京航空航天大学出版社，2022.4

ISBN 978-7-5124-3744-9

Ⅰ.①国… Ⅱ.①胡… ②牛… Ⅲ.①国际经济学 Ⅳ.①F11-0

中国版本图书馆 CIP 数据核字(2022)第 037445 号

国际经济学

胡庆江　牛朝辉　编著

策划编辑　董宜斌　　责任编辑　王　瑛　刘桂艳

*

北京航空航天大学出版社出版发行

北京市海淀区学院路 37 号(邮编:100191)　http://www.buaapress.com.cn

发行部电话:(010)82317024　传真:(010)82328026

读者信箱:copyrights@buaacm.com　邮购电话:(010)82316936

三河市华骏印务包装有限公司印装　各地书店经销

*

开本:710×1000　1/16　印张:17.75　字数:378 千字

2022 年 4 月第 1 版　2022 年 4 月第 1 次印刷

ISBN 978-7-5124-3744-9　定价:59.00 元

若本书有倒页、脱页、缺页等印装质量问题，请与本社发行部联系调换。联系电话:(010)82317024

前　言

经济全球化是20世纪世界经济发展进程中一个非常重要的趋势，它的出现使国与国之间的经济交往开始跨越国界，且日益频繁和重要。以国际经济活动和经济关系作为研究对象的国际经济学，作为经济学的一个独立学科分支，已成为一个十分活跃的研究领域。同时，在国内外经济学教学中，“国际经济学”都已经成为一门十分重要的必修课程。

国际经济学的理论渊源久远，对国际经济活动的研究最早可以追溯到以亚当·斯密、大卫·李嘉图的思想为代表的古典经济学说中的国际贸易理论。现代意义上的国际经济学是在传统的国际贸易和国际金融理论的基础上发展起来的。它作为一门系统、独立的理论，出现在20世纪四五十年代，即以凯恩斯为代表的凯恩斯主义兴起之后不久，国际经济学便应运而生。

国际经济学研究的主要内容包括国际贸易理论与政策、经济全球化与区域经济一体化、国际收支与国际收支调节理论、汇率决定理论、要素国际流动理论、开放宏观经济理论、国际货币危机与国际经济协调理论等。作为国际经贸实践活动的理论抽象与升华，国际经济学试图从理论上去揭示国际贸易的产生原因，为各国参与国际贸易提供理论依据；描述国际经济活动的运行过程，阐明国与国之间经贸往来的模式和利益分配，研究国际贸易的规律和主要特征；指明维护正常的国际经济秩序及开展国际经济协调的重要性，探讨如何建立减少国际贸易摩擦、金融波动、信贷危机与促进利益公平分配的调节机制。正是从这个意义上说，国际经济学为我们提供了一把解读国际经济关系本质内容的钥匙。

本书是在吸收和借鉴国内外流行教材的基础上，由北京航空航天大学公共管理学院老师们共同编著的。本书全面、系统地介绍了国际经济学的基本理论、政策及其实践，并且对国际经济学领域的一些新现象、新事物和新研究成果加以了反映，以适应国内高等院校经济学类本科生的教学需要。

本书的总体编写框架由胡庆江副教授负责设计，其他的编写人员均来自北京航空航天大学公共管理学院，且均从事国际经济学的本科生和研究生的教学工作。胡庆江老师负责第一、六、八、九、十、十一、十二、十三、十四、十五、十六、十七、十八、十九、二十章的撰写，牛朝晖老师负责第二、三、四、五、七章的撰写。

本书的编写大纲确定之后，编写小组曾组织国内外专家进行了深入的探讨，并吸收了许多知名专家的有益建议。书中涵盖了国际经济学大纲全部的内容，比较全面、系统地介绍了国际经济学的基本内容。本书主要针对本科教学，注重了内容的相对稳定性，每章都附有小结和思考题，有利于读者有重点地阅读学习。

本书的写作过程中，得到了北京航空航天大学公共管理学院的大力支持和帮助，在出版过程中得到了北京航空航天大学出版社编辑们的大力协助，在这里一并表示衷心的感谢！

本书在编写过程中参考了大量的国际经济学以及国际贸易、国际金融方面的教科书。但由于国际经济实践和经济全球化的迅猛发展，且囿于编者的视野和水平，以及本书经济学分支学科的特点，因此，书中肯定存在许多值得进一步探讨和需要发展的地方，诚挚地希望读者给予指教，以便今后对本书做进一步的完善和修订。

编　者

2022 年 4 月

目　　录

第一章　绪　论

国际经济学以微观经济学为理论基础，是经济的一般理论在国际经济范围中的延伸和应用，是以经济学的一般理论为基础来研究国际经济活动与国际经济关系的经济学分支学科，是整个经济学体系的有机组成部分。在此首先熟悉一下国际经济学的产生与发展、研究对象、特征与研究内容和分析方法。

第一节　国际经济学的产生与发展

一、微观经济学与宏观经济学的发展脉络

经济学在史前阶段被人们称为家政学（Home Economics），家庭是经济行为的基本单位，一切经济活动围绕家庭展开。

随着经济的发展，从事经济活动的基本单位在扩大，人们开始将企业视为经济活动中心，把针对企业行为的内部条件和外部环境进行研究的学科叫做微观经济学。微观经济学以资源约束为研究起点，研究生产者追求利润最大化的行为，同时以收入有限为出发点，研究消费者追求效用最大化的行为。

宏观经济学对一个国家的经济总量（如经济增长、就业充分、经济周期、总供求平衡等）进行分析和研究。在宏观经济发展到一定阶段后，不同经济体之间形成内在的经济联系，这种联系成为世界经济运行的必要条件，这时人们便具备了研究国际经济关系方方面面的客观基础，所以说国际经济学是在微观经济学和宏观经济学的基础上发展起来的。

二、国际经济学的产生

在一个经济中，资源配置是否合理决定着经济增长与发展的效率；在国际经济的范围中，资源配置是通过各种经济交往方式，如贸易、投资、劳动力流动、信息交流进行的，资源的替代、转换同样决定和影响着一个经济或整个世界经济的效率。国际经济的发展、稳定、均衡都与资源的国际配置密不可分。同样，在一个经济中，收入的分配、再分配过程直接决定并影响着各个地区之间、各个阶层之间的福利水平和平等程度；在国际经济的范围中，各种经济交流方式（如贸易、投资、劳动力流动、信息交流

等）也影响、决定着一个经济或整个世界经济的福利水平与平等程度。研究国际资源配置、国际经济福利分配是国际经济学重要的出发点和归宿点。

国际经济活动具有自身的内在联系。一方面，国内经济与国际经济密不可分，后者是前者在时间尤其是空间上的延伸；另一方面，国际经济作为整体，随着经济全球化的发展，又有着其内在的联系与规律，这一内在规律在很大程度上产生于商品和生产要素在国内的自由流动及在国际的不完全流动，因而产生了一般经济规律的特殊表现，形成了国际经济运动特有的经济规律，如国际贸易、国际金融、国际投资等方面的特有理论。

第二节　国际经济学的研究对象

国际经济学是西方经济学一个重要的分支学科，它与微观经济学、宏观经济学共同构成了西方经济学的基础。宏微观经济学侧重对一国国内经济的研究，而国际经济学以微观经济学和宏观经济学的分析框架与工具方法作为基础研究，来分析国际范围内的经济问题。

1953 年，美国学者查尔斯·金德尔伯格出版了第一本国际经济学教科书。此后，国际经济学的教学和研究越来越受到各国学者的重视，并成为大学经济学类学生的必修课。国际经济学是当代国际经济关系不断发展的产物，尤其是经济全球化为该学科的发展提供了动力。关于国际经济学的研究对象，中外学者提出了不同的观点。

一、外国经济学家观点

查尔斯·金德尔伯格认为，国际经济学是考察各国之间经济活动和经济关系的学科；著名国际经济学家、经济学诺贝尔奖得主保罗·克鲁格曼认为，国际经济学就是研究扩大了地理范围的经济学；第尔伯特·斯奈德认为，国际经济学主要研究国际经济关系，包括国际分工、国际商品交换、国际间劳动力和资本的流动，等等；彼得·凯恩认为，国际经济学以国家为经济单位，考察国与国之间的经济关系；沃尔特和艾里斯库格认为，国际经济学论述的是国际背景下稀缺性资源在满足人类需要的各个竞争性目标之间的配置。

二、国内学者观点

北京师范大学赵春明教授认为，国际经济学研究的是商品、服务、生产要素等的跨国界流动；北京大学陶涛教授认为，国际经济学研究生产交换行为以及价格、货币和宏观政策；南开大学佟家栋教授认为，国际经济学是研究稀缺资源在世界范围内的最优配置以及在此过程中发生的国际经济关系的学科。

三、小　结

综合各方观点,国际经济学主要是研究国际经济关系和国际经济活动的学科,也就是说,它以国际经济关系和国际经济活动作为研究对象。

西方经济学研究的是资源的配置和管理问题,国际经济学在西方经济学的基础上研究国际范围内的资源配置和管理问题。它具体可分为微观和宏观两个部分,其中微观部分主要探讨的是世界范围内的资源配置和市场交换问题,宏观部分主要讨论在国际格局下资源利用的决定因素以及国际传递机制。微观部分被认为是国际贸易理论,宏观部分被叫做国际金融理论。按照英国经济学家马歇尔的标准,国际贸易理论在研究方法上主要是以微观经济分析为基本工具,属于实物面(Real Side)研究,不考虑货币因素的影响;国际金融理论则是以宏观经济分析作为主要工具,属于货币面研究(Monetary Side),因此有的学者又把它叫做开放经济条件的宏观经济学,或者国际货币经济学。

第三节　国际经济学的特征与研究内容

国际经济学是一门独立的学科,有其自身的特殊性。这些特殊性主要表现在两个方面。首先,国际交易不同于国内交易。在国际交易中普遍存在对贸易和要素流动的阻碍,例如,劳动力和资本的国际流动性远远低于国内;关税与非关税贸易壁垒等限制国际贸易的壁垒在国内是不存在的;各国使用不同的货币,也使国际交易比国内交易复杂得多。其次,国际经济关系是发生在各个独立的经济实体之间的。各国在制定政策时,往往只考虑本国的福利。不同国家的政策目标不一致,导致在一国看来是最佳的政策在世界范围内看则并非最佳。例如,最佳关税的征收导致了 20 世纪 30 年代的关税大战;国际经济传导机制使得一国的经济政策,如财政政策和货币政策,不仅会影响本国的资源配置,而且会影响他国的资源配置。因此一国政府在制定政策时,不得不考虑外部因素的影响。而在封闭条件下,这些政策上的问题几乎都不存在。

如前所述,国际经济学可分为国际贸易理论和国际金融理论两部分。国际贸易部分重点在于说明贸易的起因、分工和贸易的模式、贸易利益、贸易政策的影响和制定依据、贸易战略,等等,它们所涉及的主要内容包括国际贸易理论、国际贸易政策、国际贸易与经济增长之间的关系、经济全球化和区域经济一体化,等等;而国际金融部分或者叫开放宏观经济学部分主要是说明国际经济活动在各国国民收入中的作用,以及各国国内经济活动对国际经济关系的影响,这部分内容主要包括国际收支及其调整、外汇与汇率理论,还有宏观经济内外均衡、开放宏观经济政策的效果与政策搭配,等等。所有这些内容基本解释了国际经济关系方方面面的问题。当然,随着时间的推移还会不断有新的问题出现，因此国际经济学的研究内容也在不断地变化。本书讨论的国际经济学的内容包括以下方面。

一、国际贸易理论

古典国际贸易理论以市场的完全竞争性、生产要素在国际上不能流动为前提，在排除政府和其他人为干预以及货币因素的情况下，研究国际贸易产生的原因、贸易利益的分配、贸易模式安排等问题。国际贸易理论根据假设前提的不同，分为完全竞争贸易理论和不完全竞争贸易理论。完全竞争贸易理论包括古典贸易理论、新古典贸易理论、要素禀赋理论，不完全竞争贸易理论分为新贸易理论与新新贸易理论。完全竞争贸易理论的假设前提是完全竞争市场结构、产品同质性、规模报酬不变；不完全竞争贸易理论的假设前提是不完全竞争市场结构、产品异质性、规模报酬递增。

二、国际贸易政策

国际贸易政策是各经济体对贸易过程的某种控制和干预，在多数情况下是借助于行政垄断因素对自由贸易实行的某种限制，从而产生某些影响，也有政府为鼓励自由贸易而制定的政策。一定的贸易政策是以特定的经贸理论为基础的，是理论在实践层面的某种反映，也是一种有目的的政府行为。可以说，贸易政策比纯理论更贴近贸易的实际，不同的国家往往制定并实行不同的贸易政策。

三、要素国际流动

生产要素的国际流动是当今国际经济学研究的重要范畴。它包括了生产要素的各个方面，如资本、劳动力、技术、信息等。生产要素的国际流动和国际商品流动在一定程度上可以互相替代，同时二者也存在着互补性。

四、区域经济一体化

区域经济一体化是当今国际经济领域中的一个重要现象。对它的研究包括对关税同盟所进行的较为详细的分析，尤其是经济分析、福利分析，以及对经济一体化的原因、条件、经济效应所进行的研究等。

五、世界贸易组织

世界贸易组织主要介绍关贸总协定（GATT，General Agreement on Tariffs and Trade）和世界贸易组织（WTO，World Trade Organization）的发展过程，还有世界贸易组织的主要职能、基本原则、组织机构、审议机制、贸易争端解决机制、中国与世界贸易组织，以及世界贸易组织的改革问题。

六、国际收支及其调整

这部分内容研究国际收支平衡表各个项目的经济含义，国际收支各个构成部分之间的关系，国际收支与一国的宏观经济总体的关系；同时着重研究国际收支的失衡以及为恢复均衡而进行调整的理论、机制和措施。

七、外汇与汇率决定理论

这部分内容主要介绍外汇市场的基本知识和一些有代表性的汇率决定理论。外汇理论部分包括外汇和汇率的基本概念、外汇市场的概况、外汇市场上的即期与远期外汇交易以及汇率制度和外汇管制；汇率决定理论部分主要介绍铸币平价理论、相对和绝对购买力平价理论、利率平价理论、汇率决定的资产市场分析法，以及汇率决定理论的前沿理论。

八、开放宏观经济均衡和宏观经济政策效果

国际经济学在研究这一问题时，主要强调的是宏观经济的内外均衡，即如何使经济同时达到经济增长、物价稳定、充分就业和国际收支平衡四个宏观经济目标。本部分内容阐述宏观经济内外均衡的概念和国际政策搭配方法，利用图形说明国际政策搭配使经济回归到均衡点的过程，还利用 IS－LM－BP 模型分析了开放经济中固定汇率和浮动汇率制度下宏观经济政策的效果。

九、国际经济政策协调

在开放经济条件下，一国经济与他国经济密切相关，各国经济相互依赖、相互影响。一国（特别是大国）的经济政策会对他国经济产生重要影响，因此在经济全球化的环境下，各国在制定宏观经济政策时，不仅要考虑国内经济目标，而且必须考虑其国际影响，于是各国的宏观经济政策也就产生了协调的必要。这部分内容主要阐述进行国际经济政策协调的原因和理由，分析国际经济政策协调的具体内容，介绍国际经济政策协调的实践。

十、经济全球化

这部分内容主要介绍经济全球化的概念与定义，经济全球化的主要动因，经济全球化运行的主要内容与特点，经济全球化格局下的中国与其他国家的定位，开放世界经济中经济全球化发展的新动向，以及世界价值链格局变化的全球化意义。

第四节　国际经济学的分析方法

一、静态分析与动态分析

国际经济学的静态分析主要涉及比较静态分析。比较静态分析强调的是对变化的不同阶段的一些既定结果的分析，例如比较优势原理就是一种静态分析。动态分析则主要对事物的变化过程以及变化中各个变量对过程的影响进行分析，比如要素增长对国际贸易的影响分析。

二、定性分析与定量分析

国际经济学的定性分析主要强调的是经济中的结构性联系，比如国际贸易利益的分配。定量分析主要是对事物数量关系的变换进行分析，比如关税有效保护率的计算。与政治经济学及计量经济学不同，作为应用经济学，国际经济学更强调定性与定量分析的有机结合，注重实证分析是国际经济学的一个突出特点。

三、局部均衡与一般均衡分析

国际经济学中的局部均衡分析是指只进行单个市场、单一商品、单一要素的价格与供求的考察，例如进口关税的局部均衡分析在局部均衡的基础上考察经济福利的变化。国际经济学中的一般均衡分析强调的是考察全部市场、全部商品的价格与供求变化，例如进口关税的一般均衡分析考察的是总体的福利变化。

本章小结

国际经济学是西方经济学的一个重要分支学科，它与微观经济学、宏观经济学共同构成了西方经济学的基础。宏微观经济学侧重对一国国内经济的研究，而国际经济学是以微观经济学和宏观经济学的分析框架与工具方法作为基础来分析研究国际范围内的经济问题，通常会以静态与动态、定性与定量、局部和均衡分析作为研究方法。

思考题

1. 简述国际经济学的研究对象。
2. 国际经济学的研究内容主要包括哪些？
3. 国际经济学的研究方法有哪些？

第二章　古典贸易理论

古典贸易理论是第一代贸易理论，最早由亚当·斯密在劳动价值论基础上提出，后经大卫·李嘉图加以扩展。本章主要包括以下几部分内容：绝对优势理论、比较优势理论、标准贸易理论和贸易利益分析。

第一节　绝对优势理论

一、绝对优势理论提出的背景

绝对优势理论是由经济学家亚当·斯密在1776年的《国富论》中提出的，该理论是在批判"重商主义"的基础上提出的。重商主义是16世纪到18世纪中叶西方的主流经济思想。根据重商主义的理念，一国的财富反映在其所拥有的贵金属的数量上，贵金属越多，老百姓生活就越好。由于世界各国的贵金属总量一定，因此各国之间的贸易属于"零和博弈"，即一国财富的增加，势必伴随其他国家财富的减少。

在国际贸易上，出口是把商品卖到其他国家而换回贵金属，而进口是购买外国商品而本国贵金属流向外国。按照重商主义对一国财富的衡量标准，各国均会追求本国贵金属的增加，因此一国应当增加出口而减少进口。

然而，重商主义对于一国财富的定义，以及国际贸易是"零和博弈"的观点与现实存在差距，且该理论并未从本质上解释为什么会产生国际贸易。

经济学家亚当·斯密在1776年出版的《国富论》中提出了绝对优势理论，它批判了重商主义对于国家财富的定义。亚当·斯密认为，一国的财富不应该反映在它所拥有的贵金属数量上，而应该反映在该国的生产能力上，即生产商品和劳务的能力。一国生产商品和劳务越多，能够提供给人们消费的商品和劳务就越多，因而该国的财富就越多。

对于国际贸易的模式，应该取决于各国的绝对优势。绝对优势是指：如果一国生产某种产品的效率更高，或者生产同样的产品成本更低，则该国在生产这种产品上具有绝对优势；反之，如果一国生产某种产品的效率更低，则该国在生产这种产品上具有绝对劣势。比如，A国1小时劳动可以生产12单位的小麦，B国1小时劳动可以生产8单位的小麦，这里假设两国的劳动小时和生产的小麦是完全相同的，那么A

国在小麦生产上具有绝对优势，B 国具有绝对劣势。

根据亚当·斯密的观点，一国的贸易应当是：一国应专业化生产本国具有绝对优势的产品，并出口这种产品，而从他国进口本国具有绝对劣势的产品。通过专业化分工与贸易，在资源总量不变的情况下，每个国家的生产效率都能提高，生产的产品数量增加，各国可以消费的产品数量也增加，两国均在贸易中受益。

二、绝对优势理论的基本假设

在经济学中学习任何一个理论之前都先要确定该理论的假设条件，即理论是在什么前提下展开的。绝对优势理论的假设有两个：

（一）劳动价值论

绝对优势理论的第一个假设是生产以劳动价值论为基础。这包括三个方面的含义：首先，劳动力是唯一的生产要素。这一假设理论在提出时具有一定的现实背景，在理论提出的 17—18 世纪，机器等资本在生产中还没有被广泛应用，生产主要以手工作坊等形式组织起来，因而劳动力是唯一的要素这一假定符合当时的现实。然而在当今，生产过程中的投入往往不仅有劳动力，而且有资本、技术等。在后面的章节将讨论当有多种要素投入时，国际贸易应如何开展。其次，劳动力是同质同酬的，即每一个劳动力在单位时间生产的产品数量都是相同的，且工资相同。第三，规模收益不变，即随着生产产品数量的增加，每单位产品生产的要素投入量不变。比如一个鞋匠制作一双鞋子需要 4 个小时，那么他制作第二双鞋子仍然需要 4 个小时，第三双、第四双仍然如此。由于前面提到，每个劳动力的报酬相同，由此引申出，生产一单位产品的成本都是相同的，平均成本、边际成本以及机会成本都不变。

（二）完全竞争市场

绝对优势理论的第二个基本假设是市场是完全竞争的。在经济学的完全竞争市场中，生产者和消费者的数量很多，每个人都是市场价格的接受者，没有人可以操控市场价格，产品是同质的。

三、绝对优势理论的主要内容

前面介绍了绝对优势理论的两个基本假设，那么在这样的前提下，国际贸易应该如何开展呢？这里用一种简化的“2×2×1”框架来分析：第一个“2”是指两个国家，假设世界上只有两个国家，这里定义为 A 国和 B 国；第二个“2”是指两种产品，假设两个国家只生产和消费两种产品，这里以小麦和布为例；“1”是指一种生产要素，也就是前边提到的，劳动是生产中唯一的生产要素。

A 国和 B 国生产小麦和布的效率是不同的，描述生产效率有两种方式：

第一种是单位劳动力在单位时间生产的产品的数量，产品数量越多，则生产效率越高。比如，表 2.1 描述 A、B 两国单位劳动力在单位时间生产产品 X、Y 的数量。

表 2.1　A、B 两国单位劳动力在单位时间生产 X 和 Y 的数量

国　家	产品 X	产品 Y
A 国	1	2
B 国	2	4

对比两国在生产两种产品上的生产效率，对于 X 产品，A 国单位时间生产 1 个产品，而 B 国可以生产 2 个产品，因而 B 国生产 X 产品具有绝对优势。而对于 Y 产品，A 国单位时间生产 2 个产品，而 B 国可以生产 4 个产品，同样是 B 国生产 Y 产品具有绝对优势。

另一种方式是生产单位产品所需要的时间，所需时间越少，则生产效率越高。比如，表 2.2 给出了美国与菲律宾生产四种产品所需的劳动时间。

表 2.2　美国与菲律宾生产四种单位产品所需时间

单位：h

产　品 / 国　家	芯　片	香　蕉	单放机	汽　车
美国	25	5	10	50
菲律宾	100	1	20	250

分析表 2.2 数据可以看到，美国在生产芯片、单放机和汽车这三种产品所需单位时间更少，效率更高。而菲律宾在生产香蕉上所需时间更少，效率更高。

为避免混淆，这里统一使用“单位时间生产的产品数量”来衡量生产效率，因此，产品数量越多，生产效率越高。

用具体例子来分析绝对优势理论，如表 2.3 所列，A 国单位时间生产的小麦数量为 100 千克，生产布的数量为 40 匹。B 国单位时间生产小麦的数量为 25 千克，而生产布的数量是 50 匹。对比两国的生产效率可以看到，A 国单位时间生产的小麦数量大于 B 国，因此 A 国生产小麦效率更高，在生产小麦上具有绝对优势，相应的 B 国生产小麦具有绝对劣势。而 B 国单位时间生产布匹的数量大于 A 国，因此 B 国生产布匹效率更高，在生产布匹上具有绝对优势。

表 2.3　绝对优势理论实例(封闭时两国产量)

单位时间生产的产品 / 国　家	小麦/千克	布/匹
A 国	100	40
B 国	25	50

(一) 封闭条件下的情形

下面看一下封闭条件下两国生产和消费的情况，以及进行国际贸易以后两国生

产和消费的情况，如表 2.4 所列。

表 2.4　封闭条件下两国的生产和消费

国　家	A 国		B 国	
产　品	小麦	布	小麦	布
单位时间生产	100	40	25	50
国内相对价格	0.4 布	2.5 小麦	2 布	0.5 小麦
均衡生产	50	20	12.5	25
均衡消费	50	20	12.5	25
世界生产	62.5 单位小麦，45 单位布			
世界消费	62.5 单位小麦，45 单位布			

首先，封闭条件下 A、B 两国单位时间内生产产品的数量如前面所述，在 A 国，单位时间能够生产 100 单位小麦或者 40 单位布，在 B 国单位时间能够生产 25 单位小麦或者 50 单位布。

其次，描述两国国内两种商品的价格。由于 A、B 两国货币不同，用两国货币来描述价格无法直接进行对比，因此用相对价格来描述商品价格。所谓相对价格就是用另一种商品的数量来表示单位商品的价格。由于两国商品要满足等价交换原则，在 A 国，单位时间可以生产 100 单位小麦和 40 单位布，因此它们是等价的(投入的劳动时间相同)，换算成价格，1 单位小麦与 0.4 单位布等价，相应的 1 单位布与 2.5 单位小麦等价。在 B 国，1 单位小麦与 2 单位布等价，而 1 单位布与 0.5 单位小麦等价。

在封闭条件下，A、B 两国都有小麦和布的需求，因此两国都要生产这两种产品。

假设两国都将劳动力平均分配到两种产品的生产中，即有 0.5 单位劳动力生产小麦和 0.5 单位劳动力生产布，则 A 国在均衡条件下可以生产 50 单位小麦，20 单位布，而 B 国在均衡条件下生产 12.5 单位小麦和 25 单位布。

封闭条件下两国的消费只能在本国自己生产的产品内选择，没有进出口贸易。假设生产的全部产品都被消费，则均衡条件下 A 国消费 50 单位小麦和 20 单位布，B 国消费 12.5 单位小麦和 25 单位布。

整个世界的总产量为两国产量之和，即 62.5 单位小麦和 45 单位的布。整个世界的消费为 62.5 单位小麦和 45 单位的布。

(二) 自由贸易条件下的情形

前面对比 A、B 两国得知，A 国在生产小麦上具有绝对优势，B 国在生产布上具有绝对优势，通过比较两国两种商品的价格也可以得到，A 国的小麦(0.4)比 B 国的小麦(2)便宜，B 国的布(0.5)比 A 国的布(2.5)便宜。下面看一下自由贸易下的情形，如表 2.5 所列。

表 2.5　自由贸易条件下两国的生产和消费

国　家	A　国		B　国	
产　品	小麦	布	小麦	布
专业化生产	100	0	0	50
贸易价格和数量	22.5∶22.5			
均衡消费	77.5	22.5	22.5	27.5
较贸易前多消费	22.5	2.5	10	2.5
世界生产	100 单位小麦,50 单位布			
世界消费	100 单位小麦,50 单位布			

在自由贸易条件下,小麦和布可以在 A、B 两国之间自由流动,由于贸易前,A 国的小麦更便宜,B 国的布更便宜,因而两国打开国门后,两国消费者都愿意买 A 国生产的小麦、B 国生产的布。最终两国均生产本国具有绝对优势的产品,而不生产本国具有绝对劣势的产品,即 A 国专业化生产小麦而不生产布,B 国专业化生产布而不生产小麦。在这种条件下,A 国总共可以生产 100 单位的小麦,B 国总共可以生产 50 单位的布。

那么 A、B 两国应该以何种价格进行交易呢？这一价格应该介于封闭时两国价格之间,即小麦的价格应该在(0.4 布,2 布)之间,布的价格应该在(0.5 小麦,2.5 小麦)之间。

假设两国以 1∶1的比例交换小麦和布,A 国拿出 22.5 单位小麦用于交换 B 国的布,换回 22.5 单位的布;B 国拿出 22.5 单位的布换回 A 国 22.5 单位的小麦,则均衡时,A 国可以消费 77.5 单位小麦,22.5 单位布,B 国可以消费 22.5 单位小麦和 27.5 单位布。

与贸易前相比,A 国可以多消费 22.5 单位的小麦、2.5 单位的布,B 国可以多消费 10 单位小麦、2.5 单位布。整个世界生产并且消费 100 单位小麦和 50 单位布,较封闭条件下都有提高。

由此可知,通过专业化分工和交换,两国在自由贸易条件下比封闭条件下的生产能力提高,消费数量增加,每个国家都在国际贸易中受益。

(三) 小　结

本节用具体的例子描述了绝对优势理论的主要内容,现在来做一个总结。国际贸易理论有不同流派,但每种理论都试图解决国际贸易的四大问题:一是贸易的动因,即两国为什么要进行国际贸易,两国的差异来自什么？二是贸易的模式,即参与国际贸易的国家进口什么,出口什么？三是贸易的利得,即参与国际贸易的国家如何受益？四是贸易的收入分配效应。

根据绝对优势理论,两国产生贸易的动因是两国在封闭条件下生产产品的绝对劳动生产率存在差异,两国各自在生产一种产品上具有绝对优势。

贸易的模式是:各国总是专业化生产并出口本国在劳动生产率方面具有绝对优势的产品,不生产并进口本国具有绝对劣势的产品。

贸易的利得是:参与贸易的各国都会受益,主要表现在两国均能生产和消费更多的产品。

绝对优势理论对于贸易利得的分析与重商主义存在差异,其主要原因在于两个理论对于国家财富的定义不同。重商主义认为,一国的财富反映在其所拥有的贵金属数量上,贵金属越多,老百姓生活越好。因此,一国净出口越多,换回的贵金属越多,财富越多。

而绝对优势理论则认为,一国的财富不应该反映在所拥有的贵金属数量上,而应该反映在该国的生产能力,即生产商品和劳务的能力上,一国生产商品和劳务越多,能够提供给人们消费的商品和劳务就越多,则该国的财富越多。因此贸易可以使得参与贸易的双方都能受益。

四、绝对优势理论的评价

绝对优势理论否定了重商主义的以贵金属总量作为衡量国家财富标准的观点,而提出以一国的生产能力来衡量国家财富。该理论否定了重商主义对于国际贸易是“零和博弈”的观点,而提出国际贸易可以使双方都受益。该理论是第一次从生产领域来解释国际贸易的原因,这些都具有进步意义。

然而,如果一个国家在生产两种产品上均具有绝对优势,而另一个国家在生产两种产品上均具有绝对劣势,那么两国是否还能进行贸易,并且在贸易中均受益?绝对优势理论无法给出答案。下一节的“比较优势理论”中将回答这一问题。

第二节　比较优势理论

一、比较优势理论提出的背景

比较优势理论由经济学家大卫·李嘉图提出,该理论建立在亚当·斯密的绝对优势理论基础上。上一节提到过,绝对优势理论认为一国总是专业化生产并出口本国在劳动生产率方面具有绝对优势的产品,再通过交换换回本国具有绝对劣势的产品。

然而,如果一个国家在生产两种产品上均具有绝对优势,而另一个国家在生产两种产品上均具有绝对劣势,那么两国是否还能进行国际贸易?按照绝对优势理论的观点,这种情况下两国没有进行贸易的条件。

绝对优势理论与比较优势理论的概念差异主要表现在对于“优势”的定义。绝对优势强调一国生产某种产品的绝对生产率更高，或者生产同样的产品绝对成本更低，则该国在生产这种产品上具有绝对优势。而比较优势则是一个相对的概念，它强调一国在生产某种产品上相对优势更大，或者相对劣势更小，都称该国在生产这种产品上具有比较优势。

李嘉图的比较优势理论提出，这种情况下两国仍然可以进行贸易，且两国还能从贸易中受益。下面看一下比较优势理论是如何得出这样的结论的。

二、比较优势理论的基本假设

比较优势理论的假设包括以下 5 个：

（1）第一个假设是生产以劳动价值论为基础，这一假设与绝对优势理论相同，它包括三方面的含义：第一，劳动力是唯一生产要素；第二，劳动力是同质同酬的；第三，规模收益不变。

（2）第二个假设是市场是完全竞争的。其特点为，生产者和消费者的数量很多，可以自由进入，信息充分，每个人都是市场价格的接受者，没有人可以操控市场价格，产品是同质的。

（3）第三个假设是不存在运输成本及其他贸易障碍，一旦两国进行贸易，商品可以完全自由地在国家间流动。

（4）第四个假设是要素在国内各部门间可以自由移动，但不可以在国家间移动。这里的要素是劳动力，也就是说在一国内，劳动力可以在各生产部门中自由流动，但是 A 国的劳动者不能去 B 国工作，B 国的劳动者也不能到 A 国工作。

（5）第五个假设是要素供给总量固定且要素被充分利用。在这里指的是各国劳动力数量不变，且每个劳动力都充分就业。因此各国的生产点一定在生产可能性曲线上。

生产可能性曲线描述的是在一定的技术条件下，一国的全部资源被充分利用所能生产的各种商品最优产量的组合。这里假定劳动力充分就业，且劳动力是唯一的生产要素，因此各国的全部资源被充分利用，其生产组合在生产可能性曲线之上。

三、比较优势理论的主要内容

以上是比较优势理论的基本假设，那么在这样的前提下，国际贸易应该如何开展？这里还是用简化的“2×2×1”框架来分析，即两个国家（A 国和 B 国），两种产品（小麦和布），一种生产要素，即劳动力是唯一的生产要素。

如表 2.6 所列，A 国单位时间生产的小麦数量为 60 千克，生产布的数量为 75 匹。B 国单位时间生产小麦的数量为 20 千克，而生产布的数量是 60 匹。对比同种产品两国的生产效率，可以看到，A 国单位时间生产的小麦数量和布的数量均大于 B，因此 A 国在生产两种产品上都具有绝对优势。

然而 A 国在这两种产品的优势大小是不同的，在小麦的生产上，A 国单位时间生产的数量是B国的3倍(60/20),而在布匹的生产上,A国的生产效率是B的1.25倍(75/60),因此A国在生产小麦上具有更大的优势。

同样地,B国虽然生产两种产品都具有绝对劣势,但相对来说劣势的程度不同。小麦的生产效率B国是A国的1/3(20/60),而布匹的生产效率是A国的4/5(60/75),因此B国生产布匹的劣势相对小一些,则称B国在生产布匹上具有比较优势。

表2.6　比较优势理论实例(封闭时两国产量)

国家＼单位时间生产的产品	小麦/千克	布/匹
A国	60	75
B国	20	60

一国在生产产品上优势更大,或者劣势更小,都称该国在生产这种产品上具有比较优势。

(一)封闭条件下的情形

在封闭条件下两国生产和消费的情况,如表2.7所列。

表2.7　封闭条件下两国的生产和消费

国家	A国		B国	
产品	小麦	布	小麦	布
单位时间生产数量	60	75	20	60
国内价格	1.25布	0.8小麦	3布	0.33小麦
均衡生产	40	25	10	30
均衡消费	40	25	10	30
世界生产	50单位小麦,55单位布			
世界消费	50单位小麦,55单位布			

首先看两国国内两种商品的价格,与绝对优势理论的分析方法相同,这里用相对价格来描述商品价格。

在A国,单位时间可以生产60单位小麦或75单位布,根据等价交换原则,1单位小麦与1.25单位布等价,而1单位布与0.8单位小麦等价。

在B国,1单位小麦与3单位布等价,而1单位布与0.33单位小麦等价。

在封闭条件下,A、B两国都有小麦和布的需求,因此两国都要生产两种产品。

假设A国2/3的劳动力生产小麦,1/3的劳动力生产布,而B国将劳动力平均分配到两种产品的生产中,则A国在均衡条件下可以生产40单位小麦、25单位布,B国在均衡条件下生产10单位小麦、30单位布。

封闭条件下,消费数量与生产数量是相同的,A国在均衡条件下消费40单位小麦、25 单位布，B 国在均衡条件下消费 10 单位小麦、30 单位布。

整个世界的总产量和总消费为 50 单位小麦和 55 单位布。

（二）自由贸易条件下的情形

比较两国两种商品的价格可知，A 国的小麦比 B 国的小麦便宜，B 国的布比 A 国的布便宜，也就是 A 国在生产小麦上具有比较优势，B 国在生产布上具有比较优势。

在自由贸易条件下，A 国的小麦更便宜，B 国的布更便宜，因而两国消费者都愿意买 A 国生产的小麦，B 国生产的布。最终两国均专业化生产本国具有比较优势的产品，而不生产本国具有比较劣势的产品，即 A 国专业化生产小麦而不生产布，B 国专业化生产布而不生产小麦。

在这种条件下，A 国总共可以生产 60 单位的小麦，B 国总共可以生产 60 单位的布。

那么 A、B 两国应该以何种价格进行交易呢？如表 2.7 所列，这一价格应该介于封闭时两国价格之间，即小麦的价格应该在（1.25 布，3 布）之间，布的价格应该在（0.33 小麦，0.8 小麦）之间。

假设两国以 1∶2的比例交换小麦和布，A 国拿出 15 单位小麦用于交换 B 国的布，换回 30 单位的布；B 国拿出 30 单位的布换回 A 国 15 单位的小麦，则均衡时，A 国可以消费 45 单位小麦，30 单位布；B 国可以消费 15 单位小麦和 30 单位布。与贸易前相比，A 国可以多消费 5 单位小麦，5 单位布，B 国可以多消费 5 单位小麦。整个世界生产并且消费 60 单位小麦和 60 单位布，较封闭条件下都有提高，如表 2.8 所列。

表 2.8　自由贸易条件下两国的生产和消费

国　家	A 国		B 国	
产品	小麦	布	小麦	布
专业化生产	60	0	0	60
贸易价格和数量	15∶30			
均衡消费	45	30	15	30
较贸易前多消费	5	5	5	0
世界生产	60 单位小麦，60 单位布			
世界消费	60 单位小麦，60 单位布			

由此可知，通过专业化分工和交换，两国在自由贸易条件下比在封闭条件下的生产能力提高，消费数量增加，每个国家都在国际贸易中受益。

（三）一般性分析

前面用个例讲述比较优势理论的内容，下面用图形来一般性地描述比较优势理论。图 2.1 中左边代表国家 A，右边代表国家 B，两种产品小麦和布的生产和消费数量分别用坐标轴的横轴和纵轴表示。前面提到，两国的劳动力充分就业，则生产点在生产可能性曲线上。根据假设，生产的规模收益不变，因此两国的生产可能性曲线应该是斜率不变的、向右下方倾斜的直线。生产可能性曲线的斜率是横轴产品相对纵轴产品的价格，即小麦与布的价格之比。前面的例子中，A 国在生产小麦上具有比较优势，小麦相对价格更低，因而 A 国的生产可能性曲线较平缓，B 国的生产可能性曲线较陡峭。

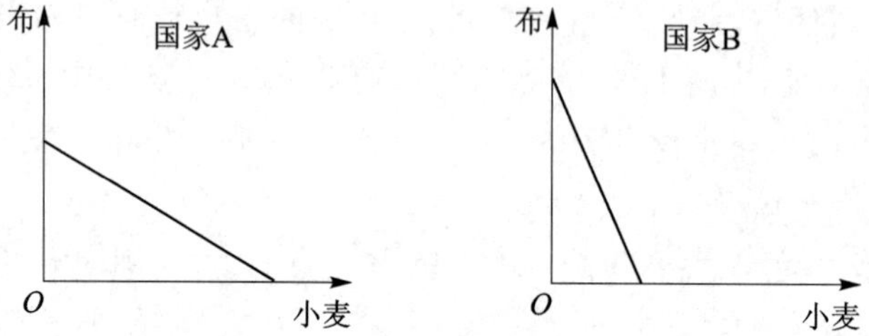

图 2.1　国家 A 和国家 B 的生产可能性曲线

在封闭条件下两国都要生产并消费两种产品，且生产与消费数量相等，由生产和消费共同决定均衡数量。最终的均衡点由生产与消费共同决定，如图 2.2 所示，封闭条件下，A 国的生产和消费点为 A_1，B 国生产和消费的点为 B_1。

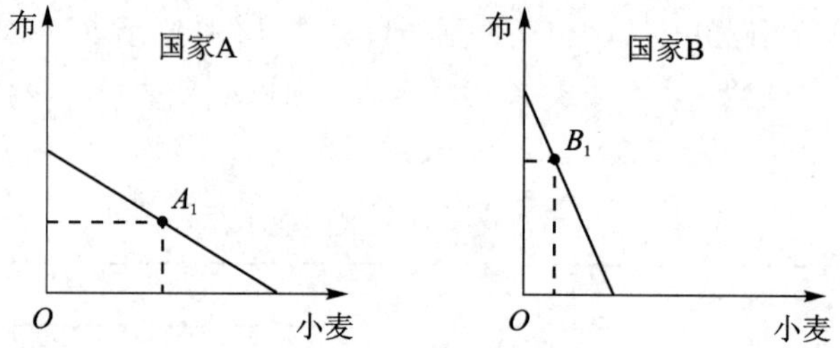

图 2.2　国家 A 和国家 B 封闭条件下的均衡点

在开放条件下的情形如图 2.3 所示，两国可以自由交易两种产品。由于开放前，A 国的小麦相对比较便宜，而 B 国的布相对比较便宜，因而两国都愿意买 A 国的小麦和 B 国的布。需求驱动下，A 国逐渐用全部资源专业化生产小麦，B 国逐渐转为专

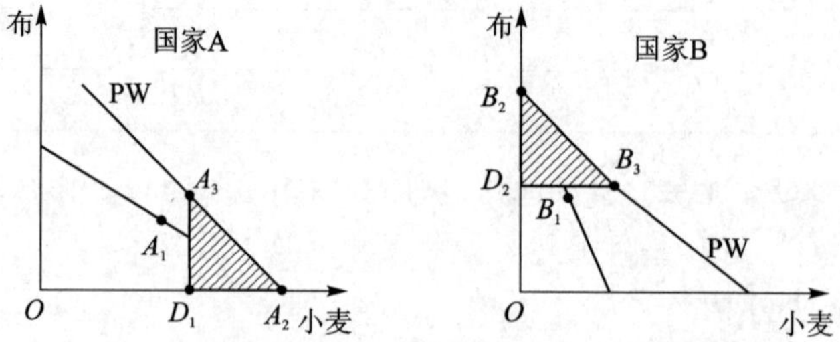

图 2.3　国家 A 和国家 B 自由贸易条件下的均衡点

业化生产布，因此开放条件下A国的生产点为端点A_2，B国的生产点为端点B_2。两国按照相同的世界价格进行交易，这一价格应该是介于封闭时两国价格之间。选一条PW线，这条线在两图中应当平行且通过A_2、B_2，新的价格线与两国的需求决定了新的均衡点——A_3和B_3点，这代表了新的消费组合。

通过图形可知：首先，A国的劳动力全部用来生产小麦，他们拿出D_1A_2单位的小麦用于交换，换回A_3D_1单位的布。类似地，B国全部劳动力用来生产布，他们拿出B_2D_2单位的布与A国换回D_2B_3单位的小麦。其次，通过贸易，两国的消费点A_3、B_3都在本国生产可能性曲线之外，即摆脱了本国生产的限制，在更大程度上进行消费，因此两国都在贸易中受益。

四、比较优势理论小结

本节介绍了比较优势理论的主要内容，现在来做一个总结：

根据比较优势理论，两国产生贸易的动因是各国在生产产品的相对劳动生产率存在差异。

贸易的模式是：各国总是专业化生产并出口本国在劳动生产率方面具有比较优势的产品，进口本国具有比较劣势的产品。

贸易的利得是：参与贸易的各国都会受益，表现在两国均能生产和消费更多的产品。

绝对优势理论和比较优势理论都是假定规模收益不变，即随着企业产量的上升，生产每个产品的机会成本都相等；然而在经济学中，比较一般的情况是要素不同、机会成本递增，因而在社会总资源有限的情况下，随着一种产品生产规模的扩大，每增加一单位该产品的生产所放弃的另一种产品的生产数量就递增。

第三节　标准贸易理论

一、标准贸易理论提出的背景

标准贸易理论产生于20世纪40年代，该理论对比较优势理论进行了完善，也综合了其他传统国际贸易理论的内容。前面在讲绝对优势理论与比较优势理论中一个重要的假设是劳动价值论，认为劳动力是唯一的生产要素，劳动力是同质同酬的，且规模收益不变，因而随着企业产量的上升，生产每个产品的机会成本都相等。

然而，与实际更相符的假设应该是随着生产规模的扩大，生产的机会成本会递增，即一国为了多生产一单位某种商品而必须放弃越来越多另一种商品的产量。这背后的原因是：第一，要素不是同质的；第二，商品生产中，生产要素比率或要素密集度不是固定不变的。

举个例子。假如一国有100个劳动力,原来有50个劳动力从事制造业,生产钢铁,50个劳动力从事农业,种植水稻。然而,生产这两种产品所需要的劳动力具备的技能有显著差异。生产钢铁需要对操作机器更熟练,而生产水稻需要对农业器械熟悉并且对于季节时令比较了解。因此两部门的劳动力所具备的技能并不完全相同,即要素同质的假设不同。

假如钢铁行业要扩大生产,需要更多的劳动力,因此需要一部分原来生产水稻的劳动力转移过来生产钢铁。由于原来生产水稻的劳动力并不熟悉生产钢铁的技能,因此原来可能只需要一个钢铁工人完成的任务,现在需要两个水稻农民才能完成,即生产过程中要素投入比率会发生变化。随着钢铁产量的扩大,需要投入的边际劳动力数量会上升,也就是生产的机会成本递增。

二、标准贸易理论分析的基本工具

那么在这种情形下,两国的生产、贸易情形又会如何呢?

这里需要借助两个分析工具,一个是生产可能性曲线,一个是社会无差异曲线。

(一) 生产可能性曲线

生产可能性曲线(见图2.4)表示在一定的技术条件下,一国利用全部资源生产两种产品,所能达到的最大生产的组合。它描述的是一国生产的情况,反映了资源的稀缺性与选择性的经济学特征。稀缺性是指经济不可能无限量地生产,只能利用有限的资源进行,因此生产可能性曲线的形状一定是向右下方倾斜的,每多生产一单位产品需要占用社会资源,势必需要放弃另一种产品的生产。选择性是指如何在两种产品生产中进行生产数量的选择,是多生产 X 产品少生产 Y 产品,还是相反。生产可能性曲线上的点通常为两种产品产量(假定为 X,Y)的组合,曲线上任意点的斜率就代表着该产量水平上生产一单位 X 相对于生产 Y 的机会成本,也称为边际转换率MRT($\mathrm{MRT}=\mathrm{d}Y/\mathrm{d}X=MC_x/MC_y$),其曲线越陡峭,说明生产一单位 X 的机会成本越高。

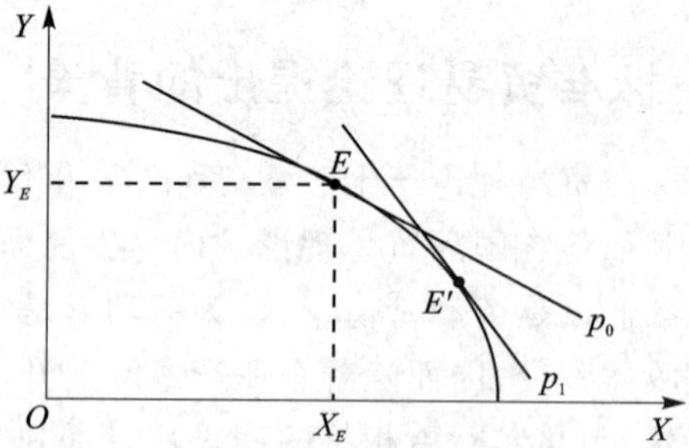

图2.4　生产可能性曲线

对于机会成本递增情况下的生产可能性曲线,它的形状应该是凹向原点,即随着 X 的增大,曲线上的切线应该是越来越陡峭。

生产可能性曲线上的均衡点是相对价格线与该曲线的切点,即生产可能性曲线切线的斜率=边际转换率=生产 X 相对于 Y 的机会成本=相对价格,如图2.4所示,相对价格为 p_0,均衡点为 E 点;相对价格上升为 p_1,

均衡点变为 E'，表明 X 的相对价格上升后生产调整为多生产 X，少生产 Y。

（二）社会无差异曲线

前面讲述了生产一侧的情形，一国的社会需求情况应该由社会无差异曲线决定。社会无差异曲线的定义为：在偏好和社会收入水平既定的条件下，能为一国消费者带来相同效用的两种商品消费数量的组合。它的形状由一国的消费偏好与需求特性决定，其位置高低反映了一国国民福利水平的高低。

社会无差异曲线的性质：

(1) 有无数条无差异曲线，即一国消费者可以有不同的满足程度；

(2) 离原点越远，效用水平越高；

(3) 社会无差异曲线之间不相交；

(4) 社会无差异曲线斜率为负，曲线上每个点切线的斜率的绝对值称为边际替代率；

(5) 社会无差异曲线凸向原点，这是基于边际替代率递减规律：消费者为得到每一单位的某种商品所需要放弃的另一种商品的消费数量是递减的。

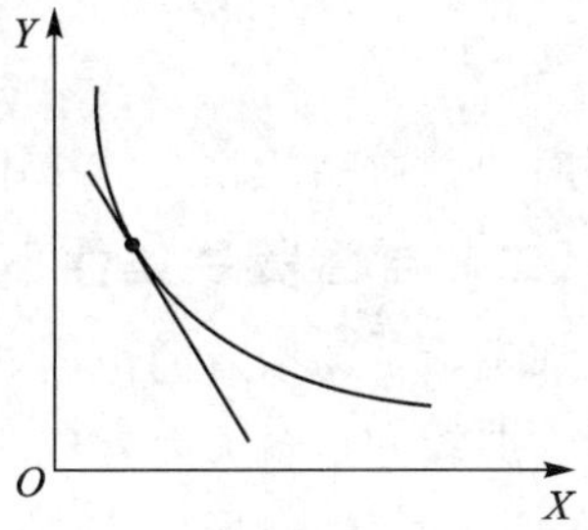

图 2.5　社会无差异曲线

图 2.5 是一条社会无差异曲线。均衡点是价格线与社会无差异曲线相切的切点。此时，边际替代率与两种产品的价格之比相等。

三、标准贸易理论的主要内容

有了描述生产的生产可能性曲线和描述消费的社会无差异曲线，就可以利用两条曲线去寻找经济活动中生产和消费的均衡点。

（一）封闭条件下的情形

先看封闭条件下的均衡点，封闭条件下，本国的消费只能在本国的生产范围内选择，因此一国的均衡点最终应该落在生产可能性曲线上。如图 2.6 所示，有 3 条社会无差异曲线，C_1，C_2，C_3。最终的均衡点应该在 C_2 上，因为 C_3 与生产可能性曲线没有交点，无法达到。C_1 虽然与生产可能性曲线有交点，但它比 C_2 的福利水平低，福利还可以完善。因此，在有限的生产条件下，一国能达到的最大效用程度即为与生产可能性曲线相切的那一条社会无差异曲线，即 C_2，切点 A 即为均衡点。

封闭条件下的均衡点满足以下条件：

(1) A 点在生产可能性曲线上，且该点切线的斜率等于两种产品的相对价格。

(2) A 点在社会无差异曲线上，且该点切线的斜率等于两种产品的相对价格。

(3) 供给数量和需求数量相等。

因此，封闭条件下一国的价格应当由生产可能性曲线和社会无差异曲线共同决定。如果两国生产可能性曲线或社会无差异曲线的形状不同，或两个曲线都不同，则

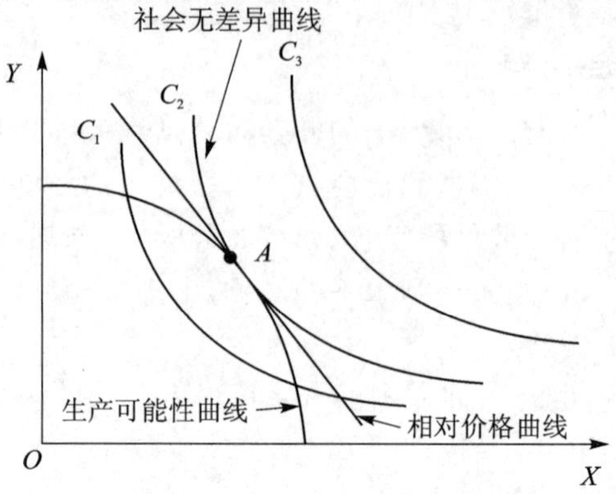

图 2.6　封闭条件下的均衡

封闭时两种产品的相对价格不同，因而开放条件下，两国就有贸易的可能。

（二）自由贸易条件下的情形

那发生贸易以后的情形如何呢？还是以两国两产品模型为例，假设两国的生产可能性曲线和社会无差异曲线的形状都不同。如图 2.7 所示，两国的生产可能性曲线，A 国更平缓，偏向于 X 轴，表明 A 国相对来说更擅长生产 X，在生产 X 上具有比较优势。相应地，B 国相对来说更擅长生产 Y。可知 A 国封闭条件下的均衡点是 A，B 国封闭条件下的均衡点是 A'。

再看一下均衡点切线，A 国的比 B 国的更平缓，说明 A 国 X 的相对价格，即 P_X/P_Y 比 B 国低，因此 A 国生产 X 产品相对更便宜。

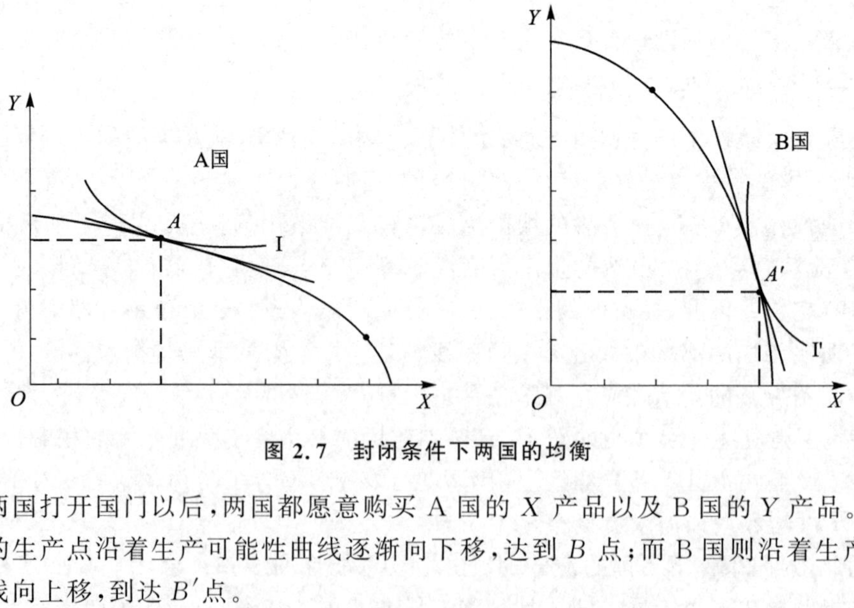

图 2.7　封闭条件下两国的均衡

两国打开国门以后，两国都愿意购买 A 国的 X 产品以及 B 国的 Y 产品。因此 A 国的生产点沿着生产可能性曲线逐渐向下移，达到 B 点；而 B 国则沿着生产可能性曲线向上移，到达 B'点。

两国进行分工交换，最终达到一个共同的世界价格 PW，在两个图形中价格线是平行的(见图 2.8)。

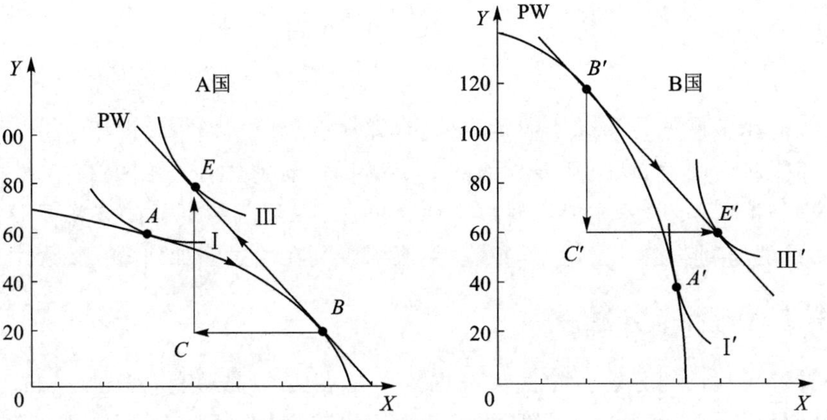

图 2.8　自由贸易条件下两国的均衡

此时两国消费的均衡点为新的社会无差异曲线与 PW 的切点，A 国为 E，B 国为 E'。

A 国的生产点在 B，消费点在 E，因此 A 国出口 BC 单位的 X，进口 CE 单位的 Y。相应地，B 国生产点在 B'，消费点在 E'，因而 B 国出口 $B'C'$单位的 Y，进口 $C'E'$ 单位的 X。

对比贸易前后的社会无差异曲线，可以看到，两国进行分工交换，可以突破本国资源的限制，达到更高的福利水平。因此，两国都从贸易中得到了好处。

需要注意的一点是，在机会成本递增条件下，两国存在着不完全分工，也就是说两个国家在生产具有比较优势产品的同时也生产另外一种产品，在图中表现为两国不会选择生产可能性曲线与坐标轴的交点处进行生产。这是因为生产比较优势产品时面临着机会成本递增，接近于端点时，机会成本趋向于无穷大，因此这一点不会达到。这与前述的绝对优势理论和比较优势理论不同，这两个理论中，假定机会成本固定，因而两国会选择专业化生产。

四、标准贸易理论小结

前面介绍了标准贸易理论的主要内容，现在来做一个总结，标准贸易理论是对比较优势理论的扩展，假设机会成本递增，这更符合实际。

根据标准贸易理论，两国进行贸易的动因是各国生产和偏好情况不同，表现在国内生产可能性曲线或者社会无差异曲线不同，从而两国封闭条件下均衡相对价格有差异。

贸易的模式是：两国不完全分工，并且会出口本国相对价格便宜、具有比较优势的产品，进口本国相对价格贵、具有比较劣势的产品。

贸易的利得是:参与贸易的各国都会达到更高的福利水平,从贸易中受益。

第四节 贸易利益分析

上节讲述了标准贸易理论的主要内容,即在机会成本递增情况下,参与国际贸易的两国都能从中受益,社会无差异曲线能突破国内资源限制达到更高的水平。本节将进一步分析贸易利益,主要回答以下两个问题:一是贸易利益的来源是什么,如何分解;二是贸易利益在一国内不同利益集团间以及在两国间如何分配。

一、贸易利益的分解

先看贸易利益的分解。一国参与国际贸易获得的贸易利益来源一般分为两方面:交易所得与分工所得。交易所得是指由于出口产品在贸易后国内市场价格上升,超过机会成本而导致的福利增加,也称为交换的利益,来源于价格的变化。分工所得是指由于贸易出现了专业化分工,出口产品产量上升所带来的利益,也称为专业化的利益。那应当如何分解贸易利益呢?

这里以参与贸易的其中一个国家为例,如图 2.9 所示,这是前边分析的 A 国,X 的相对价格更低,因此开放后出口 X 进口 Y。

封闭条件下能达到的社会无差异曲线是 I,均衡点为 A 点,自由贸易条件下能达到的社会无差异曲线是 III,均衡点为 E。

从 A 到 E 既包括分工所得,又包括交易所得,为了能分解这两种效应,在 A 点做一条辅助的价格线,它与世界价格 PW 线平行,这条价格线与社会无差异曲线 II 相切于 T 点,社会无差异曲线 II 在 I 和 III 之间。

从 A 点到 T 点,该国的生产产量并未发生变化,变化的只有交易价格,没有专业化分工,因此从 A 到 T,福利的改善来自交易所得。

前面分析,A 国生产 X 具有比较优势,因此开放后会增加 X 的生产而减少 Y 的生产。现在将生产点从 A 移向 B,这是专业化生产的过程。

对应的社会无差异曲线从 II 移向 III,均衡点从 T 到 E,这一部分福利的改善与价格变动无关,只是因为专业化生产带来的,因此为分工所得。

整个贸易利益可以分为两个区域,从 I 到 II 是交易所得,从 II 到 III 是分工所得。

下面以一个例题来说明贸易利益的分解。

例题:假定中国总劳动为 600 小时,生产每单位钢铁 Y 需要 4 小时,而生产每单位大米 X 需要 2 小时,中国的福利函数为 $U=XY^2$。

(1) 求封闭经济中国的福利水平。

(2) 假设开放后大米的相对价格为 1,求开放后中国的福利总水平。

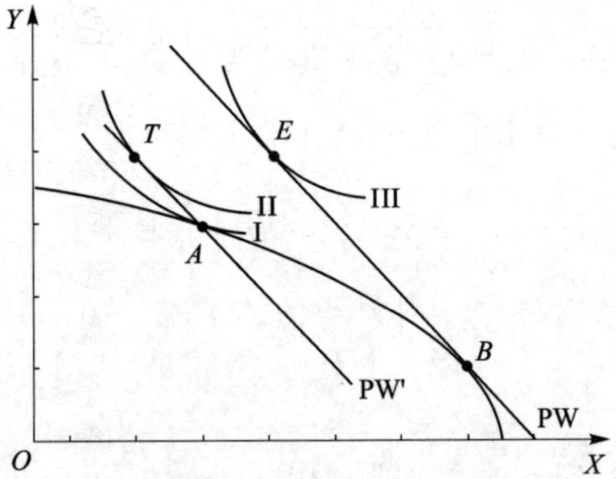

图 2.9　贸易利益的分解

(3) 求开放的分工所得和交换所得。

解析：

(1) 封闭经济下中国福利水平的计算

对于这一问题的解答，我们需要利用封闭条件下市场一般均衡的条件。

封闭条件下，生产一侧的均衡条件应为 $MRT=\dfrac{P_X}{P_Y}$，边际转换率等于两种产品的价格之比，即在生产可能性曲线上的均衡。

消费一侧的均衡条件为 $MRS=\dfrac{P_X}{P_Y}$，边际替代率等于两种产品的价格之比，即无差异曲线与预算线的均衡。

而社会市场出清的条件，应为 $X_c=X_p$，且 $Y_c=Y_p$，即两种产品的总供给＝总需求。

因此，封闭时的均衡，应为生产可能性边界与无差异曲线相切得到。

对于例题中的情形，我们需要求解生产可能性曲线切线的表达式，以及社会无差异曲线切线的表达式，令二者相等，即可求解出封闭时的均衡。

——生产侧

假设生产可能性曲线方程为 $Y=aX+b$。

利用描点法，将(0,150)和(300,0)代入可得 $Y=-1/2X+150$，则边际转换率 $MRT=-dY/dX=1/2$，表示大米的机会成本为 1/2 单位的钢铁。

——需求侧

给定效用水平 U_0，此时福利函数变为 $U_0=XY^2$。

两侧全微分：$dU_0=Y^2\,dX+X\times 2Y\,dY$

同一条社会无差异曲线上效用相同，$dU_0=0$ 则 $Y^2\,dX+X\times 2Y\,dY=0 \Rightarrow MRS=-\dfrac{dY}{dX}=\dfrac{Y}{2X}$。

——封闭时的均衡

封闭时的均衡应当是生产可能性曲线与社会无差异曲线相切的切点，令MRT＝MRS，代入前面推导出来的MRT和MRS，可得$\frac{1}{2}=\frac{Y}{2X}\Rightarrow X=Y$。

代入生产可能性曲线$Y=-\frac{1}{2}X+150$，最终可得$X=Y=100$。

再代入无差异曲线，可得$U_A=XY^2=100\times100^2=10^6$。

此时$\frac{P_X}{P_Y}=\mathrm{MRT}=\mathrm{MRS}=\frac{1}{2}$。

综上，封闭时中国国内的社会福利为10^6。

(2) 开放后中国福利总水平的计算

开放后，大米的相对价格上升(从1/2上升到1)，表明中国生产的大米更便宜，开放后中国专业化生产并出口大米，进口钢铁。

此时的生产点为(300,0)，新的交换曲线斜率为－1，假设新的交换曲线为$Y=cX+d$，代入斜率和生产点坐标，可得

$$Y=-X+300$$

大米和钢铁按照相对价格为1进行交换，则需求侧均衡满足：

$$\frac{Y}{2X}=1\Rightarrow Y=2X$$

结合上述两式，可得

$$X^*=100,\quad Y^*=200$$

$$U_T=XY^2=100\times200^2=4\times10^6>10^6$$

因此开放以后，中国的福利水平高于封闭时，上述情形也可以用图2.10表示。

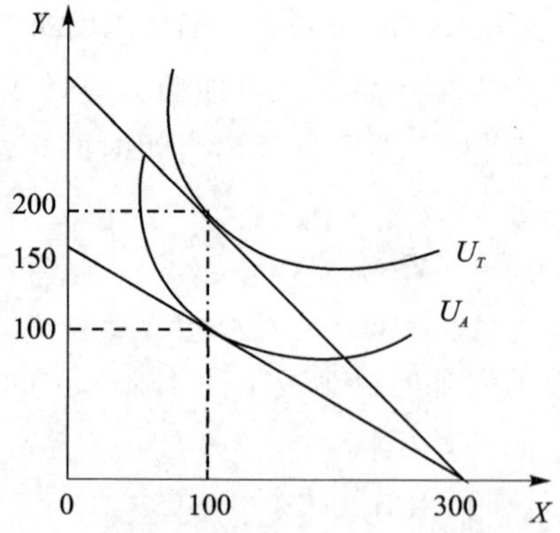

图2.10　封闭和开放时中国的社会福利

(3) 开放的分工所得和交换所得分解

交易所得是由于出口产品在贸易后国内市场价格上升、超过机会成本而导致的

福利增加，也称为交换的利益，来源于价格的变化。而分工所得是由于贸易出现了专业化分工，出口产品产量上升所带来的利益，也称为专业化的利益。

为解决此问题，我们需要做辅助的交换线，假定生产情况不变，而交换价格发生变化，即辅助线经过封闭时的生产点(100,100)，同时斜率为－1，如图 2.11 所示。

假设新的交换曲线为 $Y=eX+f$，代入斜率和生产点坐标，可得

$$Y=-X+200$$

大米和钢铁按照相对价格为 1 进行交换，则需求侧均衡满足

$$\frac{Y}{2X}=1 \Rightarrow Y=2X$$

结合上述两式，可得

$$X_1^*=\frac{200}{3},\quad Y_1^*=\frac{400}{3}$$

$\Rightarrow$ 此时的社会福利为

$$U_1=XY^2=\frac{200}{3}\times\left(\frac{400}{3}\right)^2=\frac{32}{27}\times10^6\approx1.19\times10^6$$

从封闭的均衡点到此时的均衡点，未发生专业化生产，仅为相对价格的变化，即交换所得。而这一均衡点到贸易时的均衡点，相对价格不变，生产由非专业化生产转移到专业化生产，分工所得如下：

交易所得$=U_1-U_A=1.19\times10^6-10^6=0.19\times10^6$

分工所得$=U_T-U_1=4\times10^6-1.19\times10^6=2.81\times10^6$

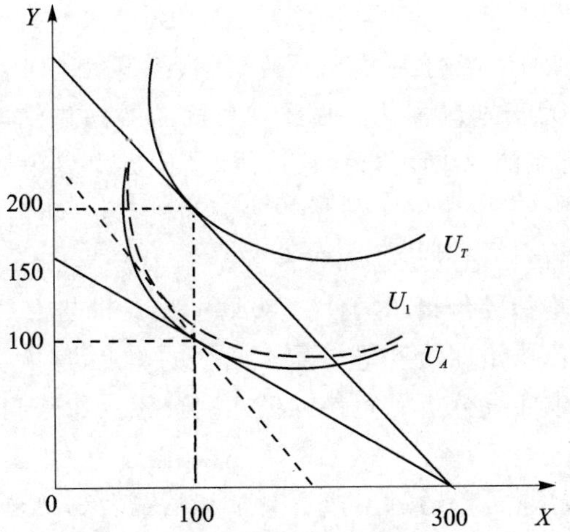

图 2.11　贸易利益的分解

二、贸易利益的分配

以上分析了贸易利益的来源，下面再分析一下贸易利益如何分配。先看一种产

品的情形，即进行局部均衡分析。以 X 产品为例。根据前面的分析，A 国是 X 的出口国，B 国是 X 的进口国。

如图 2.12 所示，共有三部分，左边描述的是 A 国，右边描述的是 B 国，中间描述的是世界市场上进口需求和出口供给的情况。

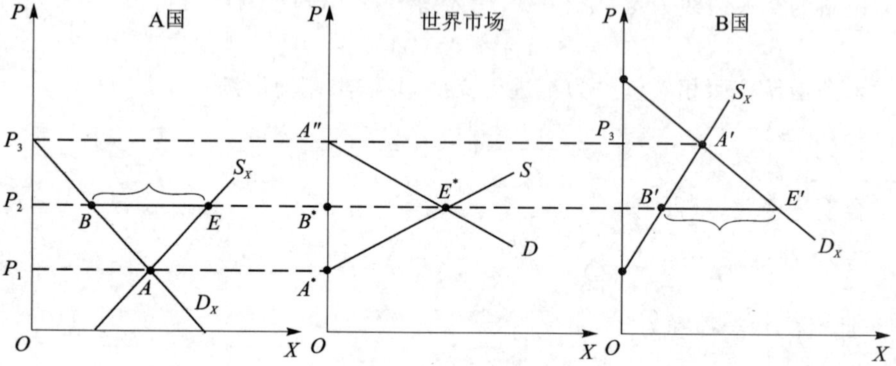

图 2.12　A 国、B 国及世界市场上的供给和需求

在封闭条件下，A 国国内生产 X 和消费 X 的数量相等，因而均衡点为 A 点，对应的国内价格为 P_1；类似地，B 国封闭条件下的均衡点为 A'，对应其国内价格为 P_3。

P_1 比 P_3 小，因此，开放后世界市场上都愿意购买 A 国生产的 X 而不愿意购买 B 国生产的 X。

世界市场上对 A 国生产的 X 需求增大，需求大于供给，因而 A 国市场上 X 的价格会逐渐上升，对 B 国生产的 X 需求下降，因而 B 国市场上 X 价格下降。

A 国生产的数量大于本国需求，在图形上就是两国供给量和需求量之间有差额，将每个价格水平对应的 A 国出口量连成线，就构成世界市场上的出口供给曲线。同样地，B 国生产数量小于本国需求数量的差额为进口量，将各价格水平对应的进口量连成线，就构成世界市场上的进口需求曲线。

最终会达到一个均衡的价格 P_2，使得 A 国的出口量与 B 国的进口量相等，均衡点为世界市场上的出口供给曲线和进口需求曲线的交点，这一价格即为国际价格。

以上，用供给-需求曲线分析了贸易的模式、价格、数量等问题。接下来看一下贸易利益的分配。

在供给-需求曲线中，可以通过生产者剩余和消费者剩余来描述不同群体以及整个国家的福利水平。

生产者剩余是指由于生产产品的最低供给价格与当前市场价格之间存在差异而给生产者带来的额外收益。从几何的角度看，它等于供给曲线之上和市场价格线之下的图形面积。

消费者剩余是指消费者消费某种商品愿意支付的最高价格与实际市场价格之间

存在差异而给消费者带来的额外利益。从几何的角度看，它等于需求曲线之下和市场价格之上的图形面积。

现在来分析出口国在贸易前后各群体的福利及整个社会的福利的变化。

(一) A 国贸易前后各群体福利的变化

如图 2.13 所示，贸易前，A 国的均衡点为 A 点，国内价格为 P_1，此时，本国的消费者剩余是三角形 $a+b$ 这一部分的面积，生产者剩余是梯形 d 这一部分面积，整个社会福利就是两部分面积之和。

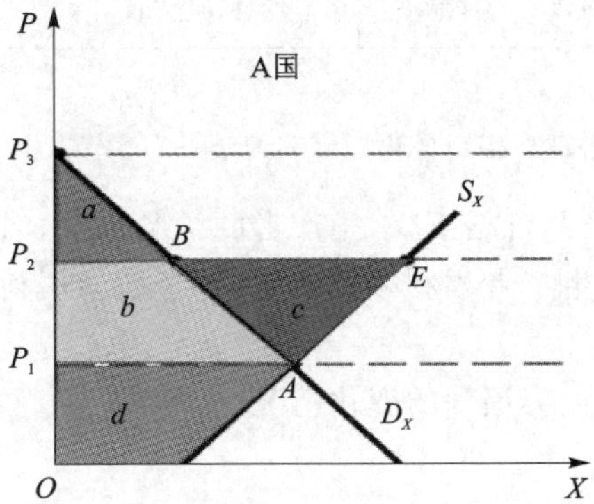

出口国	贸易前	贸易后	变　化
生产者剩余	d	$b+c+d$	$b+c$
消费者剩余	$a+d$	a	$-b$
社会总福利	$a+b+d$	$a+b+c+d$	c

图 2.13　A 国贸易前后社会各群体福利变化

贸易后均衡的国际价格上升至 P_2，A 国生产 P_2E 单位的 X，消费 P_2B 单位的 X，BE 部分用于出口。

此时，A 国的消费者剩余减少为 a，减少了梯形 b 部分的面积。而生产者剩余增加至 $b+c+d$，与贸易前相比，增加了两部分面积，一个是梯形 b 部分，这一部分将消费者剩余减少的部分抵消了，另一个是三角形 c 部分。

整个社会的福利是增加的，增加了 c 这一部分。

(二) B 国贸易前后各群体福利的变化

再看一下进口国 B 国的情况，如图 2.14 所示，贸易前，B 国的均衡点为 A' 点，国内价格为 P_3，此时，B 国的消费者剩余是三角形 e 这一部分的面积。生产者剩余是三角形 $f+h$ 这一部分的面积。整个社会福利就是两部分面积之和。

贸易后均衡的国际价格下降至 P_2，A 国消费 P_2E' 单位的 X，生产 P_2B' 单位的 X，$B'E'$ 部分需要进口。此时，B 国的消费者剩余增加为 $e+f+g$，增加了梯形 $f+g$ 部分的面积。而生产者剩余减少至 h，减少了 f。生产者剩余减少的部分可以被消费者剩余增加的部分抵消，整个社会的福利是增加的，增加了 g 这一部分。

综上，对于出口国来说，参与国际贸易后，国内产品价格上升至国际价格，生产者的福利增加，消费者的福利减少，但是生产者福利增加的量大于消费者福利减少的量，整个社会福利是增加的。

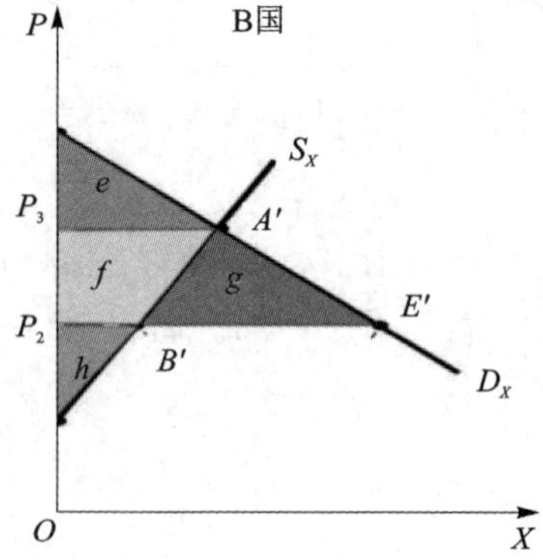

进口国	贸易前	贸易后	变 化
生产者剩余	$f+h$	h	$-f$
消费者剩余	e	$e+f+g$	$f+g$
社会总福利	$e+f+h$	$e+f+g+h$	g

图 2.14　B 国贸易前后社会各群体福利变化

对于进口国来说，参与国际贸易以后，国内产品价格下降，生产者的福利减少，消费者的福利增加，但是消费者福利增加的量大于生产者福利减少的量，整个社会福利也是增加的。

这是参与国际贸易以后，两国不同利益群体社会福利的变化情况。

(三) 贸易利益在 A、B 两国间的分配

而贸易利益如何在两国之间分配呢？再看一下世界市场的进口需求曲线和出口供给曲线，如图 2.15 所示。

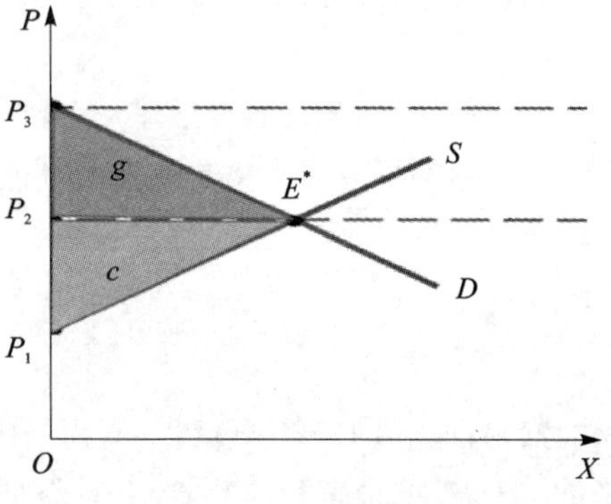

国际市场	贸易前	贸易后	变 化
生产者剩余(出口国)	0	c	c
消费者剩余(进口国)	0	g	g
世界总福利	0	$c+g$	$c+g$

图 2.15　贸易前后 A、B 两国间的贸易福利分配

贸易前，两国自给自足，出口国、进口国以及世界来自贸易的总福利均为 0。

而贸易后，出口国可以获得生产者剩余，就是图中的 c，这里 c 的面积应该与前面分析的出口国社会福利增加的三角形 c 的面积是相等的。类似地，进口国可以获得消费者剩余，就是图中的 g，这里的 g 的面积应该与前面分析的进口国社会福利增加的三角形 g 的面积是相等的。

而哪一国可以获得更大的福利，取决于世界价格 P_3 与两国贸易前的价格 P_1、P_2 之间的关系。贸易后价格比贸易前变化越大，该国社会福利增长的幅度越大。

本节介绍了标准贸易理论框架下贸易利益本身的分解，贸易利益在一国不同利益群体之间的分配以及在国家间的分配。

本章小结

本章讲述了绝对优势理论、比较优势理论及标准贸易理论。其理论的主要内容见表 2.9 和表 2.10。

表 2.9 绝对优势理论和比较优势理论异同

<table>
<tr><th></th><th></th><th>绝对优势理论</th><th>比较优势理论</th></tr>
<tr><td rowspan="2">相同点</td><td>模型假设</td><td colspan="2">① 劳动价值论(劳动力是唯一生产要素，劳动力同质同酬，规模收益不变)；
② 完全竞争市场；
③ 两国生产两种产品存在劳动生产率的差异(供给侧解释国际贸易)</td></tr>
<tr><td>贸易利得</td><td colspan="2">参与贸易的各国都会受益，主要表现在两国均能生产和消费更多的产品</td></tr>
<tr><td rowspan="3">不同点</td><td>提出者</td><td>亚当·斯密</td><td>大卫·李嘉图</td></tr>
<tr><td>贸易动因</td><td>两国在封闭条件下生产产品的绝对劳动生产率存在差异，两国各自在生产一种产品上具有绝对优势</td><td>各国在生产产品的相对劳动生产率存在差异，两国在各自生产的某种产品上具有比较优势</td></tr>
<tr><td>贸易模式</td><td>各国总是专业化生产并出口本国在劳动生产率方面具有绝对优势的产品，不生产并进口本国具有绝对劣势的产品</td><td>各国总是专业化生产并出口本国在劳动生产率方面具有比较优势的产品，进口本国具有比较劣势的产品</td></tr>
</table>

表 2.10 标准贸易理论内容总结

模型假设	机会成本递增
贸易动因	两国产生贸易的动因是各国生产或偏好情况不同，表现在国内生产可能性曲线或者社会无差异曲线不同，从而两国封闭条件下均衡相对价格有差异
贸易模式	两国不完全分工，并且会出口本国相对价格便宜，具有比较优势的产品，进口本国相对价格贵，具有比较劣势的产品
贸易利得	参与贸易的各国都会受益，主要表现在两国均能突破本国生产限制，达到更高的社会无差异曲线上

古典贸易理论认为生产中只有一种生产要素，即劳动力，然而在实际生产中，除了劳动力的投入外还有其他要素投入，比如资本、土地等。那么在多种生产要素投入

下，国际贸易是什么样的？下一章“要素禀赋理论及其拓展”将给出答案。

思考题

1. 什么是机会成本递增？为什么贸易后在机会成本递增条件下的生产可能性曲线上两国不可能实现完全分工？

2. 亚当·斯密的绝对优势理论和大卫·李嘉图的比较优势理论有哪些相同点和不同点？

3. 一国参与国际贸易前后，其生产者、消费者及社会总福利如何变化？

4. 根据下表情况，回答以下问题：

产品＼国家	美国	英国
小麦（千克/小时）	4	1
布（码/小时）	1	2

（1）如果美国的工资率是 6 美元/小时，英国的工资率为 1 英镑/小时，小麦和布在美国和英国的国内价格是多少？

（2）如果汇率为 1 英镑＝2 美元，小麦与布的美元价格是多少？

（3）在此汇率下，两国进出口结构如何？

（4）两国互利贸易的汇率范围是什么？

5. 下表列出了加拿大和中国生产 1 单位计算机和 1 单位小麦所需的劳动时间。假定生产计算机和小麦都只用劳动，加拿大的总劳动为 600 小时，中国总劳动为 800 小时。

国家＼产品	计算机	小麦
中国	100 小时	4 小时
加拿大	60 小时	3 小时

（1）计算不发生贸易时两国生产计算机的机会成本。

（2）哪个国家具有生产计算机的比较优势？哪个国家具有生产小麦的比较优势？

（3）如果给定世界价格是 1 单位的计算机交换 22 单位的小麦，加拿大参与贸易可以从每单位的进口中节省多少劳动时间？中国可以从每单位进口中节省多少劳动时间？如果给定世界价格是 1 单位的计算机交换 24 单位的小麦，加拿大和中国分别可以从进口每单位的货物中节省多少劳动时间？

(4) 在自由贸易的情况下，两国应生产什么产品，数量是多少？整个世界的福利水平是提高还是降低了？试用图分析。(以效用水平来衡量福利水平。)

6. 假设一国总共有 20 000 单位的劳动，X、Y 两种产品的单位产出所要求的劳动投入分别是 5 个单位和 4 个单位，试求该国的生产可能性边界方程并画出该国的生产可能性边界；如果 X 的国际相对价格为 2，进口为 2 000 个单位，请计算该国的出口量并在图中画出贸易三角形。

第三章　要素禀赋理论及其拓展

本章包括以下内容：要素禀赋理论、要素价格均等化定理、特定要素模型和斯托尔帕-萨缪尔森定理。

第一节　要素禀赋理论

本节内容分为以下几部分：第一，要素禀赋理论的提出背景和基本假设；第二，要素禀赋理论的重要概念；第三，要素禀赋理论的主要内容。

一、要素禀赋理论提出的背景和基本假设

（一）要素禀赋理论的背景

要素禀赋理论是对古典贸易理论的拓展和延伸，古典贸易理论留下了很多问题未能解决：首先，古典贸易理论提出了国家之间会按照各自的比较优势和比较劣势进行贸易，但是该理论未能解释比较优势产生的原因。其次，古典贸易理论认为劳动力是唯一的生产要素，而现实中生产投入的要素不止有劳动力一种。第三，古典贸易理论认为劳动力同质同酬，因此贸易对所有要素所有者，即劳动力的影响是相同的，它无法解释贸易对收入分配的影响。

要素禀赋理论将解决以上问题，它建立在生产中有两种或两种以上投入的基础上，解释了比较优势是如何建立在各国间要素禀赋差异基础上的；它可以解释国际贸易是如何影响一国国内及各国间相对要素价格的；此外它首次论述了国际贸易对国内要素所有者收入分配的影响。

要素禀赋理论的最初模型是由瑞典经济学家赫克歇尔和俄林在20世纪30年代提出的"赫克歇尔-俄林定理"，简称"H－O定理"；后来经其他经济学家进一步拓展，衍生出要素价格均等化定理（H－O－S模型）、特定要素模型（短期模型）、罗布津斯基定理（Rybczynski定理）、斯托尔帕-萨缪尔森（Stolper-Samuelson）定理，简称SS定理（长期模型）。

该理论对国际贸易有很强的解释力，至今仍是国际贸易的主流理论。要素禀赋理论及其推论的关系如图3.1所示。本章主要讲解要素禀赋理论及其前三个推论，罗布津斯基定理将在经济增长与国际贸易一章中介绍。

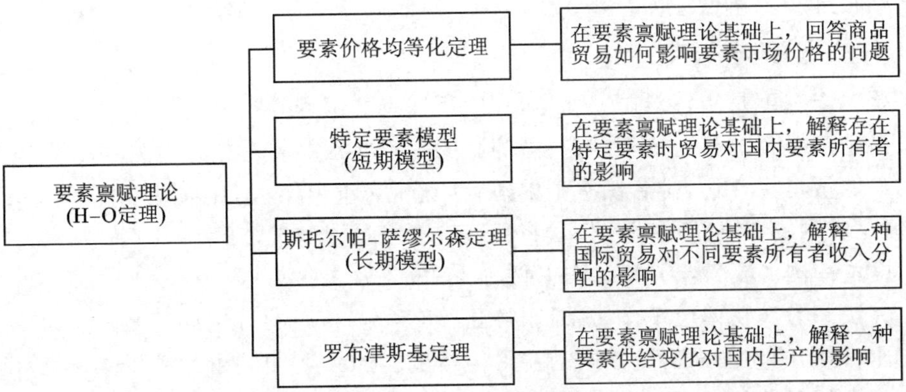

图 3.1　要素禀赋理论及其推论

(二) 要素禀赋理论的基本假设

下面将系统地学习要素禀赋理论的内容，首先看这一理论的假设条件。

要素禀赋理论的假设包括以下几方面：

(1) 该定理是一个 2×2×2 模型。

第一个“2” 指的是两个国家，称为国家 1 和国家 2；第二个“2”指的是两种商品，称为 X 产品和 Y 产品；第三个“2”指的是两种生产要素，两个国家在生产两种产品时都需要两种要素的投入，分别是劳动力 L 和资本 K。这一假设和前面古典贸易理论的假设就是不同的。

(2) 两国使用相同的生产技术。

(3) X 在两个国家都是劳动密集型产品，Y 在两个国家都是资本密集型产品。也就是说在两个国家生产 X 都要投入相对更多的劳动力，生产 Y 都要投入相对更多的资本。

(4) 生产规模报酬不变，也就是商品的产量增加比例与要素投入增加比例相同。

(5) 两国均为不完全分工，两种商品都要生产。

(6) 两国的需求偏好相同，拥有共同的社会无差异曲线。

(7) 两国商品和要素市场是完全竞争的，没有超额利润，信息是完备的。

(8) 生产要素可以在本国内不同部门自由流动，而不可以在国家间自由流动。也就是一国之内，资本和劳动力这些要素可以流向报酬更高的行业进行生产，直到该国各部门劳动力和资本的报酬相等为止，但是它们不能流向其他国家。

(9) 没有运输成本、没有关税或影响国际贸易自由流动的其他贸易壁垒。

(10) 两国生产资源得到充分的利用，均用于生产。

(11) 两国之间的贸易是平衡的，即进口和出口相等。

二、要素禀赋理论的重要概念

以上学习了要素禀赋理论的基本假设，接下来，还需要了解两个重要的概念，即要素丰裕度和要素密集度。

（一）要素丰裕度

要素丰裕度是指针对国家而言，一国所拥有的两种生产要素的相对比例。注意，这里是生产要素的相对比例，与一国拥有的生产要素的绝对数量无关。比如，美国的劳动力数量是1.6亿，排名仅次于中国和印度，为世界第三，比有些国家总人口数还多，但是美国的资本量更高，因此相对而言，美国是资本丰裕国。

度量一国的要素丰裕度通常有两种方法：

方法一为实物单位定义法，即用各国所有可以利用的资本的总量和劳动力的总量作比，得到的比值来衡量该国的要素丰裕度。如果2国的可用总资本和可用总劳动的比率（TK/TL）大于1国的这一比率，就说2国是资本丰裕的国家，1国是劳动力丰裕的国家。注意：不要考虑绝对量，即使2国的TK比1国的TK少，但只要2国的TK/TL大于1国的TK/TL，那么2国仍是资本丰裕的。

例如：假定本国有1 500单位劳动和1 200单位资本，他国有1 600单位劳动和1 400单位资本。则本国的总资本和总劳动的比例为TK/TL＝1 200/1 500＝0.8；而他国的这一比例为TK/TL＝1 400/1 600＝0.875＞0.8。因此本国是劳动力丰裕国家，他国是资本丰裕国家。

方法二为相对要素价格定义法。由于前面假设两国的需求偏好是相同的，那么影响要素价格的就只有要素的供给。一国要素相对更多，则该种要素的相对价格更低。

通常衡量劳动力的价格是工资 w，衡量资本的价格是利率 r，因此一国工资和利率的比值即为劳动力和资本的相对价格比。因此，若1国的 w/r 小于2国的 w/r，则说1国是劳动力丰裕的国家，2国是资本丰裕的国家。

例如：假定本国的平均工资是100元/时，平均利率是3%；他国平均工资为250元/时，平均利率为4%。则本国的劳动力与资本的要素价格比为 $w/r=100/3\%=3\ 333.3$。而他国的要素价格比为 $w/r=250/4\%=6\ 250>3\ 333.3$。因此本国工资相对低，劳动力更便宜，因而本国劳动力丰裕，他国资本丰裕。

（二）要素密集度

要素密集度的定义：生产某种产品所投入的两种生产要素的比例。这也是一个相对的概念，不是绝对的概念，即在衡量两种商品的劳动密集度和资本密集度时，重要的是1单位的劳动所需要的资本（K/L），而不是生产商品 X 和 Y 时所需要的劳动与资本的绝对数量。

衡量要素密集度的指标用生产产品所投入的资本数量 K 与劳动数量 L 的比值。如果生产 Y 时的资本劳动比率（K/L）大于生产 X 时的资本劳动比率，那么 Y 就是资本密集型产品，X 是劳动密集型产品。即生产 X 的时候相对使用更多的劳动力，而生产 Y 的时候相对使用更多的资本。

例如：生产单位小麦需要投入8单位劳动和6单位资本，生产单位棉花需要投入5单位劳动和5单位资本。则生产小麦的要素密集度为$K/L=6/8=0.75$，生产棉花的要素密集度为$K/L=5/5=1>0.75$。因而小麦属于劳动密集型，棉花属于资本密集型。

下面看一下要素丰裕度、要素密集度与生产可能性曲线之间的关系。

如图3.2所示，其中横轴表示X产品的生产数量，纵轴表示Y产品的生产数量。假定国家1是劳动力丰裕国家，国家2是资本丰裕国家。两种产品，X产品是劳动密集型产品，而Y为资本密集型产品。两国的生产可能性曲线如图所示。国家1有更多的劳动力，因而它全部的资源可以用来生产更多的X产品。因此国家1的生产可能性曲线更扁平，偏向X轴。相应地，国家2有更多的资本，因而它全部的资源可以用来生产更多的Y产品。因此国家2的生产可能性曲线更陡峭，偏向Y轴。

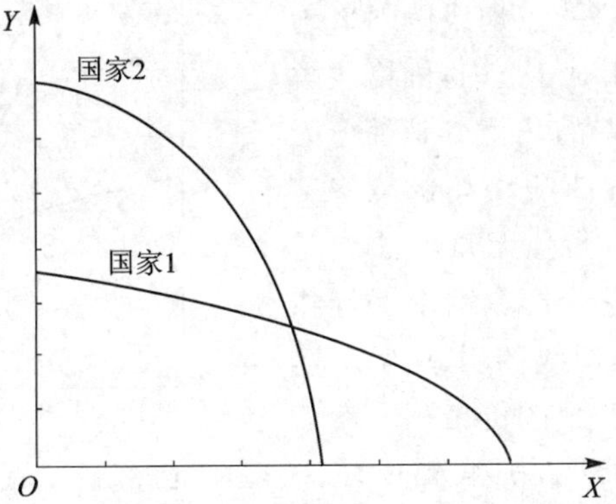

图3.2　要素丰裕度、要素密集度与生产可能性曲线

三、要素禀赋理论的主要内容

以上是要素禀赋理论的基本假设及重要概念，现在阐述要素禀赋理论的主要内容。要素禀赋理论，也称为赫克歇尔-俄林定理，以该理论的提出者命名。

要素禀赋理论的主要内容是：一国应当出口密集使用本国相对丰裕生产要素的产品，进口密集使用本国相对稀缺生产要素的产品。具体地，劳动力丰裕国家应当出口劳动密集型产品，进口资本密集型产品；而资本丰裕国家应当出口资本密集型产品，进口劳动密集型产品。

其背后的逻辑是：

(1) 两国要素的需求相同，而两国要素禀赋不同，导致两国要素价格不同。

(2) 要素价格差异导致生产成本差异，比如在劳动力丰裕国家，劳动力比较便宜，因此生产劳动密集型产品相对成本更低，而同种产品在资本充裕国家生产则成本较高。相应地，资本密集型产品在资本丰裕国家生产成本较低，在劳动力丰裕国家生产成本较高。

(3) 生产成本差异导致同种产品在两国的相对价格存在差异，由于市场完全竞争，商品价格等于其成本，因此劳动力充裕国家生产的劳动密集型产品价格更低，而资本充裕国家生产的资本密集型产品价格更低。

(4) 同种产品在不同国家价格的差异导致国际贸易发生，产品由低价国家流向高价国家。

因此，两国要素密集度和要素丰裕度的差异形成了不同产品的比较优势。

下面用图形来说明这一理论的内容。

(一) 封闭条件下的情形

封闭条件下两国自给自足，因此本国生产和消费相等。

如图 3.3 所示，国家 1 生产和消费的均衡点是本国的社会无差异曲线与生产可能性曲线相切的点 A，在这一点切线的斜率为 P_A，表示国家 1 中 X 相对于 Y 的价格。类似地，国家 2 生产和消费的均衡点是社会无差异曲线与生产可能性曲线相切的点 A'。这里国家 1 和国家 2 的社会无差异曲线是同一条，这是因为假定两个国家需求偏好相同。此时国家 2 均衡点切线的斜率为 $P_{A'}$，这是国家 2 中 X 相对于 Y 的价格。

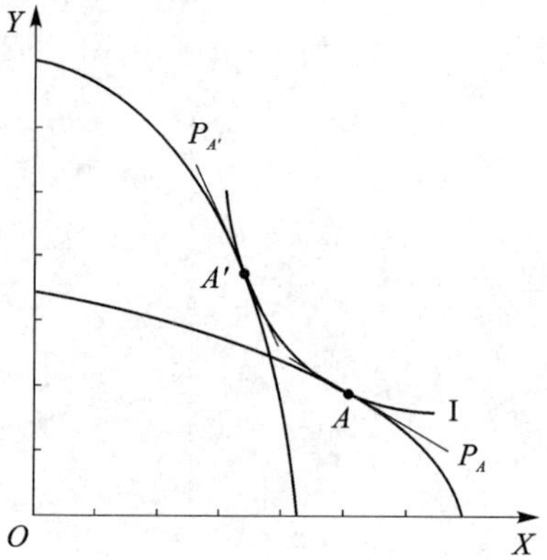

图 3.3　两国封闭条件下的均衡

下面对比看两条切线，国家 1 的较平缓，国家 2 的较陡峭，表明国家 1 中 X 的相对价格低于国家 2，X 相对更便宜，国家 1 生产 X 具有比较优势。因此当两国开展贸易后，国家 1 的 X 受到世界市场的偏好，国家 1 会专业化生产并出口 X。类似地，国家 2 生产 Y 相对更便宜，在两国开展贸易后，国家 2 会专业化生产并出口 Y。

当然由于生产可能性曲线的形状是凹向原点的，因此越接近生产可能性曲线的端点，两国生产的机会成本越趋向于无穷大，从而两国不会完全专业化生产，而是都生产 X 产品和 Y 产品。

(二) 自由贸易条件下的情形

如图 3.4 所示，自由贸易条件下，国家 1 专业化生产并出口 X，从而生产点沿着生产可能性曲线向下移，移至 B 点。国家 2 会专业化生产并出口 Y，因此国家 2 的生产点沿着该国的生产可能性曲线向上移动，直到 B' 点。此时 X 与 Y 的相对价格在两国相同，即 P_B，世界价格应介于贸易前两国价格 P_A 与 $P_{A'}$ 之间。

在新的价格线下，两国新的社会无差异曲线与价格线相切于 E 点，这是两国的消费点。国家 1 的生产点在 B，消费点在 E，因此国家 1 出口 BC 单位的 X，进口 EC 单位的 Y。国家 2 的生产点在 B'，消费点也在 E，因此国家 2 出口 $B'C'$ 单位的 Y，进

口 $C'E$ 单位的 X。

由于假定世界上只有两个国家，且两国都达到贸易均衡，因此贸易三角形 $B'C'E$ 和三角形 ECB 应当是全等的直角等腰三角形。

此时，新的社会无差异曲线Ⅱ与原来两国的社会无差异曲线Ⅰ(见图 3.3)相比，处于更高的水平。表明通过贸易，两国的福利都有所提高。

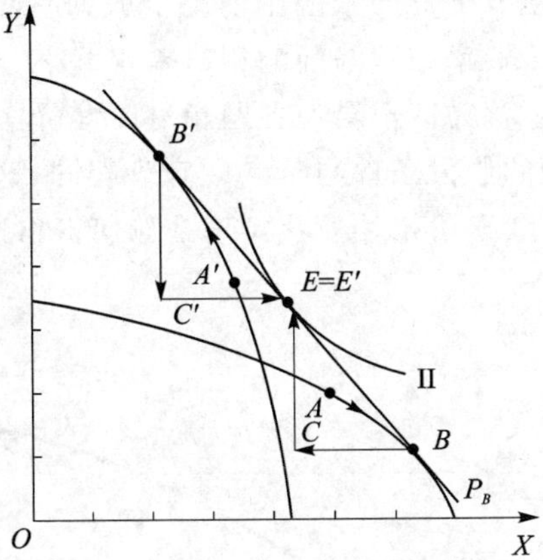

图 3.4　两国自由贸易条件下的均衡

四、要素禀赋理论小结

根据要素禀赋理论，两国产生贸易的动因是各国资源(要素)禀赋的差异。

贸易的模式是：一国总是出口在资源禀赋方面具有比较优势的产品，即在生产过程中密集使用该国丰裕生产要素的产品，进口密集使用本国稀缺生产要素的产品。

贸易的利得是：参与贸易的各国都会受益，主要表现在两国消费者都能达到更高的福利水平。

在赫克歇尔-俄林模型提出之后，经济学家又对该理论进行进一步拓展，以解释国际贸易对要素市场的影响以及对一国收入分配的影响等问题，接下来将介绍要素禀赋理论的推论。

第二节　要素价格均等化定理

要素禀赋理论的推论主要解决以下问题，一是商品的自由贸易对两国要素市场的影响；二是当存在特定要素时国际贸易的情形；三是国际贸易对两国收入分配的影响。推论中要素价格均等化定理解决第一个问题。

本节内容分为两部分：一是要素价格均等化定理提出的背景和主要内容；二是要素价格均等化定理的评价。

一、要素价格均等化定理提出的背景及主要内容

要素价格均等化定理是经济学家保罗·萨缪尔森为了验证要素禀赋理论，即赫克歇尔-俄林模型，在其基础上给予数学推导并发现的，因此也被称为H－O－S定理。其主要内容是：国际贸易会使各国的同质的生产要素获得相同的相对和绝对收入。具体地，国际贸易会使低工资国家的工资率上升，使高工资国家的工资率下降。因此，国际贸易使两国的工资率与贸易前的相对差距缩小，对于利率也是如此。在满足所有假设的前提下，国际贸易甚至会使各国相对要素价格完全相等。

要素价格均等化定理的假设条件与H－O定理相同，这里就不再赘述。

下面用图3.5来说明要素价格均等化定理是如何得出这样的结论的。

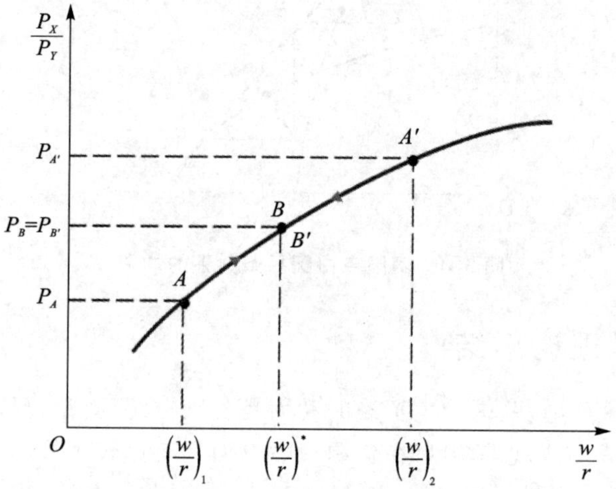

图3.5　要素价格均等化定理

图3.5描述的是商品的相对价格与要素相对价格的关系。其中，横坐标描述的是劳动力和资本的相对价格，用工资和利率的比值w/r表示。纵坐标描述的是X产品与Y产品的相对价格，P_X/P_Y。

这两组相对价格存在一一对应的关系，且这一曲线应当是斜率为正的，即工资的相对价格越高，密集使用工资生产的产品X，其成本越高，因而相对价格越高。

贸易前两国的均衡点，国家1为A点，国家2为A'点，因为国家1是劳动丰裕国家，劳动力价格相对较低，劳动密集型产品相对价格低。国家2的劳动力相对价格较高，劳动密集型产品X相对价格较高。

当两国参与国际贸易后，国家1专业化生产商品X，X部门扩张，而Y部门萎缩，由于X是劳动密集型产品，因而对劳动力的相对需求提高，使得国家1的工资价格相对上升，工资和利率比w/r上升，沿着曲线向上移动。

国家2会专业化生产更多的Y，Y部门扩张，而X部门萎缩，由于Y是资本密集型产品，因而资本的相对需求提高，使得国家2的资本价格相对上升，工资和利率比

w/r 下降，沿着曲线向下移动。最终，两国的商品价格趋同，达到 B 点，此时对应的工资和利率的比值也是相等的。

二、要素价格均等化定理的评价

前面介绍了要素价格均等化定理的主要内容，该定理的引申含义是在自由贸易条件下，即使两国要素禀赋差异较大，最终要素价格仍然达到相等。因此，货物的自由贸易会产生要素自由贸易的效果。

而现实中，是否观察到这一现象？以中美两国工资作为对比，如表 3.1～表 3.2 所列，如果要素价格均等化成立，我们应该观察到中美两国相同行业的平均工资趋于相等。然而，对比 2019 年中美两国各行业人员的平均工资，对于相同行业，美国的平均工资为中国的 8～10 倍。

表 3.1　中国 2019 年城镇私营单位各行业就业人员年平均工资

行　业	平均工资/元
信息行业	85,301
金融业	76,107
科学研究、技术服务	67,642
租赁和商务服务业	57,248
卫生、社会福利业	57,140
房地产业	54,416
建筑业	54,167
交通运输、邮政业	54,006
制造业	52,858
教育	50,761

数据来源：国家统计局。

表 3.2　美国 2019 年各行业就业人员年平均工资（美元∶人民币＝6.5∶1）

行　业	平均工资/元
信息业	848,731
公用事业	760,695
金融和保险业	751,120.5
采掘业	718,783
专业、科学和技术服务	688,395.5
批发业	547,046.5
制造业	472,777.5
政府	459,491.5
房地产和租赁业	439,146.5
建筑业	438,769.5

数据来源：新浪财经。

虽然国家间开展大量的贸易,但是实践中并未观察到国家间工资相等,利率相等的现象,这是由于要素价格均等化定理的成立需要下列所有假设都成立:

(1) 参与贸易的各国生产技术相同。

(2) 没有贸易摩擦及贸易成本。

(3) 商品市场和要素市场是完全竞争的。

而这些假设在现实中往往不成立:

首先,现实中国家间的生产技术水平有较大差异,生产技术的差异会导致两国的生产成本不同。

其次,现实中贸易摩擦和贸易成本普遍存在,尽管随着物流技术的发展运输成本逐年下降,但仍然未达到商品在国家间完全自由流动的程度。

再次,对于完全竞争市场的假设,现实中很多商品存在不完全竞争市场,并且也不是规模报酬不变。

以上解释了要素价格均等化定理虽然在理论上成立,但与实际不尽相同的原因。这是要素禀赋理论的第一个推论——要素价格均等化定理。这一定理认为,生产两种产品都需要投入相同的要素,即资本和劳动力的投入,只是在投入数量上有所不同。然而实际中,有些部门的生产需要一些特别的要素投入,下一节将学习要素禀赋理论的另一个推论,以分析当生产存在特定要素时,对国际贸易产生什么影响。

第三节　特定要素模型

接下来讲述要素禀赋理论的第二个推论,学习当存在特定要素时,对国际贸易的影响。解释这一问题的理论为特定要素模型。

本节内容分为以下几部分:特定要素模型提出的背景;特定要素模型的基本假设;特定要素模型的主要内容;对特定要素模型的总结。

一、特定要素模型提出的背景

特定要素模型是由经济学家保罗·萨缪尔森和罗纳德·琼斯提出的,是对要素禀赋理论和要素价格均等化理论的补充。

前面两个理论中,假定要素在部门间可以自由移动,且生产两种产品所需要的要素相同,只是投入的比例不同。然而这一假定与实际存在不相符:一方面,要素在部门间的再分配是有成本的,要素的转移需要时间,且存在摩擦。比如原来在农业部门生产的农民劳动力,如果想转移到制造业进行生产,需要学习相关的技术,同时找到合适的工作也需要时间。另一方面,各部门对生产要素的需求不同,存在一些特定的要素,只在某些生产部门中应用,而不在其他部门中应用。比如农业生产需要大量的土地,而很多行业,比如服务业等,并不需要土地。因此需要对要素禀赋理论的假设加以修正，使之与实际更相符。

接下来看一下当某些部门的生产存在特定要素时，对国际贸易的影响。

二、特定要素模型的基本假设

先来看一下特定要素模型的假设：

首先，模型的第一个假设是，2×2 框架，即两个国家，本国和他国；两种产品，这里假设为制造品(用 M 表示)和粮食(用 F 表示)。

其次，模型中假设生产要素一共有三种，分别是劳动力 L、资本 K 及土地 T。要素总量为外生给定，要素都充分就业。

再次，模型假设生产制造品 M 需要投入劳动和资本，不需要土地。

而生产粮食需要投入劳动和土地，不需要资本。

因此，劳动是一种流动要素，每个部门都需要使用劳动。而土地和资本都是特定要素，各自只用于一种产品的生产，即土地特定用于粮食的生产，资本特定用于制造品的生产。

此外，其他一般性的假设，如所有市场都是完全竞争，劳动力边际报酬递减，不存在贸易成本等。

三、特定要素模型的主要内容

根据上述假设，可以写出制造品的生产函数：$Q_M = Q_M(K, L_M)$，其中 K 是一国的资本总量，L_M 是制造品部门的劳动力数量。值得注意的是两种生产要素的下标，资本 K 没有下标，因为资本 K 只用于制造品的生产，因而一国的全部资本都用于生产制造品。而劳动力 L 有下标 M，因为劳动力在两个部门生产中都会使用，因而用于制造业生产的劳动力是总劳动力的一部分。

类似地，也可以写出粮食部门的生产函数：$Q_F = Q_F(T, L_F)$，其中，T 是一国土地总量，同样地，由于土地是粮食部门的特定要素，本国的土地全部用于粮食部门生产，L_F 是粮食部门的劳动力数量。

一国的劳动总量为 L，则有 $L = L_M + L_F$。

根据生产要素理论：要素的价格由其边际产品价值(VMP)决定，就是增加一单位要素投入，所能生产的产品的价值。

劳动力的价格一般用工资来衡量，用 w 表示，所以工资 $w = P \times \mathrm{MPL}$，其中 MPL 是劳动力的边际产出，即增加一单位劳动力投入所能生产的产品的数量，P 是每单位产品的数量，因此 $P \times \mathrm{MPL}$ 表示增加一单位劳动力投入所能生产产品的价值。这一关系在两个生产部门都应当存在，因此，在制造业部门：$w = P_M \times \mathrm{MPL}_M$，同时在粮食部门也存在 $w = P_F \times \mathrm{MPL}_F$。前面假定劳动力边际递减，因此在每个部门，随着劳动力投入数量 L 的增加，所能生产的数量下降，即 MPL 下降，继而生产产品的价值也下降，表现为 w 下降。

根据以上的分析，可以画出一国国内两种产品的劳动需求曲线，并且由于一国劳动力总量是确定的，因此可以把两种产品的图放在一起，如图3.6所示。

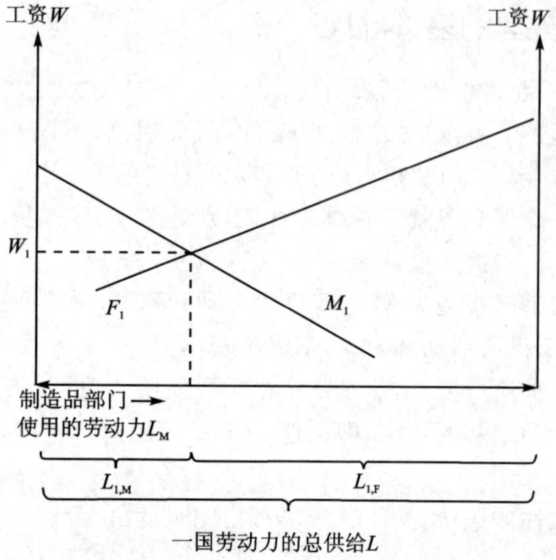

图3.6　特定要素模型的模型设定

图3.6有两个纵轴和一个横轴，其中两个纵轴的含义都是工资，指的是不同部门的工资，左边的纵轴描述的是制造品部门劳动力的工资，而右边的纵轴描述的是粮食部门劳动力的工资。

横轴表示的是两部门使用的劳动力数量，从左侧原点出发，描述的是制造品部门使用的劳动力数量 L_M，而从右侧原点出发，描述的是粮食部门使用的劳动力数量 L_F。两侧原点间的距离为一国劳动力的总供给 L。因为一国的劳动力总供给是一定的，即 L，劳动力要么在制造品部门工作，要么在粮食部门工作，因此两部门的劳动力总量不管怎样都是不变的。

图中的两条曲线，分别是制造品部门和粮食部门的劳动力边际产品价值曲线，纵轴取值也等于工资，两条曲线都向下方倾斜，这是由生产要素边际报酬递减规律所决定的。

先看一下封闭条件下的均衡，如图3.7所示，封闭条件下，均衡点应该为两部门劳动力边际产品价值曲线的交点，在这点上，两部门的劳动力边际产品价值相等，此时的工资是稳定不变的。制造品部门的劳动力数量是 $L_{1,M}$，粮食部门的劳动力数量是 $L_{1,F}$。

下边再看一下自由贸易条件下的均衡，如图3.8所示。

假设本国在生产制造品上具有比较优势，通过前面的理论分析可以知道，在参与国际贸易后，由于本国具有比较优势的产品在世界市场上较便宜，因而世界市场上的需求增加，继而带来M产品的相对价格上升。为了简化分析，假设 P_F 不变，只有

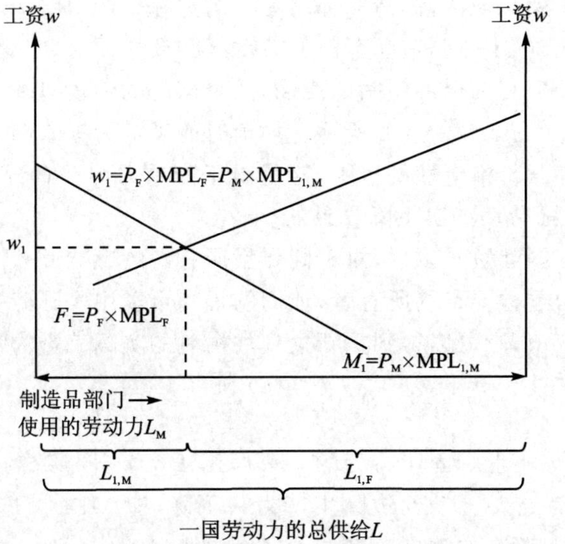

图 3.7　封闭条件下的均衡

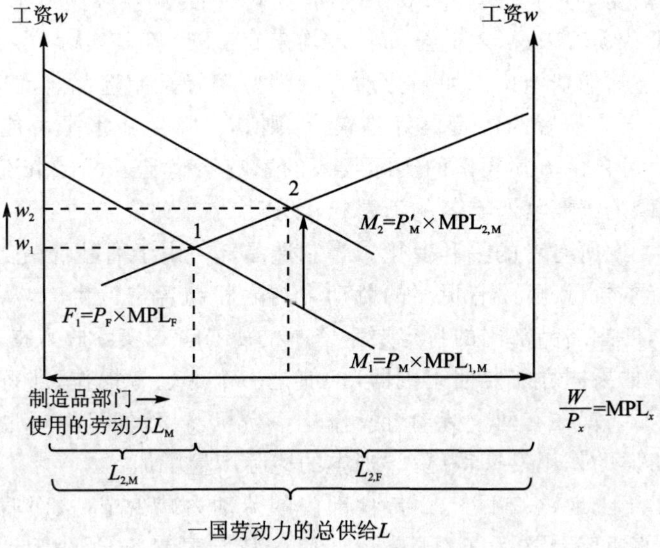

图 3.8　自由贸易条件下的均衡

P_M 上升。

假设 M 商品价格上升至 P'_M。这时，M 部门的劳动力边际产品价值曲线向上方移动，在图中，曲线 M_1 上移至 M_2 处。

由于 P_M 上升，所以制造品部门 M 的劳动报酬，即 $P'_M \times MPL_{1,M}$，超过了粮食部门 F，这必然引起劳动力由粮食部门向制造品部门转移，其结果是制造品部门的劳动投入增加，粮食部门的劳动投入减少。

根据边际收益递减规律，制造品部门劳动的边际生产力将下降，而粮食部门劳动的边际生产力则上升，于是制造品部门的劳动报酬开始回落，粮食部门的劳动报酬开始回升。随着劳动力在两个部门间的流动，两个部门的劳动报酬又重新趋于一致，最后达到新的均衡，如图 3.8 中点 2 所示。均衡时的工资为 w_2，高于 w_1。但是均衡时工资上涨的水平小于价格上涨的水平，这是由于劳动力由粮食部门向制造品部门移动时，M 部门的边际劳动产出下降导致的。

再看一下参与国际贸易以后，对不同要素所有者的影响。

首先看劳动力这种要素的所有者，他们的福利可以用实际工资来描述，即名义工资与商品价格的比值，则可以得到重新达到均衡时的实际工资为

$$\frac{w}{P_{\mathrm{M}}}=\mathrm{MPL}_{\mathrm{M}}, \quad \frac{w}{P_{\mathrm{F}}}=\mathrm{MPL}_{\mathrm{F}}$$

经济中的资本、土地是固定不变的，所以，当 P_{M} 上升导致制造品部门的劳动投入量增加时，制造品部门劳动的边际生产力将下降，即 $\mathrm{MPL}_{\mathrm{M}}$ 下降。而粮食部门由于劳动投入量减少，劳动的边际生产力则上升，即 $\mathrm{MPL}_{\mathrm{F}}$ 上升。这意味着 w/P_{M} 下降，w/P_{F} 上升。也就是说，贸易后该国的工资水平将提高，但提高的幅度小于 M 商品价格的上涨幅度，但如果提高的 w 用于消费 F 商品，则实际生活水平是提高的。

因此，对于劳动者来说，若其全部收入均来自工资，则其实际收入水平在贸易后是否提高取决于其消费结构。如果劳动者的消费偏好是制造品，则其实际生活水平可能会下降；如果劳动者的消费偏好是粮食，则其实际生活水平可能上升。也就是说，国际贸易对可自由流动要素的实际收入的影响不确定。可自由流动要素的实际收入是否提高取决于要素所有者的消费结构。

再看特定要素所有者的福利变化。当制造品部门由于商品价格上升导致劳动流入时，同样的资本数量，可以有更多的劳动力与之相结合进行生产，从而资本的边际生产力将上升，即制造品部门的特定要素资本的所有者的实际收入提高。

举个例子，如果同样需要使用机器，以前是一个劳动者操作，那每天的工作时间是有限的。而如果现在有两个劳动者操作这一台机器，他们可以通过轮班工作的方式，使得这个机器的作用发挥得更大，资本的边际产量增加。

类似地，由于土地数量不变，而粮食部门的劳动力减少了，从而使得粮食部门的特定要素土地的边际生产力下降，粮食部门的特定要素土地的所有者的实际收入下降。

综上，可以用图 3.9 所示的结构图说明。当本国参与国际贸易时，由于本国生产制造品具有比较优势，从而专业化生产制造品 M，进口粮食 F，假设 P_{M} 上升，而 P_{F} 保持不变，则制造品部门的特定要素所有者的实际收入上升，粮食部门特定要素所有者的实际收入下降，而劳动所有者的实际收入变化不确定。

国际贸易会提高贸易国出口部门特定要素的实际收入，降低与进口相竞争部门特定要素的实际收入，而对可自由流动要素的实际收入的影响则不确定，可自由流动

要素的实际收入是否提高取决于要素所有者的消费结构。

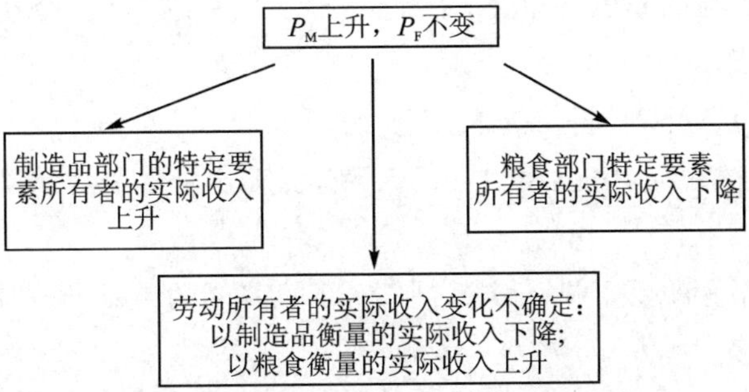

图 3.9　国际贸易对不同利益群体的福利影响

四、对特定要素模型的总结

前面介绍了特定要素模型的主要内容，特定要素模型主要用于解释在短期内国际贸易对收入分配的影响。在短期内，国际贸易对收入分配格局的影响则是因为要素的特定性或不流动性。与前面的要素价格均等化理论相比，特定要素模型关于国际贸易对收入分配影响的分析更接近于现实。

然而在长期，如果劳动和资本都可以在该国的各个产业间自由流动，那么参与国际贸易对一国不同要素所有者的福利有哪些影响呢？要素禀赋理论的另一个推论——斯托尔帕-萨缪尔森定理，分析了在长期，所有要素都可以在国内自由流动的情况下，参与国际贸易对国内不同要素所有者的收入分配的影响。

第四节　斯托尔帕-萨缪尔森定理

下面讲述要素禀赋理论的最后一个推论——斯托尔帕-萨缪尔森定理，来讨论国际贸易对两国收入分配的影响。

一、斯托尔帕-萨缪尔森定理主要内容

斯托尔帕-萨缪尔森定理解释了在长期所有要素都可以在国内自由流动的情况下，参与国际贸易对国内不同要素所有者的收入分配的影响。

其主要内容是，在一国生产多元化的情况下，一种产品相对于另一种产品价格的上升，会导致在这种产品生产中密集使用的生产要素的实际回报率上升，另外一种生产要素的实际回报率下降。

这里以前面讨论的国家 1 为例，国家 1 是劳动充裕国家，根据要素禀赋理论，参与国际贸易以后，国家 1 将更多生产并出口劳动密集型产品 X。

斯托尔帕-萨缪尔森定理背后的逻辑是：

(1) 国家1参与国际贸易后，由于其生产的 X 需求增大，劳动密集型出口行业 X 产品的价格提高；

(2) 出口部门 X 扩张，进口部门 Y 萎缩；

(3) 要素从进口部门 Y 向出口部门 X 流动，即由资本密集型部门流向劳动密集型部门。

(4) 两部门原有的要素投入比不同，X 部门需要的劳动比资本多，而 Y 部门流出的资本比劳动多。

对于这一结论的提出，可以用以下例子说明。假设生产1单位 X，Y 投入的 K 和 L 如表3.3所列。

表3.3　生产单位 X 和 Y 的要素投入

	K	L
X	1	3
Y	3	1

现在国家1要增加 X 的生产，减少 Y 的生产，则需要 Y 部门的 K 和 L 转出。减少1单位 Y 的生产，可以转出 $3K$ 和 $1L$，最多可供生产1/3单位的 X，且有 $(3-1/3)=8/3$ 单位的 K 多余。因而 X 部门的扩张会使得资本相对过剩，劳动力相对稀缺，从而劳动力相对价格，即工资提高。资本相对价格，即利率降低。

最终劳动力要素的所有者收入提高，在贸易中受益；而资本要素的所有者收入降低，在贸易中受损。

可以用公式推导一下。

由完全竞争市场条件可得价格与生产商品的边际成本相等，因此有：

$P_x=MC_x=aw+br$，商品 X 的价格等于生产商品 X 的边际成本，等于 $aw+br$，其中 a，b 是投入系数，表示每生产一单位的产品 X 所需投入的劳动力的数量和资本的数量。因此生产 X 的机会成本等于生产 X 商品投入的劳动力的数量 a 乘以劳动力的报酬（工资 w），加上投入的资本的数量 b 乘以资本的报酬（利率 r）。

同理可得 $P_y=MC_y=cw+dr$（类似地也可以得到等式，P_Y = 生产 Y 的边际成本 = 两种要素投入与相应要素价格的乘积之和）。

当一种产品的相对价格上升时，这里假定 P_X/P_Y 上升，并且是 P_Y 不变，P_X 上升的情形。

X 密集使用劳动力，X 的价格上升会带动劳动力价格的上升。

在 w 上升的情形下，为保持 Y 的价格不变，只有使得 r 下降。

以上用公式得出，在一种价格相对上升时，生产该商品密集使用的要素价格上升，而另一种要素价格则下降。

以上就是斯托尔帕-萨缪尔森定理的内容。这一理论解释了现实中有些人支持国际贸易，有些人反对国际贸易的原因。在上述例子中，本国是劳动力丰裕国家，参与国际贸易后，该国生产的劳动密集型产品相对便宜，因而世界市场上的消费者都想购买本国生产的劳动密集型产品。由于需求上升，该产品的相对价格出现上升。根据斯托尔帕-萨缪尔森定理，这会带来本国劳动要素所有者受益，而资本要素的所有者受损。因此，本国的劳动要素所有者倾向于支持国际贸易，而资本要素所有者则会反对国际贸易。

本章小结

本章介绍了要素禀赋理论，即赫克歇尔-俄林模型的主要内容，以及它的三个推论，即要素价格均等化定理、特定要素模型及斯托尔帕-萨缪尔森定理，分别解释了商品的国际贸易对要素市场的影响，商品生产需要使用特定要素对国际贸易的影响，以及国际贸易对收入分配的影响。

新古典贸易理论主要从三方面完善了古典贸易理论：

(1) 古典贸易理论提出比较优势的概念，指出两国进行贸易的原因是两国商品相对价格存在差异，却未能解释其背后的深层次原因。而新古典贸易理论提出两国比较优势的来源，即要素禀赋的差异。

(2) 古典贸易理论假设劳动力是唯一的生产要素，虽然这与该理论提出时的历史背景较相符，而随着第一代、第二代、第三代继而第四代工业革命的推进，生产中需要投入多种要素。而新古典贸易理论中假设生产要素投入至少两种，更符合现实。

(3) 古典贸易理论未讨论贸易的收入分配效应，认为所有的劳动者都能在收入分配中受益。而新古典贸易理论则讨论了贸易的收入分配效应，在短期，根据特定要素理论，贸易会使出口部门特定要素所有者受益，进口竞争部门特定要素所有者受损，自由流动要素所有者不确定。在长期，根据斯托尔帕-萨缪尔森定理，贸易会使丰裕要素所有者受益、稀缺要素所有者受损。

表 3.4 所列为古典贸易理论和新古典贸易理论的区别。

表 3.4　古典贸易理论和新古典贸易理论的区别

古典贸易理论	新古典贸易理论
1. 未能解决比较优势产生的原因(两国相对价格不同)； 2. 假设劳动力是唯一的生产要素(劳动价值论)； 3. 劳动力同质同酬,所有劳动者在贸易中都受益,不存在收入分配效应	1. 比较优势的来源:要素禀赋不同； 2. 假设生产要素投入至少两种(资本和劳动力)； 3. 贸易存在收入分配效应： (1)长期,贸易会使丰裕要素所有者受益、稀缺要素所有者受损(斯托尔帕-萨缪尔森定理)； (2) 短期,贸易会使出口部门特定要素所有者受益,进口竞争部门特定要素所有者受损,自由流动要素所有者不确定(特定要素模型)

本章讲述的新古典贸易理论的四个定理的内容及模型假设的比较如表 3.5～表 3.6 所列。

表 3.5　本章各理论的主要内容

	提出者	主要内容
要素禀赋理论	赫克歇尔 俄林	一国总是出口在生产过程中密集使用本国丰裕要素的产品,进口密集使用本国稀缺要素的产品
要素价格均等化定理	赫克歇尔 俄林 萨缪尔森	商品的国际贸易会使各国生产要素的相对和绝对价格趋同
特定要素模型	萨缪尔森 琼斯	1. 国际贸易会提高贸易国出口部门特定要素的实际收入； 2. 降低进口竞争部门特定要素的实际收入； 3. 而对可自由流动要素的实际收入的影响不确定,取决于要素所有者的消费结构
斯托尔帕-萨缪尔森定理	斯托尔帕 萨缪尔森	国际贸易带来出口产品价格上升,从而出口产品密集使用的生产要素(即本国丰裕要素)的实际回报率上升,本国稀缺要素实际回报率下降

到目前为止,学习的贸易理论都有一个共同的假定,认为市场是完全竞争的。然而现实中很多商品市场并非完全竞争,可能存在垄断、寡头或者垄断竞争市场的情形。

当市场不是完全竞争市场,国际贸易是什么样的呢？下一章“新贸易理论”会给出答案。

表 3.6　本章各理论的模型假设

	模型假设
要素禀赋理论	1. 2×2×2； 2. 两国使用相同的生产技术； 3. X 在两国都是劳动密集型产品，Y 在两国都是资本密集型产品； 4. 生产规模报酬不变； 5. 两国均为不完全分工； 6. 两国偏好相同； 7. 两国商品和要素市场是完全竞争的； 8. 生产要素可以在国内自由流动，而不可以跨国流动； 9. 没有贸易壁垒； 10. 两国生产资源得到充分的利用； 11. 贸易平衡
要素价格均等化定理	与要素禀赋理论相同
特定要素模型	1. 2×2×3，生产要素有三种，劳动力(L)、资本(K)及土地(T)，生产制造品特定需要资本，而生产粮食特定需要土地，两部门都需要劳动力； 2. 其余假设均与要素禀赋理论相同
斯托尔帕-萨缪尔森定理	与要素禀赋理论相同

思考题

1. 要素价格均等化定理认为随着国际贸易的发生，各国的要素价格会趋同，但是现实中为什么各国工资有较大差异？

2. 要素禀赋理论的主要内容是什么？它有哪些推论？

3. 根据要素禀赋理论，参与国际贸易对国内各利益群体的福利有哪些影响？

4. 根据特定要素模型，参与国际贸易后，不同要素所有者的福利如何变化？

5. 本国有 1 000 单位劳动力(L)和 1 200 单位的土地(F)，用于生产食品和衣服。生产 1 单位食品需要 5 单位劳动力和 8 单位土地，生产 1 单位衣服需要 5 单位劳动和 5 单位土地。

(1) 分别确定食品和衣服的要素密集度。

(2) 本国是否可用本国资源生产 100 单位的食品和 100 单位的衣服？为什么？

(3) 画图表示土地和劳动对该国生产的约束。如果本国要素全部就业，计算本国的均衡产量。假如劳动供给增加 100 单位，则对生产的约束有何变化？

(4) 如果他国有800单位劳动力和1 000单位的土地,生产食品和衣服的要素投入比例与该国一致,分析国际分工模式和贸易模式。

6. 在H-O模型中,假设在没有贸易的情况下,中国大米的国内市场价格是每吨100美元,而国际市场上大米价格是每吨120美元。在允许自由出口的情况下,中国的大米价格会出现什么趋势?如果中国以国际市场价格出口1 000吨大米的话,中国的纯收益(或纯损失)是多少?(用图和数字说明)

第四章 新贸易理论

本章开始新贸易理论的学习。具体包括以下几部分内容：内部规模经济理论；外部规模经济理论；克鲁格曼模型。

第一节 内部规模经济理论

本节内容分为以下几部分：一、内部规模经济理论提出的背景和重要概念；二、内部规模经济理论的基本假设；三、内部规模经济理论的主要内容。

一、内部规模经济理论提出的背景和重要概念

(一) 内部规模经济理论提出的背景

前面讲述了传统贸易理论——古典贸易模型和新古典贸易模型。这些理论的共同特点包括：第一，其理论假设前提均为规模效益不变、市场为完全竞争。第二，其解释对象均为产业间贸易，即一个国家出口一个行业的产品、进口另外一个行业的产品。如发达国家出口工业制成品，而发展中国家出口初级产品。第三，两国进行贸易的原因是封闭时商品的机会成本或国内价格不同。对于封闭时两国商品国内价格不同的解释，古典贸易模型认为是因为两国生产技术不同，而新古典贸易模型认为是要素禀赋不同。

根据传统贸易理论：首先，不同的国家贸易更多。其次，不同的国家应专业化生产不同的产品，国家间进行产业间贸易。

然而，二战后世界经济中，产业内贸易迅猛发展，具体表现在：

(1) 世界贸易的大多数是在相似的国家间进行的，尤其是发达国家间的贸易。

(2) 发达国家之间相互出口工业制成品的产业内贸易占比较大，即要素禀赋相同或相似的国家间开展大量的贸易。如表 4.1 所列，二战以后，主要的经济合作与发展组织 OECD(Organization for Economic Co-operation and Development)国家产业内贸易指数均呈上升趋势。值得注意的是，法国、荷兰、英国、(原联邦)德国及美国的产业内贸易占比均在半数以上。

(3) 产业内贸易规模较大的行业，大都具有规模经济和不完全竞争的特点。

表 4.1 主要 OECD 国家产业内贸易指数变化(1959—1985)

国家 \ 年份	1959	1964	1980	1985
法国	45	60	82	82
荷兰	55	58	76	78
英国	32	40	81	81
原联邦德国	39	42	65	66
美国	40	40	62	60
日本	17	21	27	25
澳大利亚	14	17	—	—

资料来源:朴贤玉.产业内部贸易理论及实证分析.财经研究,2001(9):19-24.

而以上现象用传统的古典贸易理论和新古典贸易理论都无法解释。因此新的现象需要新的理论进行解释。提出新贸易理论的代表性人物有保罗·克鲁格曼,他也因此在 2008 年获得了诺贝尔经济学奖。

新贸易理论与传统贸易理论的一些基本假设存在差异:首先,传统贸易理论中假设商品都是同质的,同样的商品,在不同国家生产的都是相同的。而新贸易理论假设不同厂商生产的产品存在差异性,但是它们彼此间也存在替代性。其次,传统贸易理论中假设市场是完全竞争市场,而新贸易理论假设市场是不完全竞争的。再次,传统贸易理论假定生产过程中规模报酬不变,也就是随着生产数量的增加,平均成本、机会成本都是相同的。而新贸易理论假设存在规模经济或者说规模报酬递增,也就是随着生产数量的增加,平均成本、机会成本都是下降的。

新贸易理论的解释对象为产业内贸易,即一个国家出口一个行业的产品,同时也进口这个行业的产品。它的主要观点是:在存在规模经济、不完全竞争的行业中,每个国家都会集中资源生产该行业中某几种品牌的产品,以实现规模效益、降低生产成本与产品价格;然后通过互相交换不同品牌的产品,增加消费者的选择范围;这使得参与国际贸易的各国福利水平都提高。

(二) 重要概念辨析:产业内贸易与产业间贸易

在学习理论模型之前,还需要区分几组概念:产业内贸易和产业间贸易,完全竞争市场和不完全竞争市场,内部规模经济和外部规模经济。

首先是产业内贸易和产业间贸易。产业间贸易的模式如图 4.1 所示。

根据前面的理论,两国比较优势的来源可能是生产技术不同,或要素禀赋不同。生产不存在规模经济。国家间只有服装和食品的简单交换。本国专业化生产服装并出口,同时进口食品;他国专业化生产食品并出口,同时进口服装。本国和他国间存在服装和食品之间的贸易。

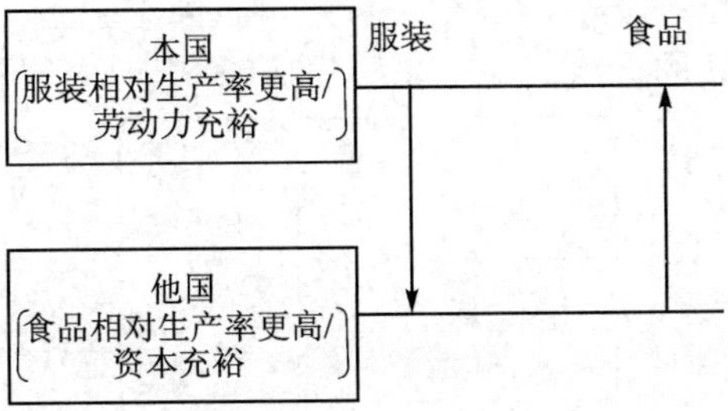

图 4.1　产业间贸易

如果服装业是垄断竞争行业，则本国和他国会生产有差别的服装。本国和他国都会既进口服装，也出口服装，这样的贸易就是产业内贸易。此时，本国和他国既存在产业内贸易，又存在产业间贸易，如图 4.2 所示。

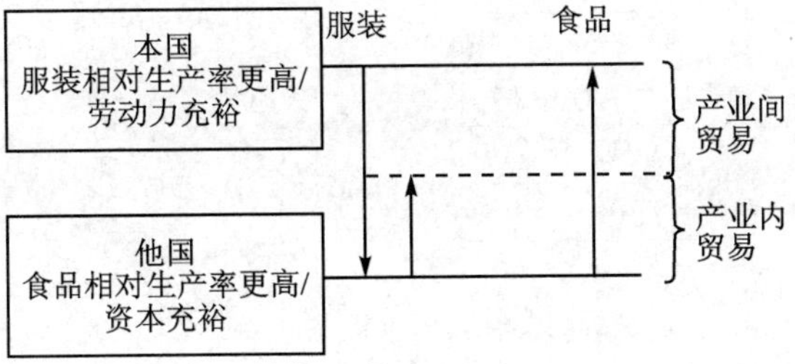

图 4.2　产业内贸易

产业内贸易和产业间贸易的差异概念、产品流向及产品的差异化方面，具体见表 4.2。

表 4.2　产业内贸易和产业间贸易的区别

	产业内贸易	产业间贸易
概念	一国对同类产品既有进口又有出口，贸易双方交换的是同一产业的产品	一个国家或地区，在一段时间内，出口一类产品，进口另一类产品。贸易双方交换的是不同产业的产品
产品流向	同一产业的产品是双向流动的	同一产业的产品是单向流动的，即要么进口，要么出口
产品的差异性	产品具有差异化	产品同质

产业内贸易的测度可以通过产业内贸易指数来描述，它是指一个行业的产业内贸易水平的高低，其公式如下：

$$\text{产业内贸易指数}=1-\frac{|\text{出口}-\text{进口}|}{|\text{出口}+\text{进口}|}$$

其中的出口与进口，是指同行业的出口与进口量。该指数的取值范围在 0～1 之间：产业内贸易水平越低，该指数越小（越接近于 0）；产业内贸易水平越高，该指数越大(越接近于1)。

例题:同种产业产品的进出口为下表所列,计算产业内贸易程度。

	出口	进口
1	1 000	1 000
2	1 000	750
3	750	1 000
4	1 000	0

解析:

$$产业内贸易指数(T)=1-\frac{|出口-进口|}{|出口+进口|}$$

对于情形 1,$T=1-\frac{|1\ 000-1\ 000|}{|1\ 000+1\ 000|}=1$,表明所有的贸易都为产业内贸易。

对于情形 2,$T=1-\frac{|1\ 000-750|}{|1\ 000+750|}=1-\frac{250}{1\ 750}\approx 0.86$。

对于情形 3,$T=1-\frac{|750-1\ 000|}{|1\ 000+750|}=1-\frac{250}{1\ 750}\approx 0.86$。

情形 2 与情形 3 的产业内贸易指数相同。

对于情形 4,$T=1-\frac{|1\ 000-0|}{|1\ 000+0|}=1-1=0$,表明所有的贸易均为产业间贸易,没有产业内贸易。

(三)重要概念辨析:完全竞争市场和不完全竞争市场

下面要区分的一组概念是,完全竞争市场和不完全竞争市场。根据市场理论,按照厂商数量、产品差异性、是否有垄断定价、是否有策略性互动等标准,市场可以分为完全竞争市场、垄断竞争市场、寡头市场和垄断市场,其中后三类属于不完全竞争市场。

新贸易理论中最常见的假设是垄断竞争市场。垄断竞争市场的核心特征包括:

1. 厂商众多

每个厂商都在一定程度上接受市场价格,又都可对市场施加一定程度的影响。以手机市场为例,现在市场上有很多手机品牌,比如苹果、三星、华为、小米等。

2. 产品存在差异

厂商生产的产品存在一定差异,且产品间存在一定的替代性,从而厂商兼具垄断性与竞争性。还是以手机市场为例,刚刚提到不同品牌的手机,在外观、功能上等存在一定差异,但是各品牌生产的手机也具有替代性。

3. 无策略性互动

每一个厂商面对的需求曲线也取决于其他厂商的定价。现实中各手机厂商发布新手机时都需要给予合理的定价，这往往是由各手机厂商的市场营销等部门通过综合分析手机的成本、需求等因素而制定的。在各自定价时，这里假设不同手机厂商间没有共同商议定价。然而最终由消费者来对比市场上的各家厂商的手机，并做出决策。因此每一个厂商所面对的需求曲线也与其他厂商的定价相关。

4. 自由进出

当市场存在超额利润时，会有厂商进入，直到所有厂商经济利润为0。

当今手机市场竞争很激烈，时常出现新的手机品牌，手机的价格也是越来越便宜。这些都是厂商可以自由进出的结果。

（四）重要概念辨析：内部规模经济和外部规模经济

第三组要区分的概念是，内部规模经济和外部规模经济。

外部规模经济是指企业的平均成本随着整个行业的总产出量的增加而降低。外部规模经济存在的原因，在于一个行业存在许许多多的小企业，而这些小企业可以共享这个行业的一些共同服务，从而降低企业的平均成本。

内部规模经济是指企业的平均成本随着企业自身的产出量的增加而降低。内部规模经济存在的主要原因是：企业生产规模越大，其固定成本（如厂房、机器设备等方面的成本）分摊到单位产品上的数量越小，从而使平均成本降低。

外部规模经济与内部规模经济的市场竞争结构是不同的，外部规模经济意味着一个行业有许许多多的小企业，因此市场竞争程度很高，属于完全竞争；内部规模经济意味着规模越大的企业，越有成本优势，从而获得价格优势，在竞争中可以通过压低价格迫使其他小企业退出市场，最后使市场演变为不完全竞争状态。

内部规模经济和外部规模经济的区别可以概括为表4.3。

表4.3　内部规模经济和外部规模经济的对比

类　别	内部规模经济	外部规模经济
定义	企业的平均成本随着企业自身的产量的增加而降低	企业的平均成本随着整个行业的总产出量的增加而降低
市场结构	不完全竞争市场	完全竞争市场
形成原因解释	企业生产规模越大，平均固定成本越低，继而降低平均成本	专业化供应商；劳动力市场共享；知识外溢

二、内部规模经济理论的基本假设

熟悉了一些相关概念之后，本节重点学习存在内部规模经济时国际贸易的情况。

存在内部规模经济，企业的平均成本随着生产规模的增大而降低，根据成本理论，当平均成本随产量递减时，边际成本应当低于平均成本，而由于平均成本随生产规模的扩大而递减，从而边际成本也是递减的，机会成本递减。

之前使用过生产可能性曲线这一工具分析均衡问题，当存在内部规模经济时，一国的生产可能性曲线形状应当是凸向原点状态的。假设两国生产和消费完全相同，因此两国有相同的生产可能性曲线和一组形状相同的社会无差异曲线。

三、内部规模经济理论的主要内容

接下来分析一下上述假定对生产均衡及国际贸易的影响。

如图 4.3 所示，存在规模经济情况下，两国的生产可能性曲线是一条凸向原点的曲线，生产两种产品的机会成本都是递减的。封闭条件下的均衡点是生产可能性曲线与社会无差异曲线的切点 A，A 点所在切线的斜率即为封闭条件下两国国内 X 产品与 Y 产品的相对价格。A 和 B 完全相同，按照传统贸易理论，两国不会发生贸易。

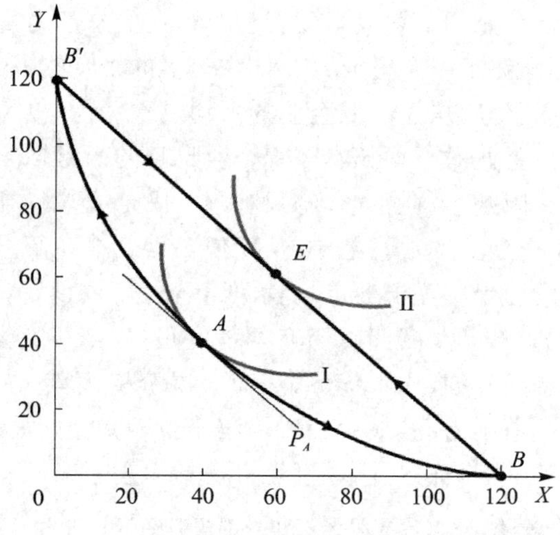

图 4.3　内部规模经济理论

然而如果两国打开国门，A 国由于某种偶然的因素增加了 X 产品的生产，沿着生产可能性曲线向下移动，由于生产的机会成本递减，A 国生产 X 的平均成本降低，价格降低，比 B 国生产的 X 更便宜，具有了优势，两国消费者更愿意购买 A 国生产的 X，A 国生产 X 存在获利空间。

在利润的驱动下，A 国会不断增加 X 产品的生产，直到完全的专业化生产，达到 B 点，即生产可能性曲线与 X 轴的交点。类似地，此时 B 国增加 Y 的生产，也出现机会成本下降、平均成本下降、产品价格下降的情形，世界市场上对 B 国生产的 Y 的需求上升，B 国生产 Y 存在获利空间，B 国增加 Y 的生产，最终 B 国也将完全专业化地生产 Y，达到生产可能性曲线上的 B' 点。

因此两国进行贸易，一旦有一个国家稍微偏离原来的均衡点，就会导致两国都向生产可能性曲线两侧移动。两国的生产点为 B 和 B'，价格线为连接两点的直线，此时新的价格线和新的社会无差异曲线 II 相切于 E 点。可以看到，两国通过参与国际贸易，福利都有所提高。

以上分析了当存在内部规模经济时，即使两个国家生产可能性曲线完全相同，也是可能产生贸易的，并且参与贸易的国家都会获益，社会福利都有所提高。

然而，前面提到A国选择专业化生产 X 的过程具有偶然性，这一偶然因素发生在B国也完全有可能。因此最终究竟是A国专业化生产 X 还是B国专业化生产X都是可能的。因此A国和B国之间专业化分工的模式以及贸易模式均具有偶然性和不可预测性。

四、内部规模经济理论小结

前面介绍了内部规模经济理论的主要内容，现在做一个总结。

根据内部规模经济理论，两国产生贸易的动因是两国在生产上具有规模经济的特点，即随着生产产量的增加，边际成本和平均成本不断下降。

贸易的模式是：越是相似的国家，产业内贸易规模越大。贸易的产品具有偶然性和不可预测性。

贸易的利得是：参与贸易的各国都会受益，主要表现在两国消费者都能达到更高的福利水平。

下节将介绍当存在外部规模经济时国际贸易的情形。

第二节　外部规模经济理论

前面学习了存在内部规模经济，即企业生产规模越大，平均成本越低的情况对国际贸易的影响。本节学习存在外部规模经济时国际贸易的情形。本节内容分为以下几部分：外部规模经济的概念及特点；外部规模经济对国际贸易的影响。

一、外部规模经济的概念及特点

（一）外部规模经济的概念

外部规模经济的定义：外部规模经济是指企业的平均成本随着整个行业的总产出量的增加而降低。这一概念的提出者为经济学家阿尔弗雷德·马歇尔，其在现实中表现为“行业聚集”现象，即无法用自然资源解释的行业的地理集中。

这一现象在实际中很常见。比如，美国的硅谷就是高科技产业集聚区；北京新发地农产品批发市场就是农产品买卖的集散地。此外，很多城市都有一条著名的小吃街，比如北京的王府井、上海的城隍庙、成都的锦里、南京的夫子庙、厦门的中山路，等等。在小吃街上，有很多当地特色小吃店，到这些城市来的人往往也都会慕名到这些小吃街品尝当地特色小吃。

（二）外部规模经济的特点

以上介绍了外部规模经济的概念，那么为什么会出现"行业集聚"现象呢？经济学家马歇尔提出，这主要包括三方面原因或特征：专业化供应商；劳动力市场共享；知识外溢。

第一个特征，专业化供应商是指，在很多行业中，产品和服务的生产都需要使用专门的设备和配套服务。单个公司不可能提供足够大的服务需求市场来维持众多供应商的生存；而行业集聚地区，大量厂商集中在一起可以联合起来提供一个足够大的市场，使得各种各样的专业化供应商得以生存。

由于很多供应公司的存在，使得一些关键设备与服务变得便宜和容易获得，从而厂商可以集中精力做他们擅长的事情，而把其他方面的业务包给别的厂商去做。

以前面提到的小吃街为例，对于食材的供应商，他们可以直接把食材运到小吃街，一方面有这么多小吃店，这些食材肯定能卖出去；另一方面，对于小吃店来说，这些食材直接供应给他们，省略了中间环节，成本也大大降低。

第二个特征，劳动力市场共享，是指厂商的集中能为拥有高度专业化技术的工人创造一个完善的劳动力市场。这个市场不仅有利于厂商，也有利于工人，因为厂商会较少面临劳动力短缺的问题，而工人也会较少面临失业问题。以小吃街为例，小吃街上有很多小吃店，也有很多大厨，当一家小吃店想要雇佣新的厨师时，贴出广告，很快就能找到合适的人选，而大厨到这条街上找工作也能找到与自己专业相匹配的工作，不用担心失业问题。

第三个特征，存在知识外溢，包括两方面：第一，对于专业化技术，企业既可以通过自主研发获取，也可以通过研究竞争对手的产品获取。第二，企业可以通过个人之间信息与构想的非正式交流获取知识。当行业集聚时，个人之间知识的非正式扩散经常较为有效，因为行业的集中分布使得不同公司的员工能自然地混杂在一起自由地谈论技术话题。比如在小吃街上，当一家店想推出新的菜品时，可以研究一下其他店里的招牌菜，再与自家的特色相结合。此外，众多厨师也会有一个"大厨圈"，通过私下非正式的聊天等可以相互交流做菜的心得，使得大家的厨艺都更加精进。

二、外部规模经济对国际贸易的影响

以上学习了外部规模经济与国际贸易的定义，现在看一下，当存在外部规模经济时，对国际贸易有什么影响。

（一）外部规模经济与生产集聚

以中美两国纽扣行业的生产与贸易为例。两国封闭时纽扣的生产与消费情况如图 4.4 所示，横轴代表两国纽扣的生产（或消费）数量，纵轴代表两国纽扣的价格（或成本）。两图中都可以观察到两条向下倾斜的直线：其中 D_{CHINA} 和 D_{US} 分别代表中国和美国对于纽扣的需求曲线，其需求量与价格负相关，因而向下倾斜。而 AC_{CHINA}

和 AC_{US} 分别代表两国纽扣的供给曲线。由于纽扣行业具有外部规模经济，因而整个行业的平均成本随行业总产量的增加而降低，因而供给曲线也是向下倾斜的。值得注意的事，中国的平均成本曲线低于美国的平均成本曲线，表明中国生产纽扣的平均成本 AC_{CHINA} 整体低于美国的平均成本 AC_{US}。

封闭条件下两国市场上的均衡为两国供给曲线与需求曲线的交点，因而中国市场上的均衡价格为 P_{CHINA}，而美国市场上的均衡价格为 P_{US}。可以看到 $P_{CHINA} < P_{US}$，表明封闭时中国生产纽扣的均衡价格低于美国。

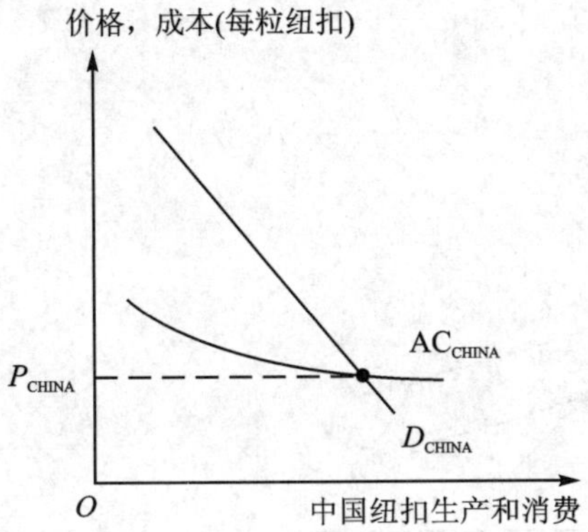

(a) 中国纽扣生产和消费

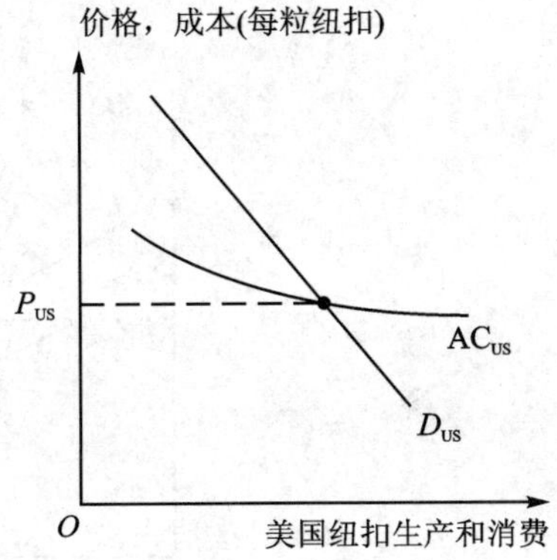

(b) 美国纽扣生产和消费

图 4.4　中国、美国封闭时纽扣的生产和消费

假如现在两国同时打开国门，开展纽扣的国际贸易，如图 4.5 所示，由于 $P_{CHINA} < P_{US}$，美国消费者会转向购买中国纽扣。由此带来中国的纽扣生产扩张，而美国的纽扣生产萎缩。由于存在外部规模经济，中国纽扣产量增加，而成本与价格下降；相反，美国纽扣产量降低而成本与价格上升。由此带来中国在生产纽扣的竞争优势日益增强，直至所有的纽扣生产会集中在中国，而美国纽扣生产将会消失。因此，在外部规模经济存在的情况下，如果两国同时开放国门进行国际贸易，将会带来生产的集中；

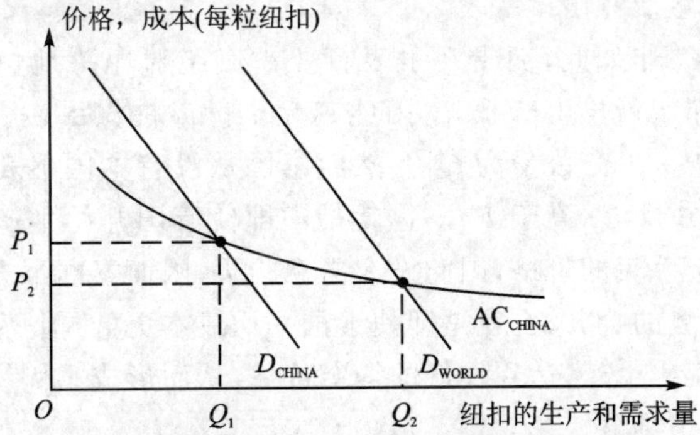

图 4.5　中美两国贸易后纽扣的生产和需求

在国际贸易均衡状态下，一种产品的生产将会集中于有成本优势的国家。

（二）外部规模经济与先发优势

首先，在存在外部规模经济的条件下，国际贸易模式中会出现先发优势现象。先发优势是指一个行业的先行者，由其领先技术或产品带来的持久的竞争优势。下面用图形来说明先发优势何以存在。

图 4.6 描述的是手表这个商品的供给和需求情况。说到手表，最著名的大品牌大多来自瑞士，比如欧米茄、卡地亚、浪琴，等等。瑞士是世界上最早生产出手表的国家。

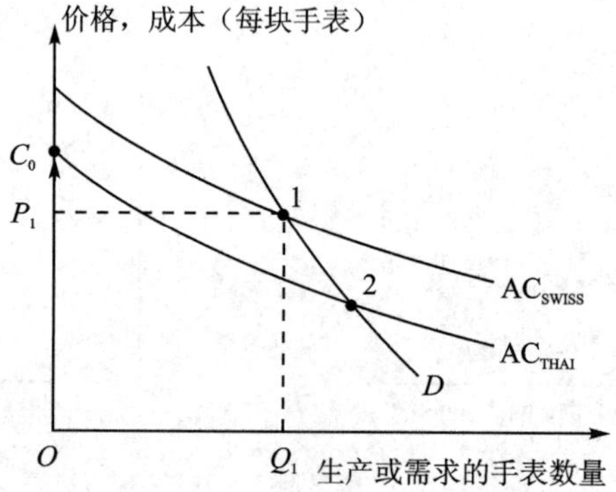

图 4.6　外部规模经济与先发优势

这张图中，横轴代表手表的生产或需求数量，纵轴代表每块手表的成本或价格。有两条 AC 曲线，即平均成本曲线，上边一条是瑞士生产手表的平均成本曲线，下边一条是泰国生产手表的平均成本曲线。根据外部规模经济的假定，当产品的产量增加时，平均成本下降。因此，这两条平均成本曲线都是向下倾斜的。另外一条是世界对手表的需求曲线。

泰国的平均成本曲线在瑞士之下。这是由于泰国的人工成本、原材料等很多方面的成本都低于瑞士。如果按照比较优势理论，泰国生产手表的平均成本低于瑞士，应该由泰国专业化生产并出口手表。

然而实际情况并非如此，瑞士在手表行业占有绝对龙头地位。这是为什么呢？看一下图中，因为瑞士最早生产手表，因此其为全世界提供手表，达到的均衡点是 1 点，对应的价格为 P_1，生产数量为 Q_1。然而泰国从没有本国手表产业到开始生产，起初的成本是 C_0，并且 C_0 高于 P_1。也就是说即使泰国开始生产手表，但是由于产量少，成本高于瑞士手表的价格，因此没人愿意购买，因而泰国不会生产。

这就是先发优势的含义，也就是即使泰国平均成本更低，但是因为瑞士更早进入手表市场，通过规模化生产，达到较低的均衡价格，从而形成了优势，使得其他国家再进入这个市场变得很难。

(三) 外部规模经济与幼稚产业保护

当存在外部规模经济时,为应对先发优势,一国可以采取“幼稚产业保护”措施。

还是前面的案例,如图 4.7 所示,和图 4.6 相比,图 4.7 中多了一条泰国国内手表需求曲线 D_{THAI}。如果泰国禁止手表贸易并自主生产,则国内手表均衡价格为泰国国内供给和需求曲线的交点 P_2,低于泰国从瑞士进口手表的价格 P_1。此时如果泰国再开放手表市场,则他们的手表比瑞士的手表价格更低,能够在国际市场上占有一定的位置。

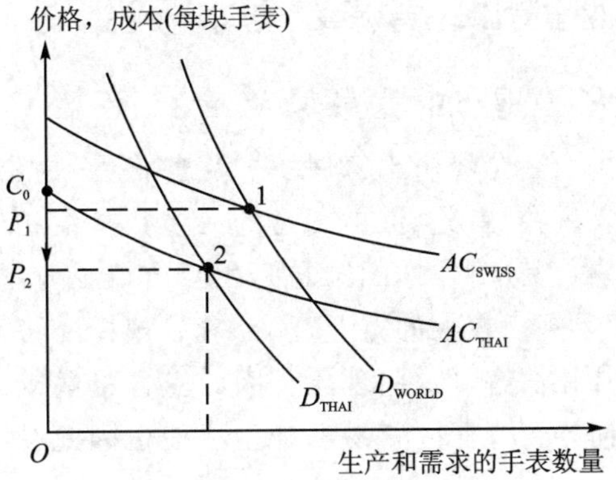

图 4.7　外部规模经济与幼稚产业保护

这就是“幼稚产业保护”理论的内容,也就是当国际分工违背比较优势原理,且他国有先发优势时,如一国的某行业有发展潜力(成本低于先发优势国家),则可以通过贸易保护措施,促进该行业的发展。贸易保护比参与国际贸易对该行业更有利。

三、外部规模经济理论小结

前面介绍了外部规模经济理论的主要内容,现在做一个总结。

(1) 外部规模经济的定义:它是指企业的平均成本随着整个行业的总产出量的增加而降低。

(2) 外部规模经济的特点:即存在专业化供应商、劳动力市场共享、知识外溢。

(3) 在存在外部规模经济的条件下,国际贸易模式中会出现先发优势现象。

(4) “幼稚产业保护”理论:当国际分工违背比较优势原理,且他国具备先发优势时,如果一国的某行业具有发展潜力,则该国可以通过采取贸易保护措施,促进该行业的发展。

下节将介绍新贸易理论的另一个模型——克鲁格曼模型。

第三节　克鲁格曼模型

前面讲述了当存在内部规模经济和外部规模经济时国际贸易的情形。本节讲述新贸易理论中的另一个理论，即克鲁格曼模型。本节内容分为以下几部分：克鲁格曼模型提出的背景及基本假设；克鲁格曼模型的主要内容。

一、克鲁格曼模型提出的背景及基本假设

（一）克鲁格曼模型提出的背景

克鲁格曼模型的提出者是经济学家保罗·克鲁格曼，这位经济学家关注到二战以后世界贸易的特点表现在：首先，世界贸易的大多数是在相似的国家间进行的，尤其是发达国家间的贸易。其次，发达国家之间相互出口工业制成品的产业内贸易占比较大，第三产业内贸易规模较大的行业，大都具有规模经济和不完全竞争的特点，而用传统的贸易理论都无法解释这些现象。因此克鲁格曼以此为基础，解释了规模经济与不完全竞争如何导致产业内贸易的产生。他也因此在 2008 年获得了诺贝尔经济学奖。

下面看一下克鲁格曼模型的基本假设，包括生产一侧的假设和消费一侧的假设。

（二）克鲁格曼模型生产侧假设

(1) 第一个假设，市场为垄断竞争市场。前面提到垄断竞争市场的几个特征：厂商众多，产品存在差异，厂商间无策略性互动，以及厂商可以自由进出，厂商兼具垄断性与竞争性。具体地，一方面，产品存在差异，因而厂商具有一定的垄断性，可以追求利润最大化，因此在均衡状态下，边际收益和边际成本相等。另一方面，厂商间同时具有竞争性，企业可以自由进出市场，所以在均衡状态下，产品的价格和产品的平均成本相等，即 $P=\mathrm{AC}$。因为如果企业有超额利润，那么新的企业就会不断进入市场直至垄断利润消失。

(2) 第二个假设，市场上的厂商都是对称的，所有厂商面对的市场需求函数、成本函数都完全一致，这里假设每个厂商生产一个品牌。

(3) 根据上述假设，可以得到企业的成本函数为 $C=F+c\times Q$，其中 C 是企业的总成本，F 为企业生产的固定成本，即不随生产数量变化的成本。比如实际中，工厂购买厂房、机器设备对应的成本，无论生产多少产品，这一部分都是固定的投入。

$c\times Q$ 为企业生产的可变成本，c 为边际成本，Q 为产量，即随着产量增加而增加的成本。比如实际中，生产更多的产品需要投入更多的劳动力。可变成本即为劳动力的工资。

根据企业的成本函数，可以得到企业的平均成本为 $\mathrm{AC}=C/Q=(F+c\times Q)/$

$Q=F/Q+c$（总成本与生产产品数量的比值，经过化简可以得到）。这个表达式中，随着产量的增加，固定成本平摊到每个产品的部分递减，可变成本的部分是常数，因此产量越高，平均成本越低，符合前面提到的规模经济的定义。

类似地，还可以得到边际成本的表达式，用总成本对产量求偏导数，则可以得到边际成本为 $\mathrm{MC}=\partial C/\partial Q=c$ ，是一个常数。求解边际成本，可以用于企业利润最大化时边际收益等于边际成本（MR＝MC）这一条件的求解中。

（三）克鲁格曼模型需求侧假设

再看一下克鲁格曼模型对于消费一侧的假设。

1. 消费者偏好的多样性

克鲁格曼模型假设消费者喜欢消费更多种类的产品。这一假设有一定的现实意义。比如手机，市场上手机品牌有很多，苹果、三星、华为、小米、OPPO 等。这些不同品牌的手机在功能、外观等方面都有一些差别。对于消费者来说，如果市场上只有一种型号的手机可选，那消费者只能选择这一种产品。而如果有很多不同种类的手机可选，消费者可以在其中选择与自己偏好最接近的手机。因此，可以选择的产品种类更多，消费者福利更高。前面假设每个厂商生产一种产品，因此在克鲁格曼模型中，市场上厂商数量越多，产品种类越多，消费者福利越高。

2. 需求函数的构建

可以构建市场上的需求根据。前面假设每家企业面对的需求曲线是相同的，则代表性企业面对的市场需求可以用下式表示：

$$Q=S\times\left[\frac{1}{n}-b(P-\overline{P})\right]$$

式中：Q 是市场对这一代表性企业生产产品的需求量；S 为该行业的总需求量（所有企业的总销售量），即市场的大小，具体地对应手机市场，就是想要购买手机的所有消费者数量之和；n 为市场上的企业数量，由于假设一家企业生产一个品牌，因此企业数量与品牌数量相等；P 为该企业所设定的价格，$\overline{P}$为所有企业所设价格的平均数；b 为一个大于 0 的参数，衡量该企业销售量对价格反应的敏感度；S/n 是所有企业的平均销售量。

这一表达式中，如果一家企业给商品的定价比市场平均价更高，则表达式中 $(P-\overline{P})$大于 0，这一项乘以$-b$ 则会得到一个负数，从而市场份额小于 S/n。

它的含义是，如果一家企业给商品的定价比市场平均价更高，则该企业的销售量低于平均每家企业分摊的市场份额，即所有企业平均销售量。反之，如果一家企业的价格比市场平均价更低，即 $P<\overline{P}$，那么从需求方程中可知 $Q>S/n$，即该企业的销售量高于所有企业平均销售量。如果某一企业的价格等于市场平均价，即 $P=\overline{P}$，那么从需求方程中可知 $Q=S/n$，即该企业的销售量等于所有企业的平均销售量。

二、克鲁格曼模型的主要内容

现在看一下,在克鲁格曼模型的设定中,一国封闭条件和国际贸易条件会有什么差别。

(一) 封闭条件下的情形

前面说到,市场上厂商的数量对消费者福利有较大影响,因此求解均衡时厂商数量 n 及其平均价格 P 之间的关系。

要得到均衡状况,需要两条曲线,一条是厂商数量和平均成本的关系,即 CC 曲线;一条是厂商数量和企业定价的关系,即 PP 曲线,见图 4.8。

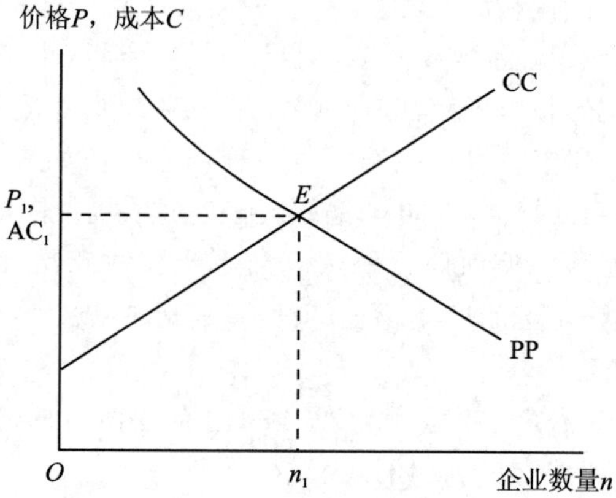

图 4.8 封闭条件下的市场均衡

厂商数量与平均成本的关系,应当是行业中厂商越多,每个厂商的成本越高,这是因为厂商数量越多,每个厂商可以获得的平均市场份额就越小,从而厂商产量就越少,由于存在"内部规模经济",产量越少,平均成本越高。因此图中的 CC 曲线是向上倾斜的。

而另一条曲线,是厂商数量与厂商定价的关系。在垄断竞争条件下,厂商的定价与厂商数量呈负相关关系。这是因为,当市场上有更多企业时,竞争更加激烈,企业必须降低价格才能获得更高的市场份额。这是垄断竞争条件下企业自由进入市场导致的竞争加剧。因此图中的 PP 曲线是向下倾斜的。

有了 CC 曲线和 PP 曲线,就可以得到封闭时的均衡点,即为两条曲线的交点 E。这是垄断竞争市场上厂商间具有竞争性,企业可以自由进出市场的特征所决定的。均衡状态下,产品的价格和产品的平均成本相等,因此 PP 曲线和 CC 曲线的交点即为垄断竞争均衡点。

此时 $P_1 = AC_1$ 为均衡状态下的价格与平均成本相等,n_1 表示在均衡状态下市场上存在的企业数量即品牌数量。此时,全行业的利润为 0。

(二) 自由贸易条件下的情形

下面看一下当一国开展国际贸易时，市场均衡如何变化，见图 4.9。

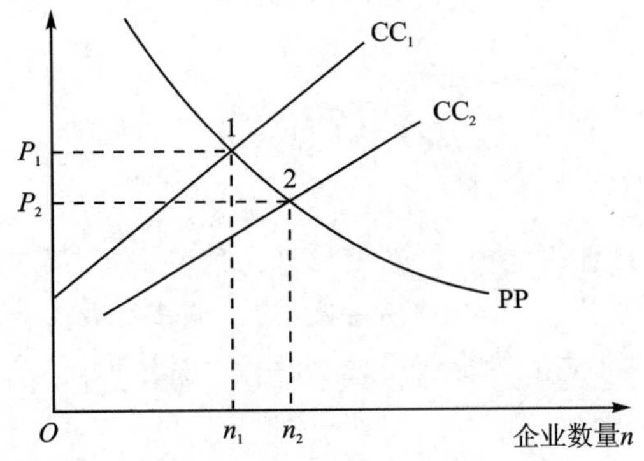

图 4.9　国际贸易带来市场规模扩大后的均衡

当两国开展国际贸易时，厂商面临的市场需求扩大了，不仅面临国内消费者的需求，而且面临国外消费者的需求。由前面分析可知，PP 曲线与市场的竞争程度有关，而 CC 曲线与每个厂商的市场份额有关。

当一国打开国门时，消费者数量增大，因此每个厂商平均生产数量上升，根据内部规模经济的假定，每个厂商的平均成本下降，因此 CC 曲线向下移动，从 CC_1 移动到 CC_2。

而刚刚打开国门时，市场上厂商数量不变，因此竞争程度不变，从而市场规模的扩大对 PP 曲线无影响。

此时，新的市场均衡为 2 点，对应市场平均价格 P_2，企业数量 n_2。比较封闭时和开放时的均衡点，可以看到参与国际贸易以后，企业数量即产品品牌(n)增加了。同时，企业的生产成本(AC)与消费者价格(P)降低了。

从福利的角度来看，贸易利得来自两方面：一是参与国际贸易后，市场上企业数量即产品品牌(n)增加了，消费者就拥有了更多的选择；在消费者偏好更多品牌的条件下，消费者的福利水平提升。二是企业的生产成本(AC)与消费者价格(P)降低了，消费者可以买到更便宜的产品，从而消费者的福利提高了。

三、克鲁格曼模型小结

前面介绍了产业内贸易理论的主要内容，现在做一个总结。

克鲁格曼模型与传统贸易理论的特点完全不同，它的理论假设前提为规模经济、不完全竞争；其解释对象为产业内贸易。在这一模型下：

贸易动因：各国在生产产品上存在规模经济，且产品具有差异性。

贸易模式：各国会进行产业内贸易，且越是相似的国家，产业内贸易规模越大。

贸易的产品具有不可预测性。

贸易利得：贸易利得来自两方面，(1)消费者拥有了更多的选择；(2)由于规模经济效应和竞争效应，消费者可以以更低的价格购买商品。

收入分配效应：新贸易理论未讨论收入分配效应。

本章小结

本章讲述了新贸易理论的内容，新贸易理论的背景是，第二次世界大战后出现的发达国家间的贸易量上升，产业内贸易占比大，且这些行业大多具有规模经济和不完全竞争，而这些现象都无法由传统贸易理论解释。具体地，传统贸易理论与新贸易理论的区别如表 4.4 所列。

表 4.4　传统贸易理论与新贸易理论的区别

传统贸易理论	新贸易理论
1. 假设规模收益不变； 2. 可以解释产业间贸易，不能解释产业内贸易； 3. 认为贸易应在不同的国家间开展，且国家差异越大，贸易的可能越大。无法解释相同或相似的国家间的贸易； 4. 假设市场为完全竞争市场； 5. 假设产品是同质的	1. 假设存在规模经济； 2. 可以解释产业内贸易； 3. 可以解释相同或相似的国家开展贸易的原因； 4. 假设市场为不完全竞争市场(内部规模经济理论和克鲁格曼模型)； 5. 假设产品存在差异性和可替代性

本章讲解了新贸易理论中的三个代表性理论，分别是内部规模经济理论、外部规模经济理论以及克鲁格曼模型。这三个理论的主要内容总结如表 4.5 所列。

表 4.5　本章理论总结

	内部规模经济理论	外部规模经济理论	克鲁格曼模型
主要内容	当存在内部规模经济时，即使两国完全相同，也可以开展贸易，并且参与贸易的各国都会获益	1. 当存在外部规模经济时，国际贸易模式中会出现先发优势现象； 2. 一国可以采取“幼稚产业保护”措施	当存在内部规模经济时，两国开展贸易会带来品牌数量增加和市场价格下降，从而提高社会福利

续表 4.5

	内部规模经济理论	外部规模经济理论	克鲁格曼模型
基本假设	1. 生产存在内部规模经济； 2. 两国的生产和消费完全相同	1. 生产存在外部规模经济； 2. 两国生产成本不同	1. 生产侧：(1)垄断竞争市场；(2)厂商是对称的，所有厂商面对的市场需求函数、成本函数完全一致；(3)每个厂商生产一个品牌。 2. 需求侧：(1)产品种类越多，消费者福利越高；(2)企业的销量与其定价负相关
贸易动因	两国生产存在规模经济	两国生产存在外部规模经济与生产成本差异	两国在生产上存在规模经济，且产品具有差异性
贸易模式	1. 可以解释产业内贸易，越是相似的国家，产业内贸易规模越大； 2. 贸易的产品具有偶发性和不可预测性	1. 两国同时开放，由生产成本决定； 2. 两国先后开放，由先发优势决定，而先后顺序具有偶然性和不可预测性	1. 可以解释产业内贸易，越是相似的国家，产业内贸易规模越大； 2. 贸易的产品具有偶发性和不可预测性
贸易利得	参与贸易的各国都会受益，主要表现在两国消费者都能达到更高的福利水平	“幼稚产业保护”理论：当国际分工违背比较优势原理，且他国具备先发优势时，如果一国的某行业具有发展潜力，则该国可以通过采取贸易保护措施，促进该行业的发展	参与贸易的各国都会受益，来自两方面：(1)消费者拥有了更多的选择；(2)由于规模经济效应和竞争效应，消费者可以以更低的价格购买商品

新贸易理论很好地解释了产业内贸易存在的原因，但它也有一个重要缺陷：该理论假设所有企业都是同质性的，因此竞争中哪些企业退出、哪些企业存活完全是随机性的，不能得到很好的解释。而现实中，企业是存在差异的，这将如何影响国际贸易呢？下一章介绍的新新贸易理论将对此作出解释。

思考题

1. 在垄断竞争市场下，建立在内部规模经济基础上的差异产品的贸易如何使所有国家的福利增加？

2. 产业间贸易和产业内贸易有哪些相同之处和不同之处？

3. 新贸易理论和古典贸易理论有哪些异同？

4. 假定汽车生产是一个垄断竞争的行业，任何一家厂商面临的需求曲线为

$$Q=S\times\left[\frac{1}{n}-b\times(P-\overline{P})\right]$$

式中：$b=1/30\ 000$。

假设生产汽车的成本函数为 $C=F+c\times Q$，其中 $F=750\ 000\ 000$，$c=5\ 000$。假设有两个国家，A 国的汽车年销售量为 900 000 辆，B 国的汽年销售量为 1 600 000 辆，且两国的生产成本相同，求：

（1）封闭时，A 国的汽车生产商数目及均衡价格。

（2）封闭时，B 国的汽车生产商数目及均衡价格。

（3）国际贸易后，两国市场上的汽车品种数及均衡价格。

第五章　新新贸易理论

本章讲述新新贸易理论，具体包括以下内容：新新贸易理论提出的背景；新新贸易理论中的代表性理论，Melitz模型（梅里兹模型）的假设及主要内容。

第一节　新新贸易理论提出的背景

上一章讲述了新贸易理论，这一理论能够很好地解释产业内贸易的存在原因，但它也有一个重要缺陷：该模型假设所有企业都是同质性的，因此竞争中哪些企业退出，哪些企业存活完全是随机性的，不能得到很好的解释。

新新贸易理论的产生是由国际贸易领域微观实证研究推动的。以前国际贸易数据多为宏观的国家层面的数据。20世纪90年代中期，随着各国统计技术的提高，微观层面国际贸易数据的出现，国际贸易的实证研究从宏观（国家层面）逐渐向中观（产业层面）及微观（企业层面）领域推进。

经济学家们对这些微观贸易数据进行研究，发现了一些既有的国际贸易理论无法解释的现象，这为新新贸易理论的产生奠定了实证基础。

前面学习的贸易理论中都假定所有的企业是同质的：所有的企业都会专业化生产某种产品并出口，同时从国外进口其他商品。

然而，通过分析企业层面贸易的微观数据却发现企业是存在差异的，或者企业间存在"异质性"。那么企业的异质性都表现在哪些方面呢？

一、企业异质性特征一：只有很少的企业出口

企业异质性的第一个特征是，只有很少的企业出口。这与之前的贸易理论预测的所有企业都会专业化生产并出口的结论有较大差异。

比如表5.1描述的是2002年美国制造业企业出口的情况。这是根据Bernard，Jensen，Redding和Schott等人2007年发表在经济期刊*Journal of Economic Perspectives*中的一组数据整理而得。其中，第一列是各行业的名称，第二列是各行业出口企业占该行业企业总数的比例。各行业中，即使是比例最高的计算机、电子设备行业，出口企业占该行业企业的比例也只有不到40%，也就是说不到40%的企业出口，其余企业都只为本国供货。其他行业比例更少，有些只有个位数。

表 5.1　2002 年美国制造业企业出口情况

行业名称	出口企业占该行业企业总数的比例/%	行业名称	出口企业占该行业企业总数的比例/%
计算机	38	石油和煤产品	18
电子设备	38	合金产品	14
化学产品	36	食品制造	12
机器制造	33	纺织产品厂	12
金属原始产品	30	非金属矿物质	9
塑料和橡胶产品	28	服装制造	8
交通设备	28	木制品	8
纺织厂	25	家具	7
皮革产品	24	印刷品	5
造纸业	24	其他	2
烟酒饮料	23		

数据来源：Bernard et al.(2007)

另外一篇论文，Eaton，Kortum 和 Kramarz 等人 2011 发表在经济学期刊 *Econometrica* 上的论文，使用法国企业数据进行实证检验，如图 5.1 所示，其中纵轴表示法国制造业企业中向该国出口的企业数量，横轴表示这一国家的市场规模。可以看到图中各国数据整体呈正相关关系，表明一国市场规模越大，法国制造业企业中向该国出口的企业数量越多。值得注意的是，在众多散点中法国(FRA)是一个离群值，表明法国企业中向本国供货的企业数量远大于其他企业。统计数据表明，在法国制

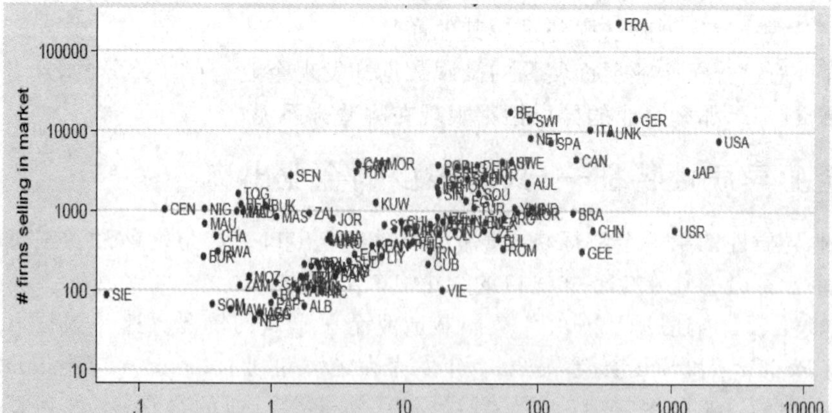

资料来源：Eaton et al.(2011)

图 5.1　法国向各国出口企业数量与各国市场规模的关系

造业企业有 2 299 000 家，只有 34 035 家企业出口，占比 1.5%，而绝大多数的企业仅向本国供货。

二、企业异质性特征二：出口企业和非出口企业之间存在显著差异

企业异质性的第二个特征是，出口企业和非出口企业之间存在显著差异。

这表现在，出口企业比非出口企业规模更大。还是 Bernard et al.(2007)这篇文章中，作者比较 2002 年美国出口企业和非出口企业的多项指标，如表 5.2 所列，出口企业的"表现溢价"指的是在实证分析中，回归方程中加入该企业是否为出口企业的哑变量(Dummy Variable)，在控制其他变量情况下，这一哑变量的系数。其含义是，对于其他特征都相同的企业，出口企业相较于非出口企业的差异。

表中各行代表的是回归中引入的不同因变量，分别为企业雇佣劳动力人数、销售产品数量、工人效率、技术水平、企业给工人的工资、人均资本量和人均技能。

表中各列的区别在于回归中控制了不同的协变量(Covariates)，第一列没有加入其他的协变量，第二列加入了行业固定效应，第三列加入了行业固定效应以及企业雇佣总人数的对数，以控制企业规模带来的影响。

观察表中的回归结果，可以发现，对于每一个因变量，对于回归中加入不同的协变量，得到的出口企业比非出口企业的"表现溢价"均为正数。因此，出口企业在雇佣劳动力人数、销售产品数量、工人效率，技术水平，企业给工人的工资，人均资本量，人均技能等方面都显著高于非出口企业。这表明，出口企业比非出口企业规模更大，业绩更强。

表 5.2　2002 年美国制造业企业出口比非出口企业的"表现溢价"(exporter premia)

	exporter premia		
	(1)	(2)	(3)
Log employment	1.19	0.97	
Log shipments	1.48	1.08	0.08
Log value-added per worker	0.26	0.11	0.10
Log TFP	0.02	0.03	0.05
Log wage	0.17	0.06	0.06
Log capital per worker	0.32	0.12	0.04
Log skill per worker	0.19	0.11	0.19
Additional covariates	None	Industry fixed effects	Industry fixed effects, log employment

资料来源：Bernard，Jensen，Redding 和 Schott (JEP，2007)文章中的 Table 3。

另一篇论文,Bernard, Eaton, Jensen 和 Kortum 等人在 2003 年发表在 *American Economic Review*,使用美国数据测算企业的劳动生产率并描述出口企业和非出口企业的劳动生产率分布,如图 5.2 所示,灰色柱形代表非出口企业,黑色柱形代表出口企业。横轴代表劳动生产率,从左到右,表明劳动生产率逐渐提高。纵轴代表企业数量的比率。可以看到,在图形的左侧,即劳动生产率相对较低的区间,都表现为灰色柱形高于黑色柱形,即非出口企业比率大于出口企业。而在劳动生产率比率为 0.84~1.00 以后的区间,都表现为黑色柱形高于灰色柱形。综上分析,美国的低生产率企业中,非出口企业比率大于出口企业;而高生产率企业中,出口企业比率大于非出口企业。因此出口企业较非出口企业生产率更高。

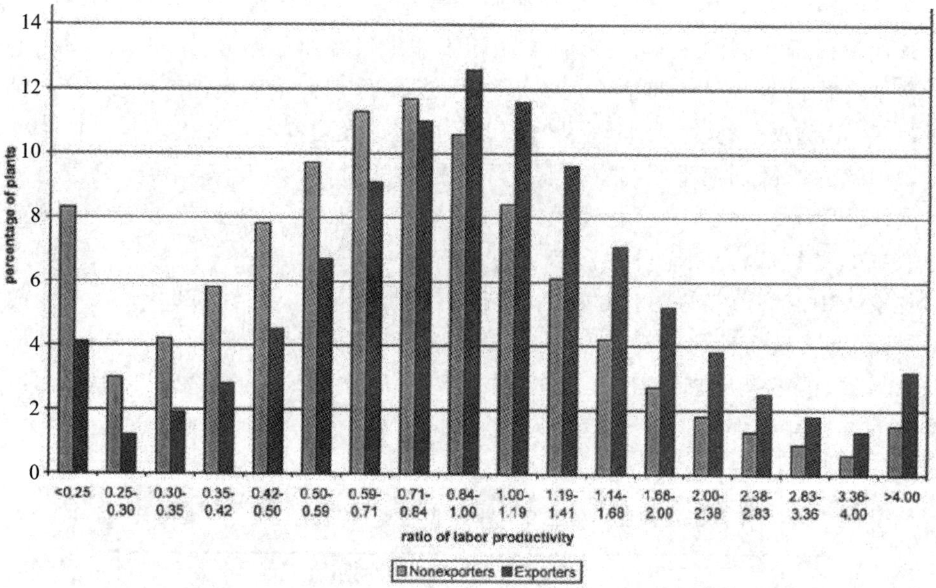

资料来源:Bernard, Eaton, Jensen 和 Kortum (AER, 2003)文章中的 Figure 2A。

图 5.2 美国不同生产率企业中出口企业和非出口企业的分布

前面提到的论文都是使用美国、法国等发达国家进行实证检验的数据,也有经济学家利用其他国家或地区的数据加以验证,代表性论文如表 5.3 所列,其他代表性实证文章,也发现出口企业相较于非出口企业,生产更多产品,支付更高的工资,使用更贵/质量更高的要素投入,以及创新更多。

大量实证文章都说明,出口企业在多个维度都优于非出口企业,这两类企业之间存在显著差异。因此,前面的主要贸易理论中企业同质的假定与现实存在差异。

表 5.3　其他代表性论文及其数据与结论

论文及作者	数　据	结论 出口企业 V.S. 非出口企业
①Bernard，Jensen，Redding and Schott (JEP，2007) ②Bernard，Redding and Schott (SJE，2009)	美国统计局的制造业企业数据库	生产更多产品
Frias，Kaplan and Verhoogen (2009)	墨西哥"雇主-工人"数据	支付更高的工资
Kugler and Verhoogen (2008)	哥伦比亚企业数据	使用更贵/质量更高的要素投入
Aw，Roberts and Xu (AER，2008)	中国台湾企业 2000—2004 数据	创新更多

三、企业异质性分析

那么为什么出口企业会在各方面优于非出口企业呢？对于这一现象的解释为，一是选择效应，即更强的企业才出口。只有技术水平等各方面更强的企业才能承担得起参与国际贸易的高额成本，从而进入国外市场。二是学习效应，即出口以后企业变强。企业在出口后，其技术水平会提高，因为他们可以在向国外客户销售的过程中学习提高自己，形成规模经济，获得更多技术等。大量文献指出选择效应的作用更强，也就是更强的企业才出口。而以往的贸易理论均无法解释这些现象。

Melitz 模型正是在这样的背景下产生的，它又称"异质性企业模型"，该模型强调的是企业的异质性在国际贸易中的作用。该模型认为企业之间存在生产率水平的差异，国际贸易会带来竞争的加剧，会损害那些生产率低下的企业，它们会被迫退出市场；而生产率高的企业，则会抓住国际贸易所带来的销售扩大的机遇，迅速扩张并出口。因此国际贸易造成了资源在不同企业间的重新配置，从效率低的企业转向效率高的企业，从而导致行业整体生产效率得到提高。

第二节　新新贸易理论的基本假设

接下来看一下 Melitz 模型的基本假设，该模型的假设分为需求侧、供给侧以及对于国际贸易情形的假设。

一、关于需求的假设

关于需求的假设主要包括以下三方面：

(1) 假设世界上存在很多国家,每个国家和 $n \geqslant 1$ 个国家进行贸易,这里先讨论对称性国家的情况。

(2) 每个国家的劳动力供给量/消费者总数均为 L。

(3) 消费者对产品多样性有强烈的偏好:每一种产品消费带来的边际效用递减,消费产品种类的增加会带来效用的提高。这一假定与克鲁格曼模型相同。

二、关于供给的假设

再看关于供给的假设:

(1) 劳动力是生产过程中唯一的投入要素,且两国工资均为1。

(2) 劳动力在国家间不能自由流动。

(3) 市场为垄断竞争市场,每个企业生产一种产品:关于市场的假定也和克鲁格曼模型相同。前面也提到,垄断竞争市场下,厂商兼具垄断性与竞争性。垄断性表现在,厂商可以追求利润最大化,因此均衡状态下,边际收益和边际成本相等。竞争性表现在,企业可以自由进出市场,所以均衡状态下,产品的价格和产品的平均成本相等,即 $P=\mathrm{AC}$。

(4) 生产中使用的总劳动力为

$$l(\varphi)=f+q/\varphi$$

式中:$l(\varphi)$,表示 l 是 φ 的函数,φ 的变化会带来 l 的变化。φ 表示企业的生产率,即企业的生产率水平会影响生产中使用劳动力的数量。

这里假设劳动力是唯一的生产要素,并且工资为 l,那么生产的成本即为生产中所使用的劳动力数量乘以工资,也就是 $l(\varphi)$ 乘以 l,因此这个 $l(\varphi)$ 值也就是生产产品的总成本。

f 为在本国生产一单位产品需要投入的固定成本;φ 指企业的生产率,φ 越高,技术水平越高,在这个方程中,φ 越高,$l(\varphi)$ 越低,即企业生产率越高,生产中所需的劳动力数量越少,继而生产成本越低。

(5) 关于企业的生产过程。通过前面的假定可以看到,企业之间技术水平存在差异,那么这一差异是如何形成的呢?

Melitz 模型对生产过程的描述是这样的:

1) 潜在市场进入者需要支付固定成本 f_{d} 才可以进入市场。注意这里的固定成本 f_{d} 和生产中的固定成本 f 是不同的。联系现实,f_{d} 可以理解为当一个企业开始生产前需要完成工商注册,需要对市场的情况、行业的情况、产品的情况进行初步的了解等,这些都有一定的成本。而生产中的固定成本 f 则通常是指生产中厂房、机器设备等所需要的成本。

2) 在进入市场前,企业看似相同,其实它们不知道自己在该行业的劳动生产率有多高。

3) 进入市场后,它们了解到自己的生产率。市场上企业的生产率满足固定分布

$g(\varphi)$，这一分布所有企业都是相同的。

4）进入市场后企业的劳动生产率水平不再变化。

这一过程类似抽彩票，进入的固定成本类似于支付的彩票费用，企业的生产率类似于彩票的数字。这一过程可以认为是“被动学习”，企业不了解自己的生产水平，直到开始生产，才知道。上边的生产过程可以用图 5.3 来表示。

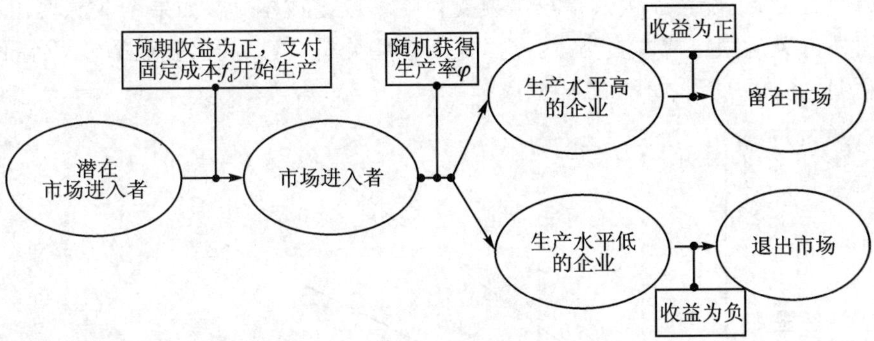

图 5.3　Melitz 模型中企业的生产过程

三、关于国际贸易的假设

前面讲述了 Melitz 模型中关于供给和需求的假定，下面看这一模型关于国际贸易条件的假设。

(1) 企业进入出口市场面临固定出口成本 f_x，且由于出口的不确定性更强，$f_x > f_d$。这一假定也有一定的现实意义，比如在国内开一家餐馆，在进入市场前，对于国内市场行情、人们的口味等的调研相对较容易；而如果想进入国外市场，在国外开一家餐馆，需要了解国外的法律、市场、外国人的饮食偏好等，成本就比较高。

(2) 产品从本国运到国外存在运输成本，因此存在系数 $\tau > 1$，使得本国市场上商品价格为 P_d，则国外市场上商品价格为 τP_d。这一假定也更符合现实，在商品运输过程中，总是有或多或少的损耗。

以上就是 Melitz 模型的基本假设，下一节来看 Melitz 模型的主要内容。

第三节　新新贸易理论的主要内容

一、Melitz 模型的主要内容

(一) 企业技术水平、生产与贸易

上一节讲到，在 Melitz 模型设定下，企业之间存在生产率的差异，并且企业生产

率越高，企业生产的可变成本越低，从而企业生产的总成本越低。

一方面，假定市场是垄断竞争市场，企业可以自由进出市场，所以均衡状态下，产品的价格和产品的平均成本相等，即 $P=\mathrm{AC}$。

因此，生产率越高的企业生产的产品价格也越低，从而可以有更高的销量，利润更高。

另一方面，假设企业进入市场需要支付一笔固定成本 f_{d}，如果企业想要出口，则进入国外市场的固定成本更高，为 f_x，根据这些分析，可以画出企业的技术水平和企业的利润之间的关系，如图 5.4 所示。

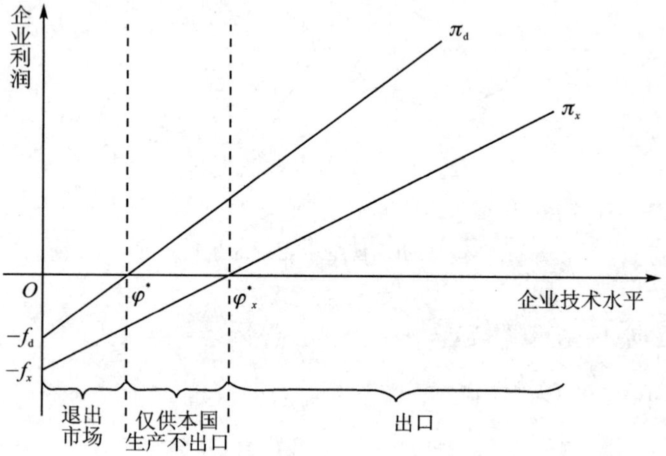

图 5.4　Melitz 模型的主要内容

图中横轴表示企业的技术水平，纵轴表示企业的利润。两条直线：π_{d} 描述的是企业向国内市场供货的利润情况。π_x 描述的是企业向国外市场供货的利润情况。两条线都是斜率为正的直线，表明企业不论是向国内供货还是出口，都符合企业的技术水平越高，企业的利润越高的规律。

两条曲线与 Y 轴的交点为负数，表明当企业技术为 0 时，企业的生产能力为 0，然而由于企业只有支付进场的固定成本才能了解自己的技术水平，因此此时企业的利润是负的进场固定成本。π_{d} 与 Y 轴的交点为 $-f_{\mathrm{d}}$，π_x 与 Y 轴的交点为 $-f_x$，f_x 在 f_{d} 之下，这就是前面假设中提到的，进入国外市场的固定成本要高于国内市场。

两条曲线与 X 轴的交点为企业利润为 0 时对应的企业技术水平的临界值。π_{d} 与 X 轴的交点对应的是企业技术水平为 φ^*，π_x 与 X 轴的交点对应的是企业技术水平为 φ_x^*，φ^* 在 φ_x^* 的左侧，因此在本国销售的企业的临界技术水平低于在国外销售的临界技术水平。

π_{d}、π_x 与 X 轴的交点将 X 轴分为三个区间。第一个区间，技术水平在 $0\sim\varphi^*$ 之间，在这一技术水平，无论是 π_{d} 还是 π_x，取值都是负数。因此技术水平较低的企业进入市场后利润为负，最终只好退出市场；第二个区间是 $\varphi^*\sim\varphi_x^*$ 之间，技术水平在这一区间的企业，π_d 为正，π_x 为负，表明企业向国内销售尚可以盈利，但是如果向国外出口，则利润为负，因此这一区间的企业仅供本国生产而不出口；第三个区间，$\varphi_x^*\sim+\infty$，技术水平在这一区间的企业，π_d，π_x 均为正，因此企业无论向国内销售还是出口，都可以盈利。

(二) 企业技术水平与总利润

把两条利润曲线结合起来，可以得到总体的企业技术水平和利润的关系，见图 5.5。从封闭到开放：首先，对于低技术企业（$\varphi<\varphi^*$），退出市场；其次，中技术企业（$\varphi^*<\varphi<\varphi_x^*$），留在市场，仅为本国供货，市场份额减少；而高技术企业（$\varphi>\varphi_x^*$），留在市场，且为本国及外国供货，利润增大，企业扩张，市场份额扩大。

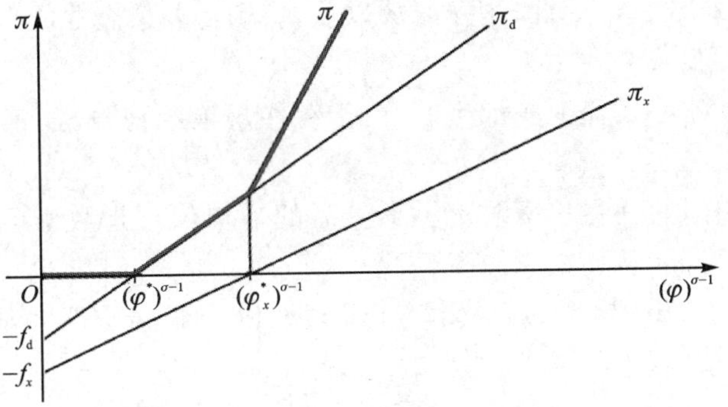

图 5.5　企业技术水平与总利润

(三) 贸易与企业进出市场

经济从封闭到开放，会经历整个经济的总体技术水平提高，劳动生产率低的部分企业退出市场。

1. 产品市场竞争

随着经济开放，产品市场的竞争加剧，企业面临更多的外国竞争者，而且这些新的竞争者的平均生产率比国内企业更高，因为企业面对的这些竞争者也是国外能够走出国门的企业，国外也存在 φ^* 与 φ_x^*，能够出口的企业都是技术水平在国外的 φ_x^* 以上的企业，因此其生产率比国内企业的平均生产率高，这使得劳动生产率低的企业被迫退出市场。

2. 劳动力市场竞争

贸易会产生新的利润机会（本国利润和国外利润），只有劳动生产率高的企业（$\varphi>\varphi^*$），才能把握这一机会出口并扩张，这一机会也会导致更多的企业进入；高效率企业的扩张与更多的企业进入，增加了市场对劳动力的需求，从而提高了劳动力的实际工资水平；迫使劳动生产率低的企业退出市场。

(四) 贸易利得分析

下面再分析一下 Melitz 模型的框架下，贸易利得的情况。根据 Melitz 模型，贸易利得应该来自三方面：

1. 消费者拥有了更多的选择

从封闭到开放，消费者既可以消费本国厂商生产的产品，又可以消费国外厂商生产的产品，根据“消费者对产品多样性有强烈的偏好”的假设，消费者可以有更多种类的产品供选择，从而福利提高。

2. 行业的整体生产效率得到提高

根据前面的分析，从封闭到开放，低生产率的企业被淘汰出市场，同时技术水平高的企业市场份额增加，技术水平低的企业市场份额下降，行业整体生产效率提高。

3. 消费者可以以更低的价格购买商品

前面对生产函数的假定中，企业的技术水平越高，企业的平均成本越低，从而企业生产的产品价格越低。因此，国家开放以后，市场上剩余企业的平均成本较封闭时更低，产品价格更低。

另外，高技术水平的企业扩大生产，由于存在规模经济效应，其生产的平均成本也会进一步下降。

这两方面的作用，使得均衡时市场上产品的平均价格指数 P 下降，消费者可以以更低价格购买商品，从而福利提高。

以上介绍了 Melitz 模型的内容，Melitz 模型以企业异质性为基础，分析了贸易对产业内部企业结构与资源配置的影响。

由于存在出口成本，只有部分企业会选择进入出口市场，这些出口企业比非出口企业规模更大，劳动生产率水平更高。

由于贸易导致低效率的企业退出市场，高效率的企业扩张并进入出口市场，因而促进了产业内部的资源跨企业重新配置，提高了整个行业的平均生产率。

Melitz 模型在理论方面弥补了克鲁格曼模型的不足（即企业同质性无法解释国际贸易导致哪些企业退出市场），并指出了贸易改善一国福利的新途径（即促进产业内部不同企业之间的资源重新优化配置）。

第四节　新新贸易理论的扩展

在 Melitz 模型（2003）之后，经济学家们又对该理论进行了扩展，代表性的模型扩展方向见图 5.6。

其中第一个扩展方向，是将 Melitz 模型与 H－O 模型结合，代表论文作者为 Bernard 等（2007）。在 Melitz 模型中，为了简化分析过程，假设生产只有一种要素投入，即劳动力。而作者 Bernard 等（2007）还考虑到国家间要素禀赋差异，丰富了 Melitz 模型的内容。

第二个扩展方向，是放松了对效用函数的假设，代表论文作者为 Melitz 和 Otta-

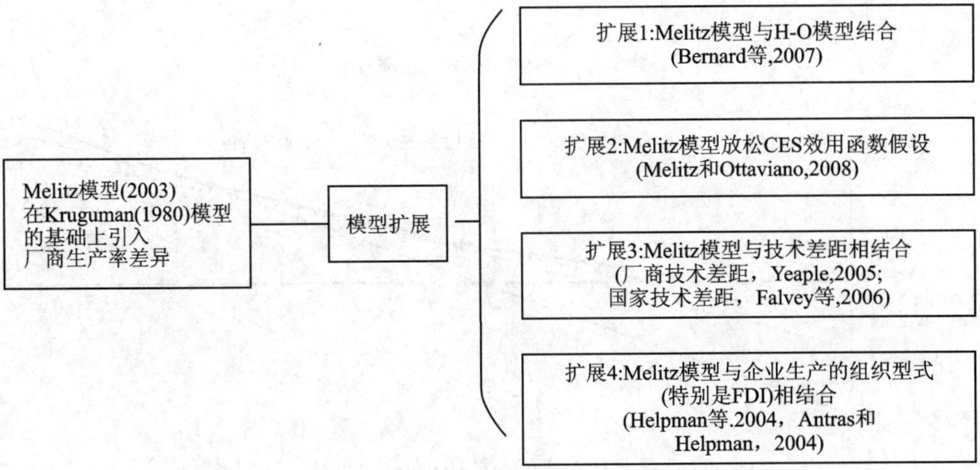

图 5.6　新新贸易理论的扩展

viano (2008)。Melitz 模型中假设效用函数为 CES 的函数形式,从而保证消费者对产品多样性有强烈的偏好的假定,且产品之间的需求替代弹性是恒定的。而 Melitz 和 Ottaviano (2008)的模型设定中不再要求效用函数满足 CES 函数形式,而采取了更一般性的需求函数及效用函数。

第三个扩展方向,是将 Melitz 模型与技术差距相结合,包括厂商的技术差距(Yeaple, 2005),以及国家技术差距(Falvey 等, 2006)。Melitz 模型中假定企业之间的差异主要为企业的生产率水平不同,Yeaple(2005)发现,企业的异质性是贸易成本、技术特征、工人技术异质性共同作用的结果。Falvey 等(2006)则将 Melitz 模型中"参与贸易的国家都是对称的"假定,扩展为"参与贸易的国家存在差异",并结合国家间技术差异分析贸易对企业的影响。

第四个扩展方向,是将 Melitz 模型与企业生产组织形式(特别是 FDI)相结合,代表性论文作者为 Antras and Helpman (2004)。如图 5.7 所示,根据成本大小,可以将企业的组织形式分为国内外包、国内生产、国外外包及国外投资。国内外包指将生产环节外包给其他企业,企业主要进行产品的采购和销售等,这种生产模式对于企业自身的技术水平要求最低,进入成本最低。国内生产是指生产的环节由企业自身承担,这种生产模式对于企业自身的技术水平要求较低,进入成本较低。国外外包是指将生产环节外包给国外生产者进行生产,这种生产模式对于企业自身的技术水平要求较高,进入成本较高。国外投资是指在国外投资建厂开展生产,由于对外投资需要对投资目的国的法律制度、市场环境等深入了解,因而进入成本最高,对企业自身的技术水平要求也最高。据此,可以画出企业不同组织形式的技术水平与利润图。根据各条曲线与横轴的交点,可以得到企业选择不同组织形式的临界技术水平。

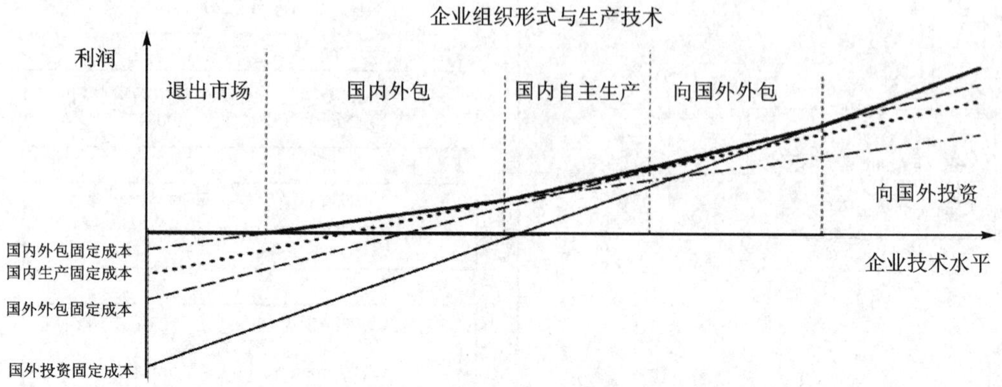

资料来源：Antras 和 Helpman(2004)

图 5.7　企业组织形式、生产技术与利润

本章小结

本章讲述新新贸易理论，又称"异质性企业模型"，它的产生是实证研究推动的结果。新新贸易理论建立在新贸易理论的基础上，二者的对比如表 5.4 和表 5.5 所列。

表 5.4　新新贸易理论与新贸易理论的相同点

		新贸易理论	新新贸易理论
相同点	模型假设	1. 关于需求的核心假设：消费者偏好多样性； 2. 关于供给的行业层面假设：①垄断竞争市场；②规模收益递增	
	贸易动因	行业层面：生产产品存在规模经济，产品具有差异性	
	贸易模式	行业层面：各国会进行产业内贸易，且越是相似的国家，产业内贸易规模越大；贸易的产品具有不可预测性	
	贸易利得	1. 消费者拥有了更多的选择； 2. 由于规模经济效应和竞争效应，消费者可以以更低的价格购买商品	

表 5.5 新新贸易理论与新贸易理论的区别

		新贸易理论	新新贸易理论
不同点	模型假设	1. 厂商是同质的； 2. 成本函数：$C=F+c\times Q$； 3. 不存在贸易成本，且企业出口存在额外成本	1. 企业具有异质性，生产率有差异，通过类似抽彩票的方式，获得自身的技术水平； 2. 企业成本函数：$l(\varphi)=f+q/\varphi$； 3. 存在贸易成本(τ)，且企业在出口的进入成本(f_x)高于在国内销售的成本(f_d)
	贸易动因		企业层面：企业生产率存在差异
	贸易模式		企业层面：市场中出口企业和非出口企业并存
	贸易利得		贸易利得新途径：产业内部不同企业之间的资源重新优化配置。由于选择效应与再配置效应，行业的整体生产效率得到提高

本章主要介绍 Melitz 模型。该模型强调企业的异质性在国际贸易中的作用。

根据 Melitz 模型，两国产生贸易的动因是：生产产品存在规模经济，产品具有差异性，且企业间生产效率具有差异性。

贸易模式是各国会进行产业内贸易，且市场中出口企业和非出口企业并存。

贸易利得来自三方面：

(1) 消费者拥有了更多的选择；

(2) 由于规模经济效应和竞争效应，消费者可以以更低的价格购买商品；

(3) 由于选择效应与再配置效应，行业的整体生产效率得到提高。

收入分配效应是：Melitz 模型未讨论收入分配效应。

思考题

1. 新新贸易理论继承了新贸易理论规模经济的假设，引入了企业的异质性。请从贸易动因、贸易模式、贸易利得和收入分配效应角度对新新贸易理论进行描述。

2. 请简要描述 Melitz 模型对生产、消费及国际贸易条件的假设。

3. 新贸易理论和新新贸易理论有哪些区别？

第六章　经济增长与国际贸易

本章介绍经济增长的两种类型，主要探讨不同类型的要素增长对经济产生的影响；着重介绍经济增长与贸易的两种情形：大国情形和小国情形。

第一节　经济增长的类型

本节首先介绍经济增长的类型。在经济增长理论中，影响经济增长的因素有很多，包括要素禀赋的变化、技术进步、管理水平的提升以及制度变迁，等等。在这些因素中，经济学家们认为经济增长最主要的动力应该来自生产要素的增长和技术进步。所以在研究中，我们主要考虑生产要素增长带来的经济增长和技术进步带来的经济增长。

一、生产要素增长带来的经济增长

生产要素增长带来的经济增长主要是指由于劳动力和资本增长带来的经济增长，主要有三种情况：一是中性经济增长，指的是劳动力和资本以相同的比例增长（假设都增加1倍）；二是仅劳动力增长的经济增长，这时资本没有增长；三是仅资本增长的经济增长，这时劳动力没有增长。在现实经济中，更多的情况是介于这些特殊的增长类型之间的情形，比如既有劳动力增长也有资本增长的情况。我国改革开放以来的经济增长就是既有劳动力数量和质量的改善，也有资本积累引起的资本增长。经济增长本质上意味着一国的产出能力和水平的变化，可以用生产可能性曲线的外延来反映经济增长。

如果一国实现了经济增长，该国的生产可能性曲线会如何变化？这个问题，需要结合经济增长的类型来回答。

假设一个社会的劳动力和资本都增长1倍，即出现两种要素同比例增长的中性经济增长，另外假设生产技术水平不变。那么这个社会的新生产可能性曲线就会按要素增长比率均匀向外平移，新旧两条生产可能性曲线被源于原点的射线相割的各点的斜率相同，这是两种要素增长率相同的情况。

如图6.1所示，图中横轴和纵轴分别代表 X 产品和 Y 产品的数量，曲线是一国的生产可能性曲线。假如经济增长后该国的两种要素都增加1倍，它的每一个产出组合数量也是增加 1 倍，如国家 1 原来生产 140 单位 X 产品，现在可以生产 280 个单位 X。

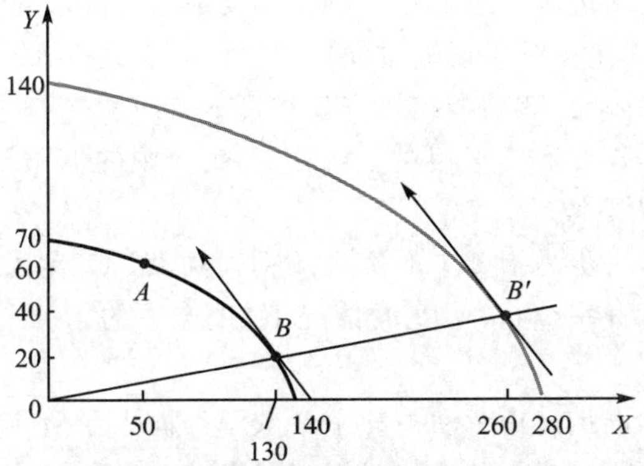

图 6.1　中性经济增长引起的生产可能性曲线变动

如果仅有劳动力增长带来的经济增长，如图 6.2 所示，这种经济增长之后的生产可能性曲线变成了右侧的实线，假定 X 为劳动密集型产品，Y 是资本密集型产品，生产可能性曲线向 X 轴方向扩展。

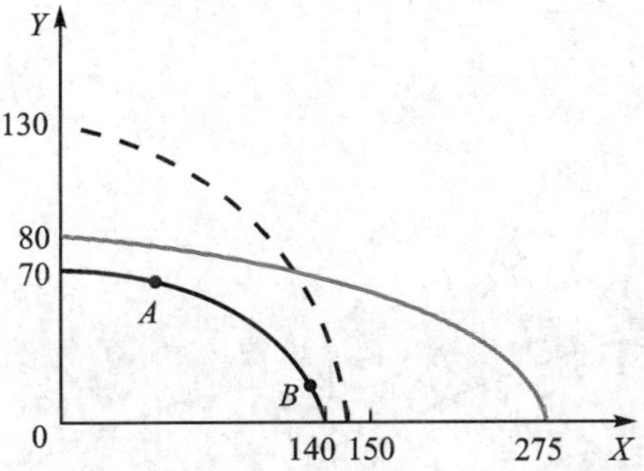

图 6.2　仅劳动力增长或仅资本增长引起的生产可能性曲线变动

思考一下，当劳动力增加 1 倍，X 产量能不能增加 1 倍？答案是不能，原因是资本没有任何的增加，只有当劳动力和资本两种要素都增加 1 倍时，X 的产量才能增加 1 倍。另外，当劳动力增加 1 倍，资本没有增加时，经济增长后全部资源若用于生产 Y，由于 Y 产品是资本密集型产品，所以 Y 的产量只会有少量的增加；相反，如果只有资本增加，生产可能性曲线更多地向 Y 轴方向扩展，即图 6.2 中的虚线。

所以，如果是中性经济增长，并且两种商品的规模报酬不变，那么生产效率、劳动力与资本的回报率在增长前后都不变。如果仅仅有劳动力增长或者是劳动力增长比资本增长快，那么资本/劳动比率和劳动力的生产效率、回报率、人均真实收入都将下降。如果仅资本增长或者是资本比劳动力增长快，那么资本/劳动比率以及劳动力的生产效率、回报率和人均收入都将上升。

二、技术进步带来的经济增长

第二种情况是技术进步带来的经济增长。技术进步带来的经济增长是指在技术进步后，任意给定产量水平都可以通过使用比以前更少的投入或要素数量生产出来，包括中性技术进步、劳动力节约型技术进步和资本节约型技术进步三种情况。

中性技术进步是指生产要素相对价格不变，生产中的 K/L 不变，但相同产量下需要更少的劳动力和资本。

劳动节约型技术进步是指资本的生产效率提高大于劳动力生产效率的提高，资本替代劳动力。在工资率/利率不变的情况下，生产中的 K/L 上升，每单位劳动力使用更多的资本。

资本节约型技术进步是指劳动力的生产效率提高大于资本的生产效率提高，在工资率/利率不变的情况下，劳动力替代资本，生产中的 K/L 下降，每单位资本使用更多的劳动力。

同样的道理，发生技术进步后一国的生产可能性曲线也要外移。如果是 X 部门发生了中性技术进步，Y 部门没有，新的生产可能性曲线就是图 6.3 中右侧的实线，X 的产出增加 1 倍，Y 的产出不变；相反，如果是仅有 Y 部门发生了中性技术进步，新的生产可能性曲线就是图 6.3 中的虚线。

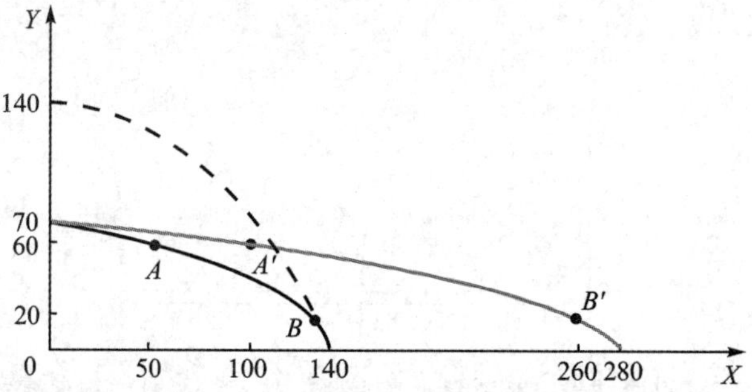

图 6.3　技术进步带来的生产可能性曲线变动

第二节　经济增长的产出和贸易效应

一、经济增长的生产和消费贸易效应

如果一国发生了经济增长，那么经济增长会如何影响该国的贸易规模，也就是该国的贸易规模和贸易量会如何变化？这个问题比较复杂，首先要知道经济增长对贸易规模的影响不仅取决于经济增长后进出口商品生产和出口的变化情况，还取决于增长后一国消费方式的变化情况。

(一) 生产的贸易效应

在生产的贸易效应方面，如果经济增长引起贸易规模以更快的比率增长，那么生产效应是顺贸易效应；相反，如果贸易规模增长比率小于或等于经济增长率，那么生产效应是逆贸易效应或者中性贸易效应。

举个例子，一个国家如果越来越多地生产出口产品，越来越少地生产进口产品，其贸易规模通常会扩大，属于一种出口扩张型经济增长，通常会带来生产的顺贸易效应。

(二) 消费的贸易效应

在消费的贸易效应方面，指的是经济增长影响到该国的消费水平和消费结构，进而影响到它的贸易结构和规模。如果经济增长后消费效应带来更大比率的贸易扩张，那么消费效应是顺贸易效应；反之，消费效应是中性或者逆贸易效应。

举个例子，如果一国经济增长后居民收入增加了，居民越来越偏向于购买进口商品，通常会引起贸易的扩大。

贸易规模的最终变化实际上就是由生产的贸易效应和消费的贸易效应加在一起综合来决定的。如果生产和消费都是顺贸易效应，则贸易规模的扩张要快于产量的扩张；如果生产和消费都是逆贸易效应，则贸易的扩张慢于产量的扩张，甚至可能下降。如果一正一负，结果是不确定的。

由于要素增长和技术进步可以有不同的类型和速度，并且生产和消费的贸易效应各有三种情况，因此在分析经济增长对贸易规模的影响时要具体问题具体分析。如果考察的是一个小国，也就是它进出口数量的变化影响不到国际市场价格，那么该小国是国际市场价格的接受者。如果它的出口部门发生了中性技术进步，由于它是小国，增长后面临的国际相对价格不变，如果不考虑消费偏好的变化，那么该国经济增长后贸易规模就会扩张。大国的情况要更复杂一些，后面再进行分析。

二、小国经济增长定理——雷布津斯基定理

首先介绍一个小国经济增长定理，即雷布津斯基定理。这个定理考察的是小国经济增长后产出的变化。该定理指出，在商品相对价格不变的前提下，某一生产要素的增加会导致密集使用该要素的商品生产增加，而另一商品的生产则下降。

如图 6.4 所示，假设一个小国的经济增长类型是劳动力增长了 1 倍带来的经济增长。在经济增长之后，会使密集使用劳动力要素的商品产量增加，同时另一种商品的产量将会减少。假定 X 产品是劳动密集型产品，Y 产品是资本密集型产品，那就是 X 产品的产量增加，Y 产品的产量会减少。

该国是一个小国，根据定义要求该小国经济增长前后的商品相对价格不变。如果要使小国商品相对价格不变，就必须要求它的工资率/利率不变，而要使工资率/利

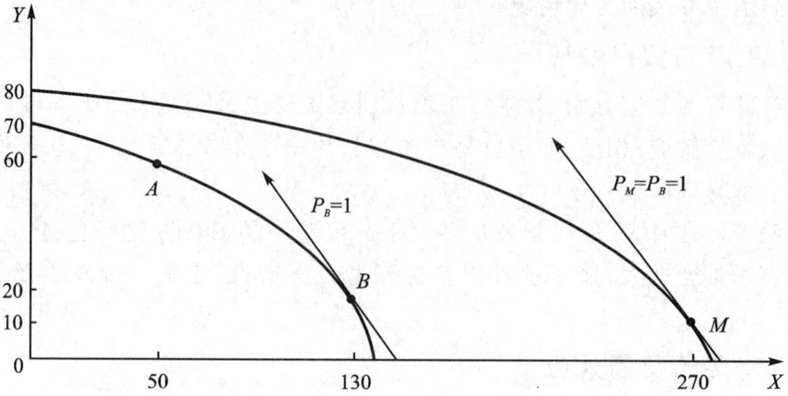

图 6.4　雷布津斯基定理图示

率不变，就要求资本/劳动的比率 K/L 保持不变。如果劳动力增长 1 倍，资本没有变化，那么为了实现资本/劳动的比率不变，并且使所有的要素实现充分就业，只能是减少 Y 的生产，因为 Y 的产量如果不减少的话就不能够保证 X 新增的产量中有足够资本。

另外，减少 Y 的生产会释放较多的资本，也有少量的劳动力，加上新增的 1 倍劳动力，另外还要保证资本/劳动比不变，这样就会使 X 产量最后的增加率大于 1 倍，同时 Y 的产量减少。也就是说，X 产量的增加率（大于 1 倍）要大于劳动力的增长率（1 倍）。我们把这种效应叫倍增效应，这就是雷布津斯基定理。

第三节　经济增长与贸易:小国情形

了解经济增长带来的产出变化后，再来关注小国经济增长后福利的变化。结合图 6.5 思考一下，如果出口 X 产品的小国劳动力增长 1 倍，它的国家总体福利和人均福利如何变化？

出口 X 产品的小国劳动力增长 1 倍，即丰裕要素增长带来的经济增长。经济增长后该小国在 M 点生产，在 Z 点消费。整个国家的福利实际上是增加了，但人均的福利是下降了。原因是劳动力增长了 1 倍，消费量并没有实现翻倍，最终导致人均消费是下降的，也就是代表性公民的福利是下降的，因此这种情况并不是最理想的状态。

相反，如果一个小国能实现技术进步的经济增长，它的国家总体福利和人均福利会如何变化？需要强调的是，小国出口部门实现中性技术进步会使小国出口产品增加，贸易量增加。但是因为它是小国，贸易量增加并不会恶化其贸易条件，最终的结果总是会增加小国的国家总体福利和人均福利。因此可以得到一个启示：技术进步

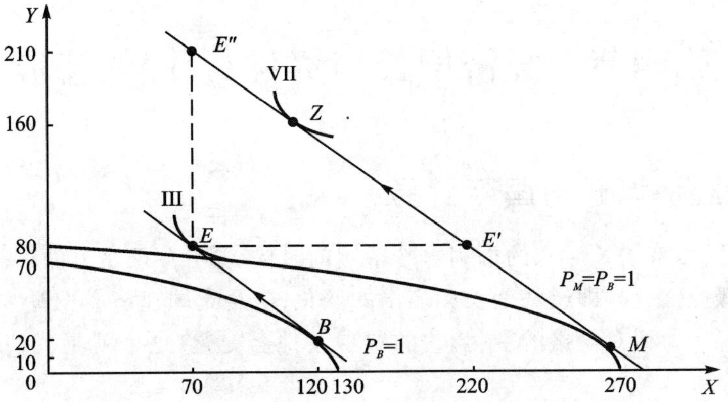

图 6.5　经济增长与贸易:小国情形

经济增长是小国值得追求的增长类型,当然也不是那么容易。

如果小国发生稀缺要素增长的经济增长,其福利如何变化?如果稀缺要素增加的比例大于丰裕要素增加的比例,那么该国生产可能性边界就会向进口产品方向扩展更多。这种情况下小国贸易规模增长慢于经济增长,由于小国面临的相对价格不变,这种经济增长也同样会增加小国的总体福利。如果稀缺要素是资本,其人均福利也会增加。

最后结合雷布津斯基定理,来给大家介绍一种经济现象——荷兰病。

"荷兰病"是指小国经济的某一初级产品部门异常繁荣而导致其他部门衰落的现象。20 世纪 60 年代,已经是制成品出口主要国家的荷兰发现了大量天然气(天然气被看作一种生产要素,荷兰还是世界天然气市场的小国),荷兰政府大力发展天然气产业,出口剧增,国际收支出现顺差,经济显现繁荣景象。可是,蓬勃发展的天然气产业却严重打击了荷兰的农业和其他工业部门,削弱了出口行业的国际竞争力。到了 20 世纪 70 年代,荷兰出现通货膨胀上升、制成品出口下降、收入增长率降低、失业率增加的困扰,这种资源产业在"繁荣"时期价格膨胀是以牺牲其他行业为代价的,国际上称之为"荷兰病"。

"荷兰病"现象对很多因资源而兴起的国家和地区的经济和产业发展有重要的启示作用,"荷兰病"告诉我们,在经济发展过程中要特别注意不要过于依赖资源优势,防止出现单一产业结构,这类国家和地区必须通过创新驱动发展和适时的产业结构调整才能保证经济和社会的可持续发展。

第四节　经济增长与贸易:大国的情形

一、大国经济增长与国际贸易

考察大国经济增长对它的福利水平影响的时候,要考察两个方面:一是大国经济增长之后的财富效应,即经济增长后产出的变化;二是大国经济增长对贸易条件的影响,如果出现一个相对价格的变化,它的贸易条件会变化,这个就是我们要考察的贸易条件效应。

如果贸易条件效应和财富效应都是正的,那么大国的经济增长最终的总福利效应为正;如果一个是正一个是负,那么经济增长的总福利效应是不确定的;如果两个都是负的话,那么经济增长的总福利效应就为负。一般来说第三种情况比较少见。

本节主要为大家介绍两种情况,一是大国经济增长之后福利水平上升的情况,二是发展经济学家巴格瓦蒂提出的“不幸的增长”或者叫“贫困化增长”现象。

二、大国福利水平上升的有利情况

先看比较有利的情况。如图 6.6 所示,如果这个大国是劳动力比较丰裕的国家,但是现在这个国家出现了资本增长的经济增长,也就是它的稀缺要素增长带来的经济增长。我们假设它的资本增加了 1 倍,那么财富效应能够使这个国家的总产出增加,而且这种类型的经济增长可能会减少这个国家的贸易量,所以这个国家的贸易条件通常也会改善,财富效应和贸易条件效应都改善,假如相对价格由 1 变为 2,那么这个国家的总体福利最终会上升,并且由于它是资本增长带来的经济增长,所以人均福利也是提高了。

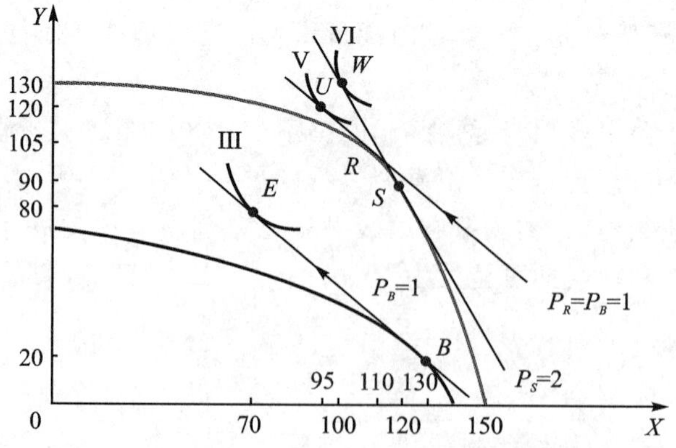

图 6.6　经济增长与贸易:大国有利情况

三、大国“不幸的增长”或者“贫困化增长”现象

接下来是不好的情况，即“不幸的增长”或者叫“贫困化增长”，如图 6.7 所示，出口 X 部门发生了技术进步，而且这种技术进步非常明显。可以看到，它的出口产品的产量有一个迅速的增加，但是由于这个国家国内市场有限，出口产品的产量增加最终要通过出口来实现。

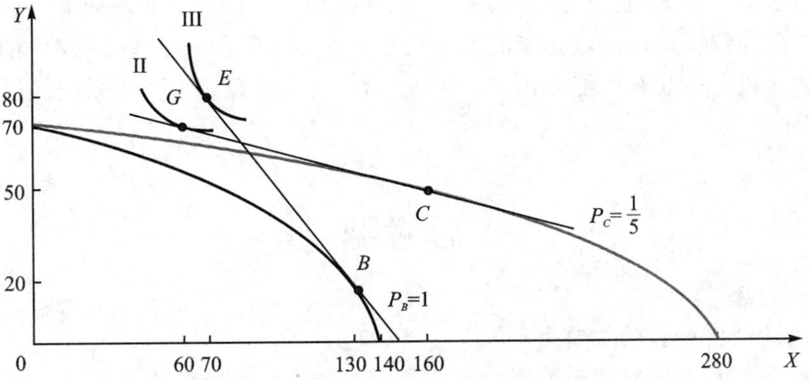

图 6.7　经济增长与贸易：大国不幸的增长

由于该国本身是一个大国，随着出口的增加，使它的出口价格迅速下降，也就是贸易条件恶化了。可以看到，贸易条件从过去的 1 变为 1/5，在新的贸易条件下，生产和出口后最终导致这个国家的总体福利却是下降的。

一般来说，当一个大国具有以下四个特点时，就容易发生这种情况：

(1) 该国是贸易大国，它进出口数量变化能影响到世界价格；

(2) 该国在很大程度上依赖于国际贸易，因此贸易条件下降对其福利关系重大，足以抵消因为能供应更多商品而取得的利益；

(3) 国外对本国出口商品的需求是无价格弹性的，因此出口供给的扩大会导致价格的猛跌；

(4) 国民经济的增长是偏向于出口的。

举个例子，例如石油出口国家的原油出口占比大，受价格波动影响大，本身国内产业结构单一，容易出现石油产品增加福利下降的情况。中国的成衣、光伏产品、玩具的出口也有这种风险。

发展中大国如何避免这种现象？大国要在经济增长过程中注意调整好自己的产业结构，注意稀缺要素的积累，发展进口替代产业，实现产业结构均衡发展，要注意平衡出口量与出口价格。

本章小结

经济增长类型分为两种,生产要素增长带来的经济增长和技术进步带来的经济增长。国际贸易对于经济增长的变化可以分为小国情形和大国情形。雷布津斯基定理考察的是小国经济增长后产出的变化,在商品相对价格不变的前提下,某一生产要素的增加会导致密集使用该要素的商品的生产增长,而另一商品的生产则下降。大国在经济增长之后既有可能使福利水平上升,也有可能出现"不幸的增长"或叫"贫困化增长"现象。

思考题

1. 简述经济增长的主要类型及其生产效应。
2. 经济增长对国际贸易的影响效应有哪几种?其综合效应如何?
3. 画图分析"贫困化增长"。
4. 利用雷布津斯基定理解释"荷兰病"现象。

第七章 关税壁垒

关税壁垒属于贸易政策的内容，具体包括以下几部分：关税的概述；小国征收关税的经济效应；大国征收关税的经济效应；关税结构理论；最优关税。

第一节 关税的概述

本节内容分为以下几部分：关税的定义、特点和作用；关税的分类。

一、关税的定义、特点和作用

关税是贸易政策里最常见、最重要的措施。它的定义是：进出口货物经过一国关境时，由政府设置的海关向本国进出口商品课征的一种税收。这里需要强调的一点是，这是商品经过"关境"，而不是"国境"。二者是不同的，有些情形下，国境未必是关境。很多国家都设置自贸区，比如中国目前就有 16 个自由贸易试验区。商品在进出这些自贸区时，虽然也在一国国境之内，但不受到海关的"干预"。

关税有以下两方面特点：第一，关税的征收对象是进出关境的货物；第二，关税具有涉外性，是对外贸易政策的重要手段。关税的征收是通过海关来执行的。

一国征收关税的作用包括两方面，一是增加本国财政收入；二是保护本国的产业和国内市场。其中以前者为目的而征收的关税称为财政关税，以后者为目的而征收的关税称为保护关税。

二、关税的分类——按照征收内容

以上介绍了关税的定义、特点和作用。下面看一下关税的分类。关税的分类包括三类：进口关税、进口附加税和出口关税。

(一) 进口关税

进口关税是一国海关针对进口产品征收的关税，这也是普通关税，是最常见的类别。进口关税也分为四类：

1. 最惠国税率

常见于 WTO 成员国。最惠国税率是指针对与进口国签订了双边或多边最惠国待遇条款国家的进口商品适用的税率。比如美国、德国、澳大利亚都是 WTO 的成员国，当美国与德国通过贸易谈判达成对某种产品征收税率为 a 时，这一税率也同样适用于对澳大利亚产品的进口。

2. 普惠制税率

普惠制是部分发达国家给予来自发展中国家的产品（主要是制成品和半制成品）普遍的、非歧视的、非互惠的关税优惠制度。

3. 特惠税

特惠税是指制定较低的进口税率，只有特定的少数国家可以享受。

4. 普通税率

进口商品来自于进口国，没有签订最惠国待遇条款，也不享受优惠待遇的国家，适用普通税率。

（二）进口附加税

进口附加税是指进口国对某些商品除了征收税率表上规定的关税之外，还要征收额外的进口税。进口附加税的征收往往有一定的前提条件，进口附加税主要有以下三种，反倾销税、反补贴税和报复性关税。

（1）反倾销税。进口国对倾销的进口商品征收的一种进口附加税。

（2）反补贴税。如果外国商品生产或出口时受到本国政府的补贴，以致这些商品降低了成本，增强了其出口竞争力，并对进口国生产同类商品的产业造成重大损害，进口国往往会决定对这种商品征收反补贴税，用以抵消出口国政府的补贴。

（3）报复性关税。一国的贸易政策如果损害了贸易伙伴国的利益，就有可能遭到报复，如果对方采用大幅度提高进口关税来打击这个国家的出口，这种作为报复工具的进口税就称为报复性关税。

（三）出口关税

出口关税是出口国海关在商品出口时，对出口商品征收的关税。由于征税会增加商品成本，因此一般情况下，出口国都不会对出口商品征收出口税，以免削弱本国出口商品在国际市场上的竞争力。

然而很多国家仍然对少数出口商品征收出口税，主要有以下几种原因：

（1）一些发展中国家把出口税作为财政收入的一个来源；

（2）对原料出口征收出口税以减少原料出口数量，有利于国内生产；

（3）对稀有资源出口征收出口税，以免稀有资源过多流失，比如我国对稀土等产品的出口就征收出口税，也有保护稀有金属，避免大量外流的目的；

（4）对某些垄断商品征收出口税，以增加总的贸易利益。

三、关税的分类——按照征收方式

前面讲了关税的种类，在实际操作中，关税的征收方法也有不同方式，具体包括从量税、从价税和混合税。

（一）从量税

从量税是以进口货物的重量、数量、长度、容量和面积等计量单位为标准计征的关税。

从量税税额 = 货物计量单位数×从量税率

（二）从价税

从价税是以货物价格作为征收标准的关税。从价税的税率表现为货物价格的百分比。

从价税税额=进口货物总值×从价税率

（三）混合税

混合税是指征收时既有从价征收的情况也有从量征收的情况。实际操作时可能存在两种情况：

（1）复合税。是指征税时同时使用从量、从价两种税率计征，以两种税额之和作为该商品的关税税额。

（2）选择税。是指某种商品同时订有从量、从价两种税率，征税时由海关选择其中一种征税，作为该种商品的应征关税额。

一般是选择一种税率征收，在物价上涨时使用从价税，物价下跌时使用从量税。有时，为了鼓励某种商品的进口，或给某出口国以优惠待遇，也有选择较低税率来征收关税的。

第二节　小国关税分析

上节讲述了关税的定义和分类。本节将学习征收关税对小国产生的经济效应。本节内容分为以下几部分：小国与大国的分类；关税对小国的生产、消费和贸易量的影响；关税对小国福利的影响。

一、小国与大国的分类

在国际贸易里的小国与大国，不是以国土面积、人口数量等标准来划分的，而是以能否影响国际市场价格作为标准。关税的作用原理在小国、大国的情况下是很不一样的。

小国是指没有能力影响世界市场价格的国家。对于小国而言，一种产品的世界市场价格是既定的。

大国是指有能力影响世界市场价格的国家，即世界市场价格会随着进口国关税的变化而变化。

二、关税对小国的生产、消费和贸易量的影响

那么征收关税对小国有怎样的影响呢？看一下图 7.1。

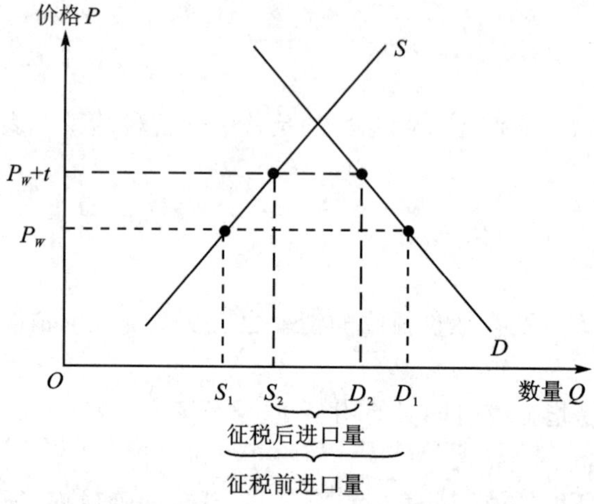

图 7.1　关税对小国生产、消费及贸易的影响

横轴表示产品的生产或消费数量，纵轴表示产品的生产或消费的价格。图中有两条曲线，一条是向下倾斜的需求曲线，一条是向上倾斜的供给曲线。这里分析的是进口国的情况，因此本国封闭时的均衡价格一定高于世界市场上的价格，这样在自由贸易的时候一国才会选择进口。

首先看自由贸易条件下的情形。在自由贸易条件下，产品的世界价格为 P_W，在这种价格下，该国的供给量为 S_1，需求量为 D_1，该产品供不应求，需要进口，进口数量为 D_1-S_1。

再看征收关税后的情形，这里假设征收的是从量税，即每单位产品征收 t 的关税。由于该国是小国，无法影响世界价格，则产品的税后价格即国内市场价格为 P_W+t。在这一价格下，该国的供给量变为 S_2，需求量变为 D_2，进口量变为 D_2-S_2。

对比征收关税前后的情形，可以看到，小国征收关税后：① 外国价格维持不变；② 本国价格提高导致本国生产增加，需求降低，外国出口商将关税完全转移到了国内消费者身上；③ 国际贸易规模（本国进口）减小。

三、关税对小国福利的影响

（一）一国福利分解

前面分析了征收关税后对小国生产、消费和进口量的影响，接下来分析征收关税对小国福利的影响。

假设社会上的每个群体、个人都是平等的，其获得或损失的每一单位货币都是平

等的。将社会群体分为三个：消费者、生产者、政府，则社会总福利可以表示为

$$社会总福利 = 消费者福利 + 生产者福利 + 政府收入/支出$$

通常描述消费者福利需要用到的是消费者剩余。消费者剩余是指消费者消费某种商品愿意支付的价格与商品的实际市场价格之间的差额，比如消费者买一件衣服，他(她)愿意为其支付 200 元，而实际这件衣服的价格是 150 元，则其消费者剩余就是 200－150＝50 元。如果把所有消费者愿意支付的价格和市场价格的差额汇总起来，就是整个社会的消费者剩余。在图形上，它是指需求曲线以下，市场价格线以上部分的面积，如图 7.2 所示。

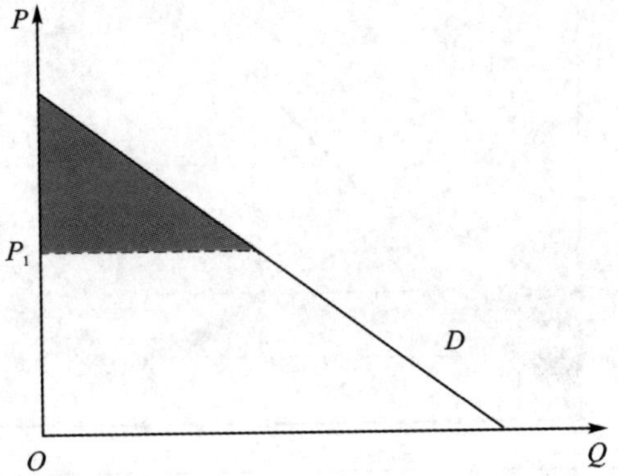

图 7.2　消费者剩余

描述生产者的福利需要用到的是生产者剩余。生产者剩余是指生产者生产某种商品的成本与商品的实际市场价格之间的差额。

比如一个厂商生产一件衣服，成本为 100 元，而实际这件衣服的市场价格是 150 元，则厂商的生产者剩余就是 150－100＝50 元。如果把所有生产者的成本和市场价格的差额汇总起来，就是整个社会的生产者剩余。在图形上，它是指价格线以下、供给曲线以上部分的面积，如图 7.3 所示。

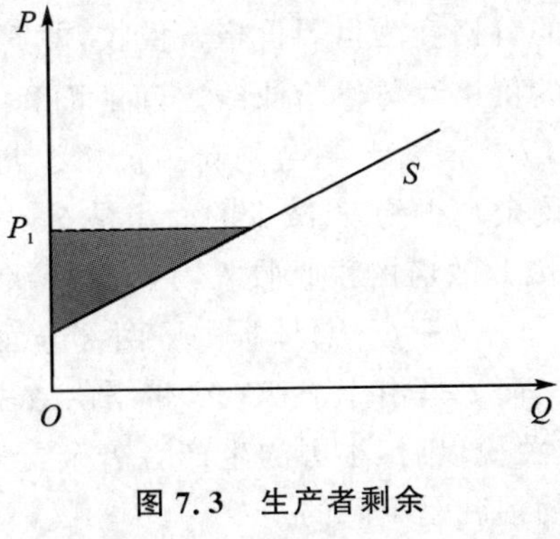

图 7.3　生产者剩余

这里描述一国政府的福利，就用政府的税收收入。

（二）自由贸易条件下小国不同群体的福利

前面讲述了如何描述一国不同利益群体的福利，下面看一下，如征收关税后对不同利益群体的福利影响如何。先看自由贸易条件下各群体的福利，如图 7.4 所示。

自由贸易条件下，国内价格与世界价格相等，都是 P_W，该国内生产者剩余是 P_W 线与供给曲线之间的面积，即 f。消费者剩余是 P_W 线与需求曲线之间的面积，这里是 $a+b+c+d+e$。此时，一国没有征收关税，因此政府的税收收入为 0，整个社会福利是上边三部分之和，即 $a+b+c+d+e+f$。

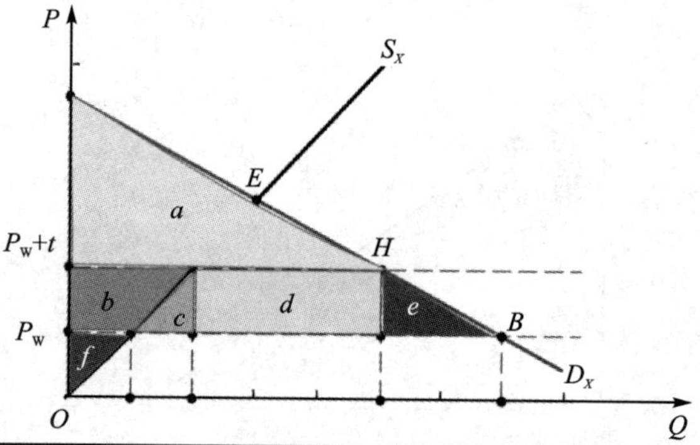

类　别	自由贸易	征收关税	变　化
生产者剩余	f	$f+b$	b
消费者剩余	$a+b+c+d+e$	a	$-(b+c+d+e)$
政府税收收入	0	d	d
社会总福利	$a+b+c+d+e+f$	$a+b+d+f$	$-(c+e)$

图 7.4　小国征收关税前后的社会福利

（三）征收关税后小国不同群体的福利

征收关税以后，国内的价格变为世界价格＋税收，即 P_W+t。如图 7.4 所示。这时，国内生产者剩余是新的价格线与供给曲线之间的面积，因为国内价格升高，因此生产者剩余增加，变为 $f+b$。消费者剩余是新的价格线与需求曲线之间的面积，由于市场价格上升，消费者剩余减少为 a，减少的面积是 $b+c+d+e$。此时，一国的贸易量为 T，关税税率为 t，因此政府的税收收入为 d 这一部分的面积。整个社会福利是上边三部分之和，即 $a+b+d+f$。总体损失了两部分面积：c 和 e。c 是由于企业过度生产带来的效率损失，而 e 是由于消费减少带来的效率损失。

综上，可以看到，征收关税以后，小国的生产者剩余上升，消费者剩余下降，政府税收收入增加，整个社会的福利是下降的。

本节分析了对于小国而言，征收关税后对生产、消费、进口量以及不同利益群体福利的影响。下节将讨论对大国征收关税的影响。

第三节 大国关税分析

上节讲述了小国关税的经济效应。本节将讨论征收关税对大国产生的经济效应。本节内容分为以下几部分:关税对大国的生产、消费和贸易量的影响;关税对大国福利的影响。

一、关税对大国的生产、消费和贸易量的影响

(一) 出口供给曲线与进口需求曲线

前面提到,大国是指有能力影响世界市场价格的国家,即世界市场价格会随着进口国关税的变化而变化。

那么征收关税对大国有怎样的影响呢?由于大国会影响世界市场价格,为了更准确地分析这一问题,还需要构建大国的进口需求曲线和世界市场的出口供给曲线。自由贸易条件下,大国根据进口需求曲线决定其进口量,外国根据其出口供给曲线决定其供给量。世界市场均衡则由大国本国进口需求与外国出口供给共同决定。

大国的进口需求曲线由本国的需求曲线与供给曲线共同决定的。图 7.5 中,左侧的图就是大国市场上的供给曲线和需求曲线,本国进口需求量是本国需求量与供给量之间的差额。

比如,当世界市场价格为 P_1 时,大国国内的供给量为 S_1,需求量为 D_1,其差额为 D_1-S_1,则 P_1,D_1-S_1 就是右侧进口需求曲线当中的一个点,类似地把其他这些点都描入右侧,连接起来就可以得到进口需求曲线。

这条进口需求曲线是向右下方倾斜的,表明世界市场价格越高,本国进口数量越少。曲线和 Y 轴交点的价格,对应左侧图形中供给曲线和需求曲线的交点价格 P_A,表明当世界市场价格为 P_A 时,恰好等于大国封闭条件时的国内市场均衡价格,此时国内价格与世界价格相等,本国不需要从外国进口,因而进口量为 0。

类似地,也可以刻画出出口国的出口供给曲线,如图 7.6 所示。左侧的图是出口国国内市场上的供给曲线和需求曲线,出口国的出口供给量是本国供给量与需求量之间的差额。

当世界市场价格为 P_1 时,出口国国内的供给量为 S_1^*,需求量为 D_1^*,其差额为 $S_1^*-D_1^*$,则 $P_1,S_1^*-D_1^*$ 就确定了出口供给曲线中的一个点,通过这种方式描点就可以得到出口供给曲线。出口供给曲线是向上倾斜的,表明世界市场价格越高,出口国的出口数量越多。曲线和 Y 轴交点的价格,P_A^* 为出口国封闭时国内价格,即当世界市场价格为 P_A^* 时,出口国的出口量为 0。

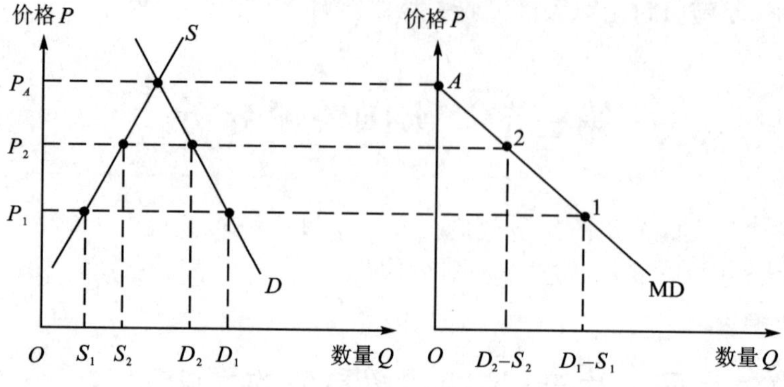

图 7.5　大国的进口需求曲线

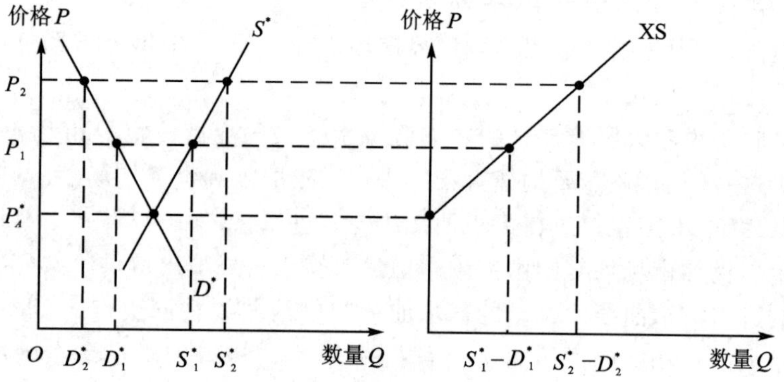

图 7.6　出口国的出口供给曲线

（二）自由贸易条件下的贸易量

有了进口国的进口需求曲线和出口国的出口供给曲线，就可以求解出自由贸易条件下世界市场上的均衡，即为两条曲线的交点 1。对应的均衡价格为 P_W，均衡贸易量为 Q_W，此时进口国进口量等于出口国出口量，为 Q_W，如图 7.7 所示。

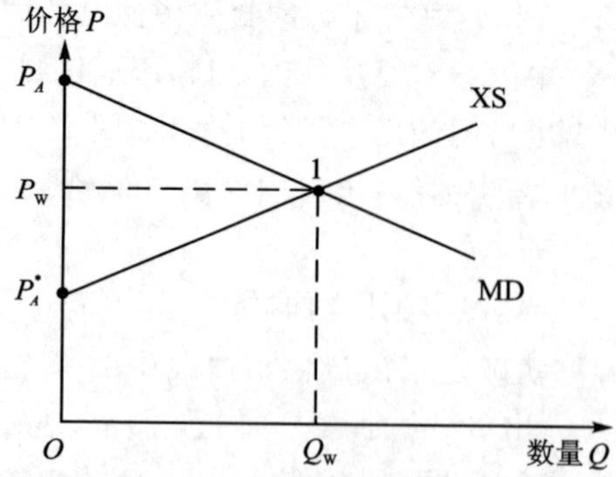

图 7.7　自由贸易条件下的世界市场均衡

(三) 大国征收关税后生产、消费及贸易量的情况

下面看大国征收关税时的情形，假设某国对某种产品进口征收从量税 t。由于该国市场较大，市场上价格上升带来的销售量下降对外国出口商影响较大。外国出口商为了减小这一影响，会将产品的税前价格降低一部分。这样，加上关税后的税后价格的上涨幅度不至于太大，本国消费者的进口需求不至于降低太多。

对应图 7.8，大国征收关税后，世界市场的价格降到 P_T^*，大国国内的价格为 P_T^* 加上关税 t，为图中的 P_T。其中外国出口商的税前价格从 P_W 降低到 P_T^*，外国出口商出口供给量下降，从 $Q_W \to Q_T$。国内消费者的价格从 P_W 上升到 P_T，这部分变化为 $P_T - P_W$，本国的进口需求量下降，从 $Q_W \to Q_T$。新均衡下，本国的进口需求与外国的出口供给均从 $Q_W \to Q_T$。

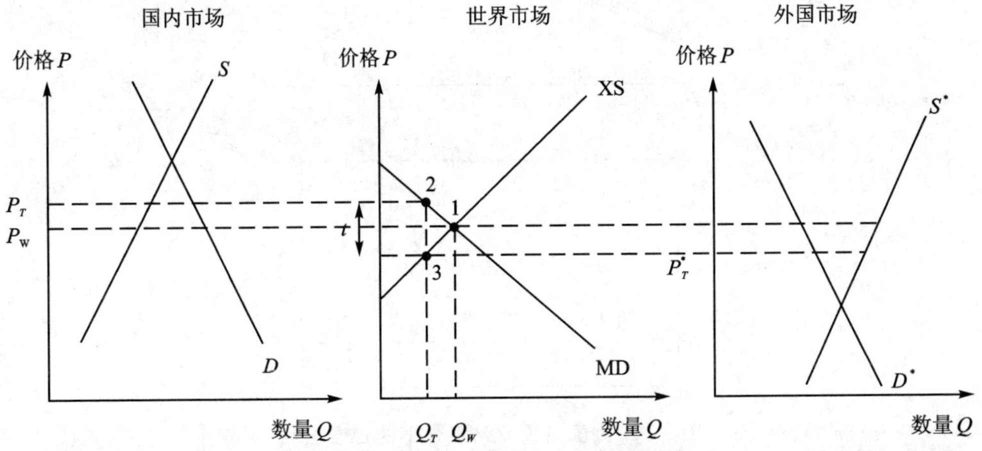

图 7.8　大国征收关税后的世界市场均衡

(四) 大国关税与大国关税对贸易量的影响对比

对比一下大国和小国征收关税对本国生产、消费和贸易量的影响。

大国征收关税的影响与小国最大的不同，就在于外国出口商是否会降低税前价格，从而吸收部分关税变化。

在大国征收关税的情况下，关税 t 由两部分人承担：

(1) 外国出口商通过降低税前价格承担一部分；

(2) 本国消费者由于税后价格上升承担一部分。

而在小国征收关税的情况下：

(1) 外国出口商不降低税前价格；

(2) 本国消费者承担了全部关税。

二、关税对大国福利的影响

(一) 自由贸易条件下大国不同群体福利

前边分析了征收关税后对大国生产、消费和进口量的影响，接下来分析一下征收关税对大国国内福利的影响。首先看自由贸易时的情形，如图 7.9 所示。

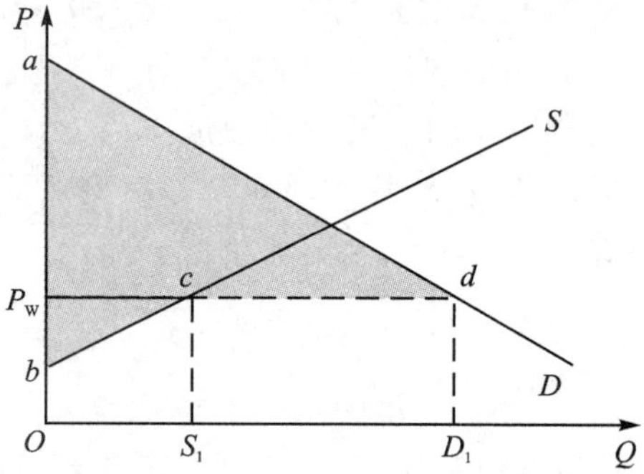

类　别	自由贸易下
生产者剩余	$\triangle P_Wcb$
消费者剩余	$\triangle aP_Wd$
政府税收收入	0
社会总福利	$\triangle aP_Wd+\triangle P_Wcb$

图 7.9　大国自由贸易条件下的社会福利

D 是大国国内的需求曲线，S 是大国国内的供给曲线。自由贸易时，世界市场价格(外国价格)为 P_W，大国国内需求为 D_1，供给为 S_1，进口数量为 D_1-S_1。则消费者剩余为$\triangle aP_Wd$，生产者剩余为$\triangle P_Wcb$，政府收入为 0，社会总福利为$\triangle aP_Wd+\triangle P_Wcb$。

(二) 征收关税后大国不同群体福利

再看征收关税后，如图 7.10 所示。征收关税后，世界市场价格(即进口产品的税前价格)降低为 P_T^*，国内市场价格(即消费者面临的税后价格，也是生产者价格)上升为 $P_T=P_T^*+t$。此时，国内需求降低为 D_2，供给上升为 S_2，进口数量降低为 D_2-S_2。

此时消费者剩余为$\triangle aP_Tf$，生产者剩余为 $\triangle P_Teb$，政府收入为$\square efji$，社会总福利为$\triangle aP_Tf+\triangle P_Teb+\square efji$。

下面对比一下征税前后各利益群体的福利情况。其中，

消费者剩余减少$\square P_TP_Wdf$，生产者剩余增加⏢P_TP_Wce；政府收入增加$\square efji$。

社会总福利的变化为

$$-P_TP_Wdf+P_TP_Wce+efji=\square ghji-\triangle ceg-\triangle fhd$$

式中：$\triangle ceg$ 为企业过度生产带来的效率损失；$\triangle fhd$ 为消费减少带来的效率损失；$\square ghji$ 为贸易条件改善带来的获益。

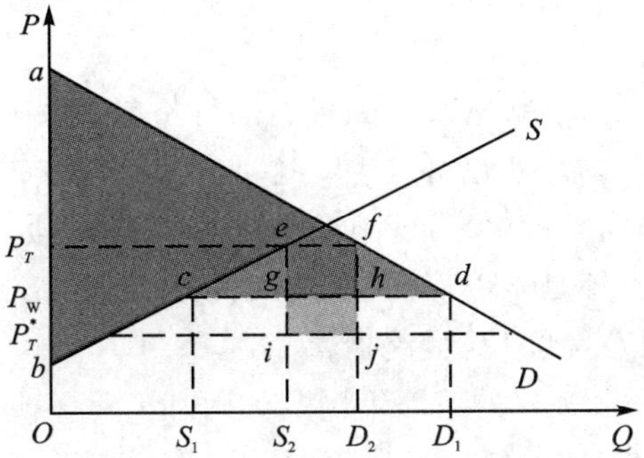

类　别	自由贸易	征收关税	变　化
生产者剩余	$\triangle P_W cb$	$\triangle P_T eb$	增加⏢$P_T P_W ce$
消费者剩余	$\triangle aP_W d$	$\triangle aP_T f$	减少⏢$P_T P_W df$
政府税收收入	0	$\square efji$	增加$\square efji$
社会总福利	$\triangle aP_W d+\triangle P_W cb$	$\triangle aP_T f+\triangle P_T eb+\square efji$	$\square ghji-\triangle ceg-\triangle fhd$

图 7.10　大国征收关税后的社会福利

综上所述，由于大国对世界市场价格的影响较大，因此征收关税后迫使国外出口商降低税前价格的幅度可能比较大。其贸易条件改善带来的收益可能比较大，超过其效率损失。因此关税对总福利的影响无法确定正负。

第四节　关税结构理论

前面讲了关税对大国和小国生产、消费、贸易及福利的影响，本节讲述关税结构和关税的保护率。如果说关税是多少，那应该翻阅每个国家海关税则去查找，这个税率也称为名义关税率。各种商品都有其对应的名义关税率，既包括最终产品，也有原材料以及中间产品。而这些不同类型的产品的关税税率应该如何设置才能起到保护本国产业的目的？实际的保护程度应该如何计算？这是本节要解决的问题。

本节内容包括以下几方面：有效关税率或实际关税率的概念和计算方法；现实中发达国家和发展中国家的关税结构的设置，尤其是瀑布型关税结构的概念。

一、有效关税率或实际关税率的概念和计算方法

有效关税率也称为实际关税率，是指关税引起国内生产附加值的变动率。它的计算公式为

$$\mathrm{ERP}=\frac{V'-V}{V}$$

式中：V'为征收关税后该行业（产品）的国内生产附加值；V 为征收关税前该行业（产品）的国内生产附加值。

比如一个国家进口一种产品，没有关税时的价格是 400 元，假设国内和国外生产这个产品是同质的，则国内厂商也可以生产这种产品，并且按照 400 元这个价格在国内市场上销售。如果国内厂商生产产品的成本是 300 元，假设所有原材料都需要进口，则 400－300＝100 元即是国内厂商生产并销售这个产品能获得的附加值。

假设现在该国要对产品征税，最终产品的税率为 10%，对于原材料的产品征收税率为 5%，那在这样一套关税的情形下国内的附加值是多少呢？

产品本身价格是 400 元，征收 10%的税以后，在该国市场上的价格是 400×(1＋10%)，即为 440 元，因此，该国企业可以以 440 元的价格销售这一产品。另一方面，原材料的成本也上升了，原来是 300 元，现在是 300(1＋5%)＝315 元。此时国内的附加价值是多少呢？应该是征税后的销售价格 440 元减去成本 315 元＝125 元。

征税前国内附加价值为 100 元，征税后国内附加价值为 125 元，按照有效关税率的计算公式，有 125－100/100＝25%。

这里，虽然在关税税则上查到的关税税率为 10%和 5%，而在这样的关税结构设置下，实际的关税保护率为 25%，是比名义关税税率要高的。国家的关税结构可以隐藏其真实的保护程度。

可以对有效关税率或实际关税率的计算公式进行一般化的整理。

比如某一产品在没有贸易壁垒的时候价格为 1，原材料成本所占比重为 a，这里还是假定所有的原材料都是进口的，a 应该是一个在(0,1)之间取值的数，在征收关税之前，国内生产该产品的附加价值为 $1-a$。

征收关税后，假设最终产品的关税税率为 t，原材料等中间产品的关税税率为 t_a，则征收关税以后，商品价格变为 $1\times(1+t)$，生产成本变为 $a\times(1+t_a)$，此时国内的产品附加值为

$$1\times(1+t)-a\times(1+t_a)=1+t-a-a\times t_a$$

按照有效关税率的计算公式

$$\mathrm{ERP}=(1-a+t-a\times t_a)-(1-a)/1-a=(t-a\times t_a)\ /1-a$$

再进一步整理，可以得到

$$\mathrm{ERP}=t+\frac{a\times(t-t_a)}{1-a}$$

分析这个公式，可以得到以下结论：

(1) 最终产品的关税税率 t 越高，计算出来的有效关税率越高；

(2) 原材料的关税 t_a 越低，计算出来的有效关税率越高；

(3) 有效关税率与最终产品关税税率 t 之间的关系，取决于 t 和 t_a 之间的关系，

也就是最终产品和原材料的关税之间的大小关系：

① 如果 $t>t_a$，即最终产品的关税税率大于原材料关税税率，则计算出来的有效关税率就比名义上的最终产品关税税率高，即实际保护程度比名义税率更高。

② 如果 $t<t_a$，即最终产品的关税税率小于原材料关税税率，则计算出来的有效关税率就比名义上的最终产品关税税率低，实际保护程度比名义税率更低。

因此，想提高保护程度，则应使原材料税率越低越好，且最终产品的名义税率一定要高于原材料的名义关税税率。

二、发达国家和发展中国家的关税结构

前面介绍了实际关税率，或有效关税率的计算方法，也得出这样的结论，即关税税率应随着生产加工的深度而提高，即原材料的关税税率应该较低，最终产品的名义关税税率应较高，这就是瀑布式关税结构。目前发达国家中大多使用这样的关税结构。将产品分为三类，原材料、半成品和最终产品。在 WTO 成立之前，发达国家的关税结构大概是这样的：原材料的关税税率在 2%左右，半成品税率为 6%左右，而最终产品的税率为 9.2%左右，是典型的瀑布式关税结构。

而 WTO 成立之后，各成员国的关税普遍下降，但是发达国家的关税结构仍然符合瀑布式关税结构，其原材料的关税税率降到 1%以下，半成品的税率为 2%左右，而最终产品的税率为 6%左右。

按照前面的计算可以知道，在这样的结构下，发达国家的有效关税保护程度比名义关税税率都更高。

那么发展中国家是不是也适于采用瀑布式关税结构呢？不是的。

这是因为发展中国家的贸易模式中，大量出口原材料，而需要进口发达国家生产的、技术较先进的最终产品。因此，如果发展中国家也对最终产品征收较高的关税，虽然政府也可以拿走关税收入，但是对国内生产者普遍不利，相当于提高了国内厂商的整体成本。

因此，实际中发展中国家的关税结构是倒挂式的，中间高两端低，即原材料和最终产品的关税税率较低，而半成品的税率较高。

三、小　结

本节讲述了有效关税率的概念，即有效关税率衡量的是关税对国内附加值的保护程度，并讲述了有效关税率的计算，得到三个结论：

(1) 最终产品的关税税率 t 越高，有效关税率越高；

(2) 进口原材料的关税 t_a 越低，有效关税率越高；

(3) 有效保护率大小取决于进口原材料的关税税率与最终产品关税税率的大小。

然后讲述了实际中的关税结构，发达国家采取的是瀑布式关税结构，即最终产品

关税税率高于中间产品，高于原材料；而发展中国家采取的是倒挂式的关税结构，中间产品关税税率最高，原材料和最终产品关税税率较低。

第五节　最优关税

本节将介绍最优关税的概念及其计算方法。

一、最优关税的概念

前面讲到征收关税对小国和大国的国内福利的影响，并且发现，小国征收关税以后，政府获得关税收入，生产者受益，消费者受损，而社会的总福利是减少的。而大国征收关税以后，会带来商品的世界市场价格下降，从而把部分的福利损失转嫁给其他国家，最终对于大国来说，征收关税也可能带来社会中福利的增加。

最优关税的概念由此而来。最优关税是指这样一种关税水平，在该关税水平下它使得一国因贸易条件的改善而获得的额外收益（边际收益）恰好抵消了因征收关税而产生的生产扭曲和消费扭曲所带来的额外损失（边际成本），从而使净所得最大化。

这一过程可以用图 7.11 表示。

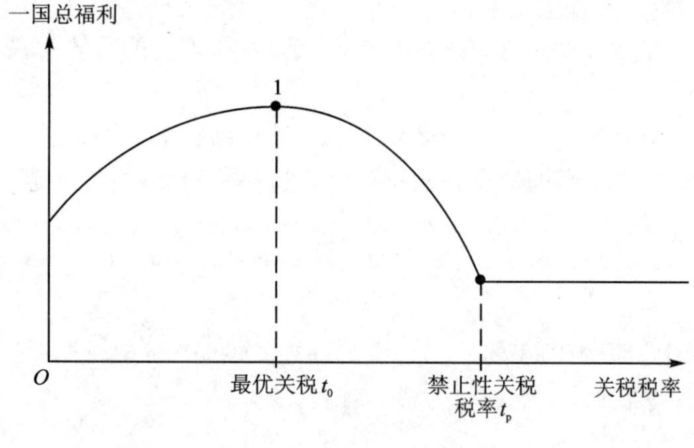

图 7.11　最优关税理论

图 7.11 的横轴表示关税税率的大小，纵轴表示一国的总福利。对于大国来说征收关税之前的国内福利水平即为这一曲线与纵轴的交点，即从自由贸易开始，当关税税率提高时，其福利逐渐增加，逐渐达到峰值，就是这里对应的 t_0，在这一税率下，一国的福利最大。然后当关税税率超过 t_0 时，其福利开始下降。最终达到禁止性关税税率 t_p，即当关税税率达到这一水平时，一国就不再进口，回到自给自足的状态。那么图 7.11 中，t_0 就是最优关税税率。

二、最优关税的计算方法

前面讲了最优关税的概念，下面介绍最优关税的计算方法。这还需要回到供给-需求框架。

图7.12中，横轴表示商品的供给/需求数量，纵轴表示商品的价格，S 为一国进口商品的国内供给曲线，D 为该产品的国内需求曲线。供给曲线的斜率越小，或越平坦，代表供给弹性越大，因而受到价格影响较大。类似的，需求曲线越平坦，弹性越大，对价格越敏感。

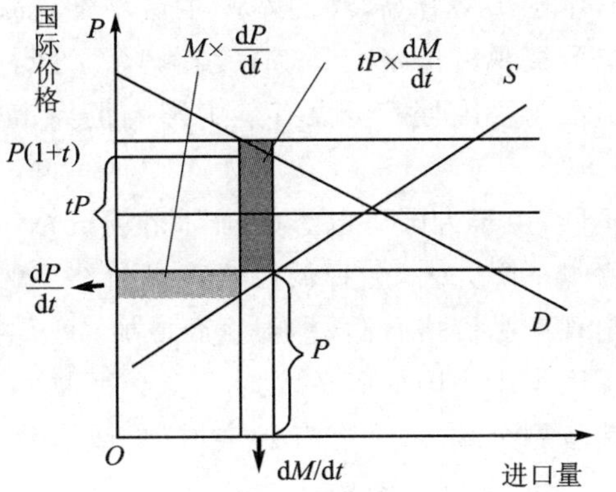

假定关税变动的幅度非常小，可以忽略

图7.12　最优关税的计算

因为这一产品为进口产品，因此封闭时国内均衡价格高于世界市场价格。

征收关税以后，会带来商品国家市场价格的变动，以及进口量的变动，这里用 $\mathrm{d}P/\mathrm{d}t$ 来描述由于关税税率变动而引起的世界市场价格的变动率，用 $\mathrm{d}M/\mathrm{d}t$ 表示由于关税税率变动而引起的进口量的变动率。tP 则是单位商品的关税额，P 为价格，t 为税率，tP 即为关税额。

进一步地，$M\cdot(\mathrm{d}P/\mathrm{d}t)$ 是指提高关税税率而增加的，由外国出口商支付的政府税收，是关税的边际收益。$t\cdot P\cdot(\mathrm{d}M/\mathrm{d}t)$ 是指贸易量由于税率 t 的提高而减少所造成的税收损失，是关税的边际成本。现在想寻求最优关税税率，寻找最优解可以采取的一个原则是边际收益等于边际成本。将上述边际成本和边际收益进一步整理，就可以得到最终的最优关税税率

$$t^{*}=\frac{\mathrm{d}P/\mathrm{d}t}{\mathrm{d}M/\mathrm{d}t}\cdot\frac{M}{P}=\frac{1}{S_m}$$

式中：S_m 是进口商品的供给价格弹性。这一结果的含义是，最优关税税率等于出口国向进口国供应商品的供给弹性的倒数。

本章小结

本章讲述了贸易政策中的第一类,即关税。关税是最传统的,也是最常见的贸易政策。本章首先介绍了关税的概念、特点及分类,然后分析了关税对小国和大国的生产、消费和贸易,以及不同群体社会福利的影响。关税对于小国和大国的影响是不同的,小国是国际市场上的价格接受者,没有能力影响国际市场价格。小国征收关税以后,外国价格保持不变,本国价格升高,继而本国生产增加,需求降低,国际贸易规模(本国进口)降低。进口国征税后价格上升,消费者剩余下降,生产者剩余上升,政府税收收入增加。若进口国为小国且完全没有能力影响世界市场价格,则关税对总福利的影响为负。

而大国的情形则不同,由于大国可以影响国际市场价格,当大国征收关税时,外国出口商为了避免销售量下降太大,会降低自身产品价格。因此,大国征收关税后,虽然其国内市场也会出现产品价格升高,本国生产增加,需求降低,国际贸易规模(本国进口)降低,但变化幅度小于小国征收关税时。至于征收关税对社会福利的影响,征收关税也会带来消费者剩余减少,生产者剩余增加,政府收入增加,关税对总福利的影响无法确定正负。

本章还介绍了关税结构理论,并推导出有效关税税率的计算公式及决定因素。在现实生活中,为实现对本国各行业的有效保护,发达国家采取瀑布式关税结构,而发展中国家采取倒挂式关税结构。

最后,本章介绍了最优关税的概念,并推导出其计算公式。最优关税的计算对于国际贸易谈判有较强的参考价值。

关税是最传统的贸易政策,然而近些年来,随着国家间建立多边和双边贸易协定,关税税率不断下降,直至较低水平。取而代之的,出现了多种形式的非关税壁垒。那么非关税壁垒都有哪些形式?它们对国际贸易有哪些影响?下一章将给出答案。

思考题

1. 一国的有效关税税率与原材料、半成品及最终商品的关税税率有什么关系?

2. 小国和大国征收关税前后对贸易的影响分别是什么?

3. 小国和大国征收关税前后对社会福利的影响有哪些异同?

4. 假设一国减少原材料和半成品的进口关税,但不减少最终商品的关税,这对该国的有效保护率有何影响?

5. 一国从国外以每瓶 12 美元的世界市场价格进口伏特加酒,图 7.13 描述了该国的市场状况。

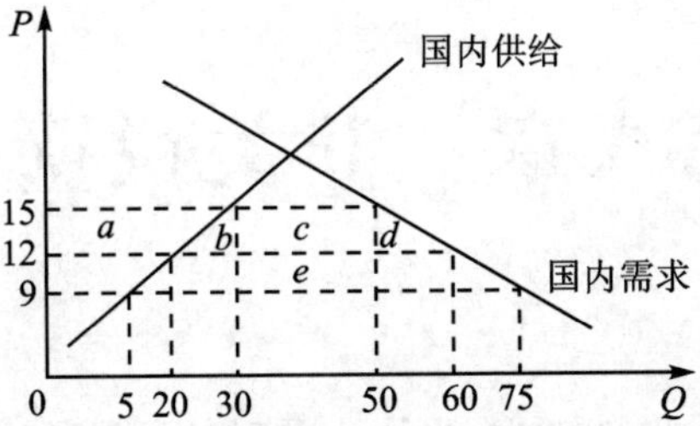

图 7.13　某进口国的市场状况

(1) 假定该国对伏特加酒的进口征收关税,伏特加酒的国内市场价格上升到每瓶 15 美元,而外国的出口价格下降为每瓶 9 美元,这对国内市场的生产与消费有什么影响?

(2) 这一关税产生的收益和成本在消费者和生产者之间是怎样分配的?

(3) 如果政府能够获得全部关税收入,政府从关税中所获的收益是多少? 在图 7.13 中表示出来。

(4)如果伏特加酒的消费者群体反对这一限制,而政府无力改变既有的法令,那么政府将选用怎样的替代政策?

(5) 如果该国在世界市场上是个小国,你对前面问题的答案会有改变吗?

6. 假设某一行业(X_1)需要另两个行业(X_2,X_3)的产品作为中间投入,投入产出系数公别分别为 $\alpha_{21}=0.2$,$\alpha_{31}=0.5$,三个行业的进口关税分别用 t_1、t_2 和 t_3 表示,试计算在下列情况下($t_1=30\%$,$t_2=20\%$,$t_3=10\%$)X_1 的有效保护率。

第八章　非关税壁垒

当一国基于对本国利益的考虑，采取干预对外贸易的政策时，其贸易措施主要分为两大类，即关税壁垒和非关税壁垒。本章重点讨论非关税壁垒的概念、种类、设置这些贸易壁垒的原因和经济影响效应，主要讲解进口配额、出口补贴、生产补贴以及倾销与反倾销这几种主要的非关税壁垒形式。

第一节　非关税壁垒概述

非关税壁垒，即一国政府采取的除关税以外的各种对本国对外贸易活动进行调节、管理和控制的政策与手段，其目的是在一定程度上禁止或限制进口，以保护国内市场和国内产业的发展。

一、非关税壁垒与关税壁垒的区别

非关税壁垒与关税壁垒的不同主要有以下三点：

(1) 非关税壁垒具有更大的灵活性和针对性。因为非关税壁垒只需要走行政程序就可以出台实施，但是关税壁垒的调整需要通过立法程序，时间会比较长，因此非关税壁垒实施起来周期比较短，相对比较灵活，一般来说外贸主管部门就可以直接实施。

(2) 非关税壁垒比关税壁垒能更有效地限制进口。因为非关税壁垒比关税的作用更为直接和有效，关税是通过提高进口商品价格来达到减少进口的目的，但是有一些非关税壁垒，比如说进口配额，一旦超过限额就直接禁止进口。

(3) 非关税壁垒比关税壁垒更具有隐蔽性和歧视性。关税壁垒的税率和征收方式的调整都是透明的，但是非关税壁垒往往透明度比较差，隐蔽性比较强，并且有较强的针对性，容易对别的国家实施差别待遇。

二、非关税壁垒的种类

非关税壁垒的种类依照不同的划分依据，可以从不同的角度来进行分类：较为权威的有联合国贸易与发展会议所做的区分，分别为价格控制措施、技术性壁垒、数量控制措施、与进口有关的非关税壁垒、财政金融措施、自动许可措施、垄断措施这七大类。

重点需要介绍的是直接的非关税壁垒和间接的非关税壁垒。直接的非关税壁垒指的是由海关直接对进口商品的数量、品种加以限制，这一类的非关税壁垒主要有进口配额制、进口许可证制度、自动出口配额制、出口许可证制度等。间接的非关税壁垒指的是对进口商品制定严格的海关手续，或者是通过外汇管制间接地限制商品进口等措施，主要有实行外汇管制、征收国内税、购买国货、复杂的通关手续、苛刻的卫生标准和包装标准等等。

另外值得重点关注的是现在的一些新型的非关税壁垒，比如技术性贸易壁垒、绿色贸易壁垒、特别保障措施及以知识产权为名的非关税壁垒。

技术性贸易壁垒是指一国以维护国家基本安全、保障人类健康和安全、保护动植物健康和安全、保证产品质量为由而采取的一些强制性或自愿性的技术性措施。由于这类壁垒大量的以技术面目出现，因此常常会披上合法外衣，成为当前国际贸易中最为隐蔽、最难对付的非关税壁垒。

绿色贸易壁垒是指在国际贸易活动中，进口国以保护自然资源、生态环境和人类健康为由而制定的一系列限制进口的措施。

特别保障措施是一种过渡性保障机制，是进口国政府为防止来源于特定成员国的进口产品对本国相关产业造成损害而实施的限制性保障措施。

以保护知识产权为名的非关税壁垒，如美国 337 条款、特别 301 条款。

三、非关税壁垒对贸易的影响

非关税壁垒对国际贸易会产生非常重要的影响，那么这种影响可以从两个方面来理解：一方面就是对进口国的影响。非关税壁垒对进口国来说，通常可以达到限制进口的目的，这样的话，它能够保护本国的市场和生产，最终会引起进口国国内市场价格的上升。另一方面是对出口国的影响。对出口国的影响是出口数量减少甚至无法出口，对出口国的贸易会带来负面的影响，极端情况可能遭到出口国的报复，产生国际贸易摩擦。我们将在下面介绍几种典型的非关税贸易壁垒的经济效应。

第二节　进口配额及其经济效应

进口配额是一种重要的非关税壁垒。本节我们将思考一下几个问题：什么是进口配额？进口配额的经济效应有哪些？进口配额与关税有何不同？

进口配额是一种直接限制进口商品数量的非关税壁垒措施，是指一国政府为保护本国工业，规定在一定时期内（通常是一年）对某种商品的进口数量加以限制。在实践中存在着各种各样的配额，比如绝对配额和关税配额、全球配额和国别配额。绝对配额是进口数量不能超过配额，关税配额是可以超过，但超过部分要交纳高关税；

全球配额是不分国家发放的，国家配额是把配额具体分到各个国家的。

一、进口配额对一国福利的影响(以小国为例)

如果实施配额的是一个小国，那么配额只影响国内市场的价格，对世界市场的价格没有影响；如果实施配额的国家是一个大国，那么配额不仅会导致国内市场价格上涨，而且还会导致世界市场价格下降。下面用图 8.1 来说明小国情况下进口配额对一国福利产生的影响。

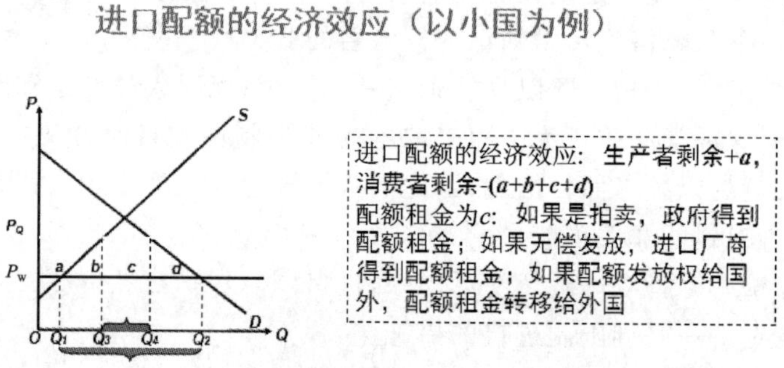

图 8.1　进口配额的经济效应(以小国为例)

图中 S 和 D 分别是小国的国内供给曲线和需求曲线，P_W 为自由贸易条件下的世界市场价格，此时进口量为 Q_1Q_2。若该国政府对商品进口实行配额限制，即只允许进口 Q_3Q_4，则国内市场价格必然上升，当价格上升到 P_Q 时，国内生产增加到 OQ_3，国内消费减少到 OQ_4，供求之间达到平衡。

实施配额后生产者剩余增加了 a，消费者剩余减少了 $a+b+c+d$。与关税不同的是，实施配额不会给政府带来任何收入。综合起来可得。

$$\begin{aligned}配额的净福利效应&=生产者剩余增加-消费者剩余损失\\&=a-(a+b+c+d)=-(b+c+d)\end{aligned}$$

式中：b、d 分别为生产扭曲和消费扭曲，$b+d$ 为配额的净损失。至于 c，在关税情形下它表示为政府的税收收入，因此可被抵消，在这里实际上是一种配额租金，它的去向视政府分配配额的方式而定。若政府拍卖进口许可证，则租金由政府独享；若政府将进口许可证无偿分配给指定的厂商，则这些租金由它们分享，但容易导致寻租和腐败；若把在国内销售的权力给予出口国政府，这些租金也就被转移到了外国。

下面我们来看一个实际应用中的例子。

假设中国是汽车进口的小国，国际市场上汽车的价格为 10 000 美元，中国对汽车的需求和供给分别为

$$D_c=2\ 000-0.02P$$

$$S_c=1\ 200+0.03P$$

由于中国是汽车进口小国，在自由贸易下中国汽车的产量为 $1\ 200+0.03\times$

10 000=1 500 辆，消费量为 2 000－0.02×10 000=1 800 辆，所以净进口为 300 辆。相对于封闭经济，自由贸易的价格更低，所以消费者剩余增加而厂商利润降低。

此时，如果中国为汽车进口设定 150 辆的配额限制，则 $D_c-S_c=2\ 000-0.02P-(1\ 200+0.03P)=150$ 辆，求出 $P=13\ 000$ 美元。此时国内汽车产量为 1 200＋0.03×13 000=1 590 辆，国内消费 2 000－0.02×13 000=1 740 辆，净进口 150 辆。与自由贸易相比，消费者福利下降，厂商和政府的福利变动要视配额的分配方式而定。

二、进口配额与等效关税的比较

进口配额和进口关税都是贸易壁垒，它们的作用有类似之处。如果以公开拍卖的方式分配进口配额，那么配额与关税的福利影响基本是相同的。但是进口配额与关税仍然有许多不同之处。

同样是上面的例子，如果中国对汽车征收每辆 3 000 美元的进口税，国内汽车的价格为 13 000 美元，则国内汽车产量为 1 200＋0.03×13 000=1 590 辆，国内消费为 1 740 辆，净进口 150 辆。与自由贸易相比，消费者福利下降，但是生产者福利增加。如果国际汽车市场价格降为 8 000 美元，我们分析关税（仍为 3 000 美元）和配额（仍为 150 辆）对国内价格、进口量、消费者、政府、厂商的福利影响，如表 8.1 所列。

表 8.1　国际市场价格下降时关税和配额的影响

	关　税	配　额
国内价格/美元	11 000	13 000
进口量/辆	250	150
消费者福利变化	增加	不变
政府收益	增加	增加（如果配额是被拍卖的话）
厂商利润	减少	不变

（一）对供给和需求的变化反应不同

当一国的供给或需求发生变动时，实施关税和实施配额对这些变化的反应是不同的。这里，仅以需求变动为例来说明这种不同，见图 8.2。

图中当自由贸易价格为 1 美元时，商品的进口量为 70－10=60 单位。

假设该国对该商品征收 100% 的关税，国内价格上升到 2 美元，进口量变为 30。在征税的情况下，假如国内需求增加，需求曲线则由 D_X 变为 D'_X，这时，国内价格和国内供给量不变，而国内的需求量增加到 65，供求之间的差额扩大，进口变为 65－20=45 单位。可见，在实施关税的情况下，国内需求增加将使进口量增加，而价格水平和国内产量不变。

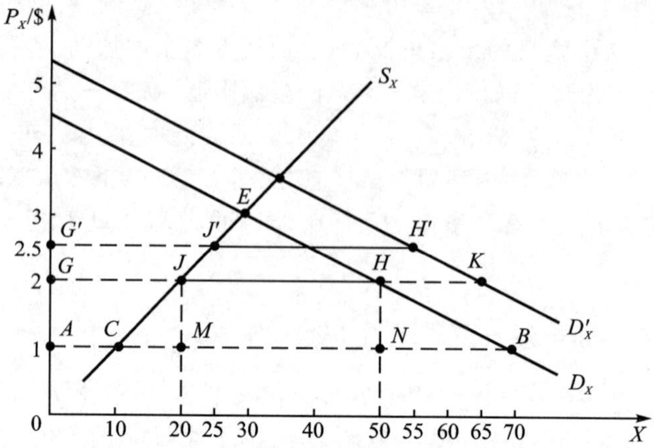

图 8.2　进口配额的局部均衡效应

现在假设该国实施与关税等效的进口配额，其数量为 30 单位。进口配额实施以后，国内价格是 2 美元，国内供给量与配额数量之和正好满足国内需求量。在这种情况下，假设国内需求发生变化，即需求曲线由 D_X 变为 D'_X，此时，在价格水平 2 美元时，国内的供给量为 20 单位，加上配额的数量 30 单位，总供给量为 50 单位，仍然小于国内需求量 65 单位。在供小于求的情况下，价格水平必然上升，直到 2.5 美元，国内供给增加到 25 单位，加上配额 30 单位，总供给量正好等于总需求量 55 单位，于是重新达到均衡。也就是说，在实施配额的情况下，国内需求增加使国内价格上升，高于征收关税条件下的价格，进口量仍然保持在配额的水平。

因此，国内需求增加在实施关税和实施进口配额的情况下产生的效果是不同的。在实施关税的情况下，需求增加的效果是国内产量、消费量和进口量的增加，而价格水平保持不变；在实施进口配额的情况下，需求增加的效果是国内消费量和产量的增加，同时价格水平提高，而进口量则始终保持在配额的水平。在需求增加的情况下，实施配额对国内产量增加的效果明显大于实施关税。相反，在需求增加的情况下，实施关税对国内消费量增加的效果却明显大于实施配额。

（二）对进口商品数量的限制效果不同

进口配额对进口商品数量的限制是确定的，而关税对进口数量限制不确定。在限制进口数量方面，进口配额更易于操作。

在征收关税的情况下，进口商可以通过降低生产成本，提高生产效率来降低商品销售价格，从而部分抵消关税的影响，所以关税只是扭曲了市场机制。进口配额则不然，无论进口商怎样降低成本，其进口数量都受到限制，所以，进口配额是用行政措施代替市场机制，比关税更严厉，它基本切断了外国出口商渗入进口国市场的可能性。

从管理有效性的角度衡量，配额比征收关税好。国内生产者喜欢进口配额制更甚于进口关税。但从贸易自由化的角度看，关税更有利于外国竞争者的进入，所以，关税比进口配额好。乌拉圭回合谈判的成果之一就是将进口配额和其他的非关税壁垒改变为从价关税，这一过程被称为“关税化”。

最后，我们来看一个美国的食用糖的配额，如图 8.3 所示，某一年美国的食用糖的配额是 170 万吨，自由贸易下进口量是 620 万吨，配额的实施使美国的糖价上升到每吨 418 美元，消费者剩余减少了约 1 674 百万美元，美国国内的生产商得到的好处是 852 百万美元，配额租金是 353 百万美元。

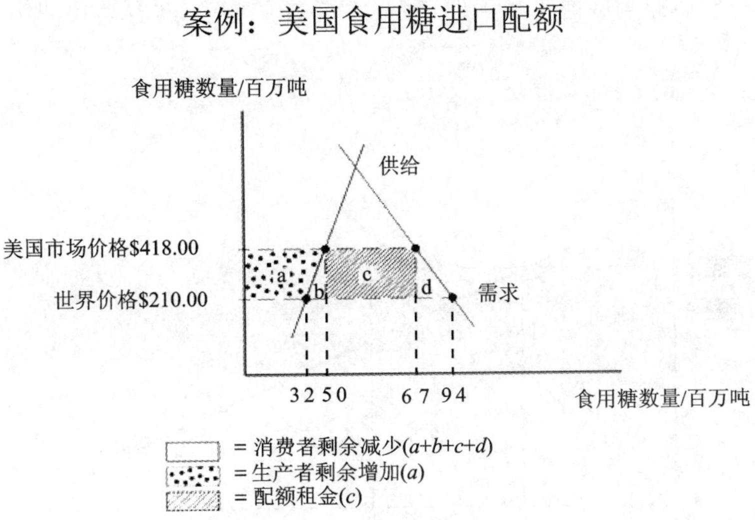

图 8.3　美国食用糖进口配额

第三节　出口补贴

一、出口补贴概述

出口补贴又叫出口津贴，是一国政府为了降低出口商品的价格，增强国际市场的竞争力，在出口商品时给予出口商的现金补贴或财政上的优惠待遇。出口补贴可以分为直接补贴和间接补贴。直接补贴指的是政府在商品出口时直接付给出口商的现金补贴，补贴资金主要来自财政拨款，其目的在于弥补出口商品低价带来的亏损，或者补偿出口商低利润带来的损失。

间接补贴是指政府对某些商品的出口给予财政上的优惠，比如退还出口商品的国内税，其目的仍然在于降低商品价格，增强国际竞争力。

此处需注意，出口补贴是指对于出口部分进行补贴，商品如果在国内销售是没有补贴的。下面我们来对出口补贴进行一个经济学的分析，首先对小国的出口补贴做一个分析。

二、小国的出口补贴分析

在分析小国情况的时候,我们提一个问题:小国实施出口补贴后国内的价格是否变化?根据小国的定义,小国进出口量的变化不会影响国际价格,但小国实施出口补贴会打破原来国内的市场均衡。补贴后有更多的商品要出口,国内市场就会出现供给小于需求,国内市场商品价格上升,会减少消费者剩余,同时会增加生产者剩余。我们来看图 8.4。

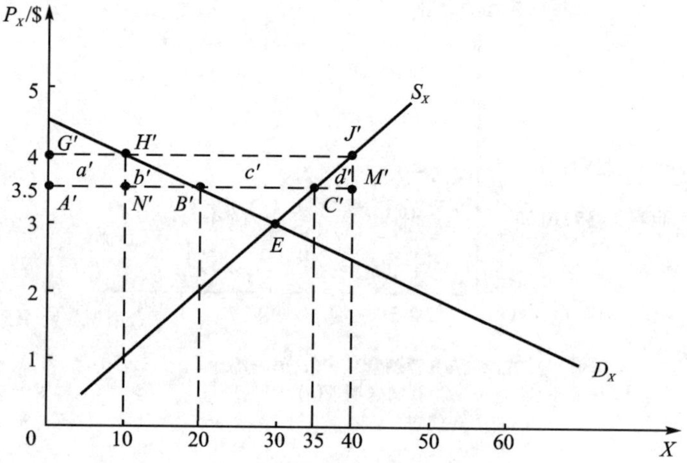

图 8.4 出口补贴的局部均衡效应

图中的 D_X 和 S_X 分别代表小国 X 产品的需求曲线和供给曲线,如果自由贸易的世界价格是 3.5 美元,该小国生产 35 个单位 X,消费 20 个单位 X,出口剩下 15 个单位 X。

假设现在该小国对每一单位商品的出口补贴 0.5 美元,我们考虑一下市场会如何反应呢?

根据小国的定义,我们知道小国出口增加不会导致国际市场价格变化,但当小国实施出口补贴后国内市场重新实现均衡时,国内价格会上升,上升的幅度就是每单位商品的补贴金额,也就是说国内市场价格会上升到 4 美元。因为只有当国际市场价格加上出口补贴等于国内市场价格时,出口商不管是出口一单位的 X 产品还是在国内销售一单位 X 产品获得的收入才相等。

小国出口补贴之后生产者剩余、消费者剩余和政府的福利会发生什么样的变化?

生产者剩余是增加了,增加的量等于 a'、b' 和 c' 这三部分,消费者剩余是减少了 $a'+b'$,政府因为补贴,支出 $b'+c'+d'$,所以这三者抵消之后,总的效益等于 $-(b'+d')$,那么这个 b' 和 d' 实际上就是生产扭曲和消费扭曲。

三、大国的出口补贴分析

分析完小国情况之后，我们来看看大国出口补贴的经济效应。首先我们考虑一下，如果一个大国进行出口补贴，它的国内市场价格和国际市场价格会发生什么样的变化？根据大国的定义，在它实施出口补贴之后，它的出口增加了，应该会导致国内市场价格上升，同时也会降低国际市场的价格，这一点和小国是不一样的，国际市场价格下降意味着大国的贸易条件恶化。

下面我们用图 8.5 来说明大国出口补贴的福利效应。

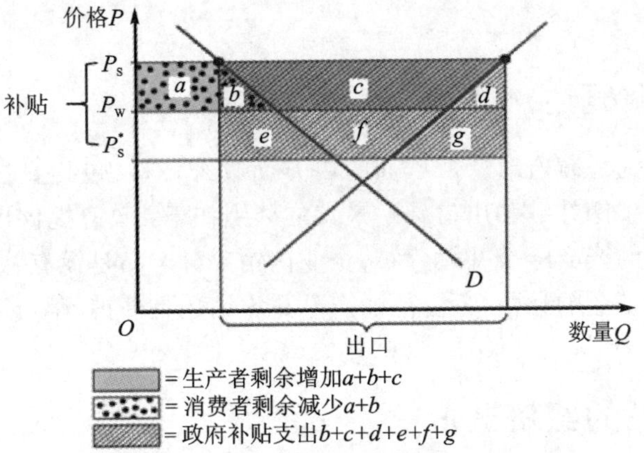

图 8.5　出口补贴的福利效应(大国)

这个图告诉我们，某一个大国进行出口补贴，补贴的金额是 $P_SP_S^*$。那么在市场重新达到均衡的时候，大家可以看到国内市场价格是 P_S，国际市场价格是 P_S^*。

我们来分析消费者、生产者和政府的福利变化情况。在大国实施出口补贴后，生产者剩余实际上是增加了 $a+b+c$，消费者剩余实际上是减少了 $a+b$，另外，政府因为补贴发生的支出总的是 $b+c+d+e+f+g$ 六个部分，抵消之后我们可以看到净福利损失，实际上就是 $b+d$ 和 $e+f+g$ 这两块，结论是出口补贴给这个大国的福利带来了一个负面的影响。其中 $b+d$ 代表的是效率的损失；$e+f+g$，实际上就是因为实施出口补贴恶化了该国的贸易条件。

通过前面的分析可以看出，不管是小国还是大国，实施出口补贴最终的福利效应都为负。既然大国和小国出口补贴的净福利为负，在现实生活当中为什么还要去实施这种出口补贴呢？主要的原因又是什么？

在考虑这个问题的时候，可能更多的是需要从长期的动态收益去考虑，因为在这里做的分析都是短期的静态收益分析。如果一个国家在实施出口补贴之后，长期的动态收益能够大于短期的静态收益，那么这个政策还是可以去实施的，这实际上也是很多贸易保护政策存在的理由。

关于出口补贴一个最典型的例子就是发达国家农产品的出口补贴，比如欧盟对其农产品出口就实施过补贴，欧盟每年为其农产品提供高达28亿欧元出口补贴，这遭到了许多发展中国家的强烈批评，被认为是多哈回合谈判的主要障碍之一，美国其实也有类似的农产品出口补贴。发达国家的农产品补贴对发展中国家农产品参与国际竞争造成了非常不利的影响，因此发展中国家一直在强烈要求发达国家减少甚至取消农产品补贴。

第四节　生产补贴及其效应

一、生产补贴概述

生产补贴指的是政府对生产厂商的单方面收入转移，包括直接的现金补贴和间接的财税补贴。生产补贴和出口补贴最大的区别在于：政府提供出口补贴时只是针对用于出口部分的产品给予补贴，而对企业内销部分产品是没有补贴的；但生产补贴则是政府给整个企业的补贴，不管他的产品是内销还是外销，都可以享受政府提供的补贴。

二、生产补贴的经济效应

下面我们看一看生产补贴的经济效应，如图8.6所示。

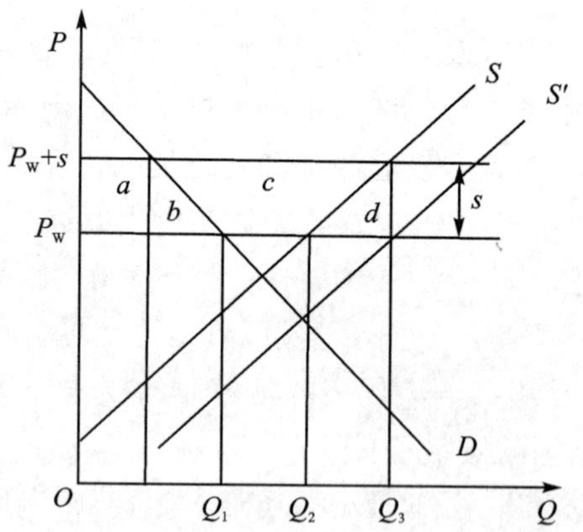

图 8.6　生产补贴的经济效应(小国)

我们以小国为例来做一个分析，在图8.6中 S 是国内供给曲线，D 是需求曲线，P_W 是在开放条件下并且实行自由贸易情况的国际市场价格，也是出口国国内市场价格。在这个价格水平下，出口国国内需求量是 OQ_1，供给量是 OQ_2，出口量是 Q_1Q_2，假如政府为了鼓励该产业的发展，每生产一个单位的产品，政府给予 s 的生产补贴，这样该产业的生产者，每生产一单位商品就可以从政府得到 s 的补贴。

这个对生产企业来说，相当于每生产一单位产品的生产成本下降了 s。供给曲线向右平移到 S'，该商品的产量由 OQ_2 增加到 OQ_3，由于政府提供的是生产补贴，所以不管是国内销售还是出口都能够得到政府的补贴，这样在生产补贴下，国内市场价格因为没有上升的压力而维持在原有的 P_W 的水平上，国内的需求因此不发生变化。另一方面，生产企业在政府补贴下生产规模扩大了，在国内需求没有增加的情况下，企业把所有增加的多余产量全部用于出口，这个国家的出口量便由补贴前的 Q_1Q_2 增加到补贴后的 Q_1Q_3。

三、生产补贴的福利效应

下面来看看生产补贴的福利效应。首先对于生产者来说，尽管生产补贴不会导致价格的实际上升，但我们可以理解为生产者因为得到了补贴，面临着一个更高的价格 P_S，也就是说生产者实际得到的收入是 P_W+s。这样的话，我们可以看到生产者剩余实际上是增加了 $a+b+c$ 这三个部分；但消费者所面临的价格实际上是 P_W，跟原来一样，所以消费者剩余实际上是没有变化的；再来看看政府，政府不但要补贴出口产品的生产，而且还要补贴国内销售产品的生产，因此，政府相当于增加了 $a+b+c+d$ 这样一个总支出，整个社会的生产补贴之后的净福利水平的影响应该就是 $(a+b+c)-(a+b+c+d)=-d$。

由此可见，生产补贴的结果，实际上是社会整体福利水平下降。但是，所不同的是生产补贴下这种福利的损失要小于出口补贴时的福利损失，因此从理论上来讲，一般认为生产补贴要相对好于出口补贴。在分析问题的时候，要注意应该把生产补贴理解为一种国内产业政策，把出口补贴理解为一种贸易政策。对于小国来说，生产补贴下价格是不变的，不损害消费者的福利；出口补贴会使价格变化，因此会损害消费者的福利。生产补贴比较适用于解决不影响国内价格的国内市场局部失灵问题。

再来看第二节进口配额中提到的例子，如果中国给国内汽车制造商每辆 3 000 美元的生产补贴，这时生产补贴后国内汽车的产量变为 $1\ 200+0.03\times(10\ 000+3\ 000)=1\ 590$ 辆，消费量未达到自由贸易时的 1 800 辆，所以净进口量变为 210 辆。与自由贸易相比，消费者福利不变，厂商利润增加，政府收入下降。

第五节　倾销和反倾销

一、倾　销

（一）倾销的形成条件

首先来看倾销的定义。倾销实际上是一种价格歧视，也就是出口厂商在国际市场上以低于国内市场的价格或生产成本来销售商品，对进口国的同类产业造成了重大损害。一般来说，厂商能够实施倾销需要具备三个条件：

第一，必须是不完全竞争的行业，厂商具有垄断力量，也就是厂商是市场价格的制定者，而非市场价格的接受者。第二，本国和外国市场必须能很好地被分隔开来，使国内居民不能轻易地回购出口产品。第三，出口厂商在国内面临的需求弹性比国外的需求弹性要小。

下面将通过图 8.7 来理解倾销的形成条件。在图中有两个市场：国内市场和国外市场，国内市场的需求弹性小于国外市场，假设两个市场上的边际成本(MC)是相等的。根据边际收益(MR)等于边际成本(MC)这样一个基本的原则来确定价格，在国内市场的价格 P_D 实际上是要高于国外市场的价格 P_F，这就形成了国外市场的倾销。

倾销分析

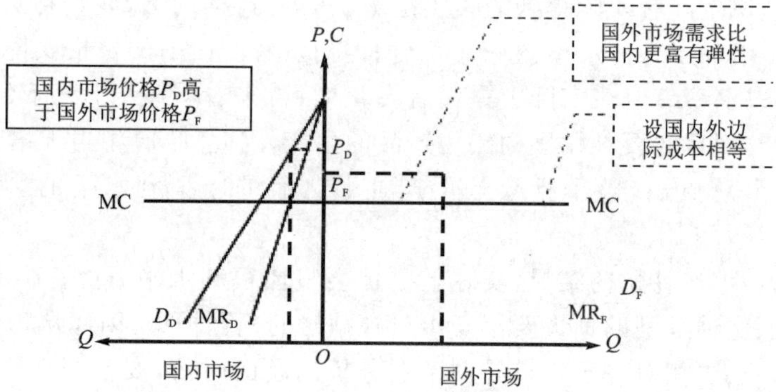

图 8.7　倾销的经济学分析

(二) 倾销的形式

倾销实际上可以分成不同的形式，最典型的是掠夺性倾销和持续性倾销。掠夺性倾销指的就是某一商品生产者，为了在国外市场上取得垄断地位，以低于国内的销售价格或低于成本的价格向该国市场抛售商品，目的是打败挤垮竞争对手，然后再实行垄断高价获取垄断利润，这种行为大家很容易判断，是明显违背了公平竞争的原则。持续性倾销指的是无限期地持续以低于国内市场的价格在国外市场销售商品，那么这种情况实际上和掠夺性倾销一样，也是会对进口国国内同类商品的生产者带来比较大的危害。

二、反倾销

(一) 反倾销税

由于倾销使进口国同类企业的发展面临严重的压力，因此，在国际贸易中它被普遍认为是一种不公平的竞争手段，那么如何来消除这一不公平做法的危害呢？

国际通行的办法就是征收反倾销税，它实际上是一种不超过倾销差价或者倾销幅度的进口附加税，一般来说要征收反倾销税，实际上需要满足下面几个条件：

第一，能够认定存在低价倾销的事实；第二，商品的倾销对进口国相关产业确实造成了实质性的损害，要进行调查；第三，要求这种实质性的损害和倾销之间存在必然的因果关系，也就是说这个损害是因为低价倾销造成的。

进口国家征收反倾销税的效果：一般来说，我们是从消费者、生产者、政府方面来做分析，征收反倾销税，那么很明显消费者因无法购买到低价的进口商品，所以消费者实际上是受到了福利损害；生产者剩余因为征税后价格上升实际上是增加的，征收反倾销税相当于是保护了国内同类商品的生产者；对政府来说，因为实际上是得到了一种税收收入，所以它的福利是改善的。当然从整个世界范围来说，进口国家征收反倾销税，实际上像其他的贸易保护手段一样，也是会减少全球福利的，甚至会带来一些国际贸易的摩擦。

在现实的世界经济当中，我们知道反倾销的初衷是为了反对不公平的竞争，但是有些国家，经常把它作为一种贸易保护主义的工具，比如美国对中国的反倾销。特别是在传统的贸易保护手段越来越不容易使用的时候，很多国家都用反倾销的名义来进行贸易保护，这种做法相对比较普遍，我们面对这种情况要明确加以反对，进行积极应诉。

(二) 反倾销案例

中国加入世贸组织后第一起反倾销胜诉案：

2001 年底，中国加入世贸组织后不久，加拿大国际贸易法院向包括福耀在内的中国汽车玻璃行业发起反倾销调查。曹德旺获悉后拍案而起，决定积极应诉，为中国企业正名。他成立了专门的反倾销应诉办公室，并派出工作小组，参加加拿大国际贸易法院的公开聆听。经过 8 个月的艰苦应诉，2002 年 8 月 30 日，加拿大国际贸易法院裁定，来自中国的汽车玻璃在加拿大的销售不构成侵害。福耀玻璃大获全胜，赢得了我国加入世贸组织后的第一起反倾销案。

本章小结

本章主要分析的几种非关税壁垒中，进口配额常和进口许可证结合使用，在操作过程中因透明度较差易引发“寻租”行为，其影响效应与关税大致一样。出口补贴是政府对出口行为采取补贴，以扩大本国出口、提升出口企业竞争力的政策。生产补贴是政府给整个企业的补贴，更适用于解决市场局部失灵的问题。倾销一方面有利于进口国的消费者，一方面不利于进口国的生产者，所以进口国的生产者一般会要求政府采取反倾销措施，以抵消他国倾销的影响。随着时间的推移，关税壁垒不断削减，非关税壁垒不断增加，各国把目光更多地放在非关税壁垒上。

思考题

1. 某小国的某产品的需求曲线和供给曲线分别为：$Q_D=50-5P$，$Q_S=-10+5P$。

（1）国内封闭经济中的市场价格为多少？

（2）如果世界市场价格为2，进口为多少？

（3）如果征收100%的进口关税，进口为多少？由生产导致的福利损失为多少？

（4）如果政府实施进口配额限制，规定每年只能进口20单位的产品，又假设配额租金被国外政府或企业得到，该进口国的无谓损失是多少？

2. 某小国能够以每单位10的国际价格进口某种产品。这种产品在该国国内的供给曲线为$S=50+5P$，需求曲线为$D=400-100P$，另外，每1单位的产品能够产生价值为10的边际收益。

（1）试计算对每单位进口产品征收5个单位的关税给社会福利造成的全部影响。

（2）计算5个单位的生产补贴给社会福利造成的全部影响。

（3）为什么生产补贴产生的社会福利所得比关税多？

3. 中国和美国两国贸易模型，设中国对汽车的需求和供给分别为：$D_c=2\ 000-0.02P$，$S_c=1\ 200+0.03P$。美国对汽车的需求和供给分别为：$D_{US}=1\ 800-0.02P$，$S_{US}=1\ 400+0.03P$，请计算：

（1）贸易前，双方汽车的均衡价格和产量。

（2）自由贸易条件下，国际市场汽车的均衡价格、两国的产量及贸易量（不考虑运输成本），自由贸易给两国的福利带来的影响。

（3）a. 中国对汽车进口征收3 000美元的单位税，这时两国汽车市场的价格、产量及贸易量。

b. 关税对中国汽车制造商、国内消费者和中国政府的福利带来的影响如何？

c. 关税的福利净损失（与自由贸易相比）。

（4）a. 美国为每辆出口的汽车提供3 000美元的补贴，这时两国汽车的价格、产量和贸易量。

b. 对每个国家的消费者、政府及厂商的福利影响。

（5）a. 中国为美国的汽车进口设定的配额为100，这时两国汽车市场的价格、产量。

b. 与自由贸易相比，两国消费者、厂商的福利变动情况。

c. 如果中国为美国的汽车进口设定的配额为150单位，两国汽车市场的价格、产量。

（6）a. 中国政府给国内汽车制造商提供3 000美元的单位补贴，两国汽车的价格、产量及贸易量。

b. 与自由贸易相比，两国消费者、厂商的福利变动情况。

c. 比较它与关税、进口配额的福利影响。

4. 假设在没有贸易的情况下，法国牛肉为每吨 2 625 美元，而国际牛肉市场的价格为每吨 2 000 美元。在自由贸易下，法国自己生产 100 万吨，从国际市场上进口 50 万吨。法国政府为保护本国农民利益规定了 3 000 美元的保护价格，结果牛肉生产增至 120 万吨，并向其他国家出口了 30 万吨。试用图和数字估计法国政府、农民、消费者和整个社会的福利变动。

第九章 贸易保护理论与政策

前面章节阐述了贸易壁垒经常会导致一国社会福利的损失，自由贸易往往可以给各国带来好处，但在现实世界中，自由贸易只是建立在严格假设上的理论最优选择，贸易保护理论和政策大量存在。本章主要介绍幼稚产业理论、超贸易保护理论、战略性贸易政策及贸易政策政治经济学模型等贸易保护理论与政策，以及这些政策在现实中的表现。

第一节 幼稚产业保护理论

幼稚产业保护理论最早是由美国时任财政部部长汉密尔顿提出的，后来经过德国经济学家李斯特加以完善。在这里主要介绍李斯特的核心思想，这些核心思想集中反映在他 1841 年出版的《政治经济学国民体系》一书当中，主要有四个方面：

(1) 经济发展阶段理论。

该理论认为一个国家对外贸易政策要与本国的工业发展进程相适应，李斯特认为经济发展大致要经历五个时期，分别是原始时期、畜牧时期、农业时期、农工业时期和农工商时期。他认为，在农业时期应该实行自由贸易政策，自由地输出农产品，自由地输入工业产品，这样一方面可以促进农业的发展，另一方面可以培育工业基础。在农工业时期要实行贸易保护政策，对本国有发展前途和潜力的工业，要采取贸易保护政策，防止外国工业品的竞争，实现民族工业的建立和发展。到了农工商业时期又可以采取自由贸易政策，因为本国的工业基础已经建立，没有必要再进行保护。

(2) 生产力论。

李斯特指出，像德国这样的国家，在当时如果跟英国进行自由贸易，虽然表面上看在短期能够获得一些贸易的利益，但在长期将损害国家的生产力，制约创造财富的能力，那德国应该怎么做呢？他认为应该去追求财富的生产力，不要仅追求财富本身。他认为财富的生产力比财富本身要重要很多倍。

李斯特使用“两个家庭、两种投资”模型来说明幼稚产业保护理论的重要作用。他假定两个家庭收入完全一样，子女数量也相同，但是一个家庭比较注重子女的教育投资，另外一个家庭比较注重眼前消费，那么这两个家庭未来的财富创造能力是不一样的，比较注重教育投资的这个家庭，其财富创造能力明显要高。

(3) 国际干预说。

李斯特认为对幼稚产业应该进行国家干预,国家在贸易保护当中能够起到重要的作用,他认为政府不能作为守夜人,要做植树人。应该制定积极的产业政策,利用关税等手段来保护国内市场。

(4) 实施关税保护制度。

李斯特认为关税制度应该体现以下几点:一是差别关税,也就是说,对于国内幼稚产业竞争的进口商品应该实施高关税,同时用免税或者低关税的方式来鼓励国内不能生产的机械设备的进口。二是有选择性地加以保护,他认为,并非所有的工业都要加以保护,保护是有条件的,只有经过保护能够成长起来,并且获得国际竞争力的产业才可以对其进行保护,如果保护之后不能成长起来,这种产业则不值得进行保护。三是要适时调整关税制度,对幼稚产业的保护不是无限期的,如果在超过了规定的限期,这个产业没有成长起来,要解除对其保护。

那么怎么来选择幼稚产业?选择的标准又是什么?

幼稚产业在经济学当中,一般来说指的就是处于成长阶段,但是尚未成熟,具有潜在竞争优势的产业。对幼稚产业进行阶段性的保护,应该是值得的,因为从长期来看,利大于弊。如果某一个产业缺乏发展潜力,要靠永久保护才能生存下来的话,这种产业就不是幼稚产业。在经济学当中,关于幼稚产业的选择标准,主要有以下三个。

(1) 穆勒标准。

这个标准强调的是幼稚产业应该具有明显的规模经济效应,也就是说政府给予它保护之后,这个产业能够发展壮大,充分地实现规模经济来降低成本,最后在经历保护期之后,这个产业完全能够面对自由竞争并且获得利润。这样的产业就可以作为幼稚产业来加以扶持。

(2) 巴斯塔布尔标准。

这个标准强调产业不仅要能够自立,而且要看其将来能否具有成本优势,要求在保护成本和该产业未来所能获得的预期利润的贴现值之间进行比较。如果说这个产业获得的预期利润的贴现值能够大于保护成本,那么这样的产业才可以作为幼稚产业来进行保护。

(3) 坎普标准。

这个标准实际上是强调这个幼稚产业要有比较明显的外部规模经济优势,也就是说这个产业能够产生外部规模经济效应,该产业的发展能够给其他产业,或者是社会带来额外的好处。

对幼稚产业保护理论我们要辩证地看待,这个理论确实有它的合理性,特别是对于一些工业化基础比较薄弱的发展中国家,对具有竞争潜力的幼稚产业进行保护,有一定的合理性,可以帮助这些幼稚产业在未来得到比较好的发展,来参与全球的竞争。日本、韩国都有成功案例。

但是该理论也有一些不足的地方：

(1) 它提出的用关税方式来进行保护，那么实际上是有一定的问题的，因为前面分析过关税保护成本是比较高的，如果采取生产补贴可能效果更好。例如在中国，公务用车曾要求使用长春第一汽车制造厂出品的奥迪车便是一例，这种做法既可以起到保护的作用，又可以避免使用较高关税的措施。

(2) 幼稚产业的选择问题，实际落实难度比较大，如果选择不慎，付出的代价比较大，在操作过程中很多政治话语权比较大的行业更容易得到保护，但是这样的产业最后不一定能够很好地发展起来。

(3) 被保护产业的效率问题，这种保护能不能提高产业的效率，增强市场竞争力，是很多经济学家比较担心的一个问题。

(4) 国际资本市场的融资问题。幼稚产业保护理论要求政府为其发展提供便利条件，其中一个很重要的就是要提供融资，甚至直接进行财政补贴，这样做实际上会带来一个问题，该产业没有能力在资本市场上进行融资。

第二节　凯恩斯主义的贸易保护理论

介绍该理论之前，首先介绍一下该理论的代表人物——约翰·梅纳德·凯恩斯。约翰·梅纳德·凯恩斯是英国经济学家，是现代西方经济学最有影响力的经济学家之一。他创立的宏观经济学和弗洛伊德的精神分析法、爱因斯坦的相对论一起，被称作 20 世纪人类知识界的三大革命。

凯恩斯的数学基础特别好，曾经获得过托玛琳奖学金，他以数学和古典文学奖学金入学剑桥大学国王学院，师从马歇尔和庇古攻读经济学。约翰·梅纳德·凯恩斯的代表作是《就业、利息和货币通论》。他一度被誉为“大萧条的救星”、“战后繁荣之父”，等等，是 20 世纪西方经济世界应对内外危机，实现国家和社会治理的政治和思想传统根本转换的枢纽人物。在 30 年代，凯恩斯发起了一场导致经济学研究范式和研究领域根本转变的革命，称作凯恩斯革命。在 1998 年的美国经济学会年会上，在 150 名经济学家的投票中，他被评为 20 世纪最有影响力的经济学家。

凯恩斯主义的贸易保护理论的基础实际上是凯恩斯主义宏观经济学，研究的是净出口的变化如何影响国民收入的变化。该理论认为在开放经济当中，奖励出口和限制进口是总需求政策的一部分，贸易顺差一方面可以增加有效需求，另一方面会带来国内货币供应量增加，从而引起利率下降，这样可以刺激国内的投资需求。

凯恩斯主义的贸易保护政策和重商主义不同，他认为贸易顺差不能无限制的增加下去，因为当顺差过大的时候，货币供应量过多，从而商品价格过高，反而会削弱本国商品的竞争力，引起资本外流，所以凯恩斯主义的贸易保护政策，只是在有效需求不足的时候才应该使用，也就是当国内经济没有实现充分就业的时候才可以运用。

如图9.1所示，凯恩斯主义的贸易保护理论用了一个非常重要的概念——外贸乘数，来解释贸易顺差和国民收入的关系。它认为一个国家的出口和国内投资一样，实际上是属于注入，对就业和国民收入有倍增效应；一个国家的进口则和国内储蓄一样，属于漏出，对就业和国民收入有倍减效应。1倍的贸易顺差将会带来 N 倍的国民收入的增加，这种国民收入水平的成倍增加会给经济增长和充分就业带来好处。

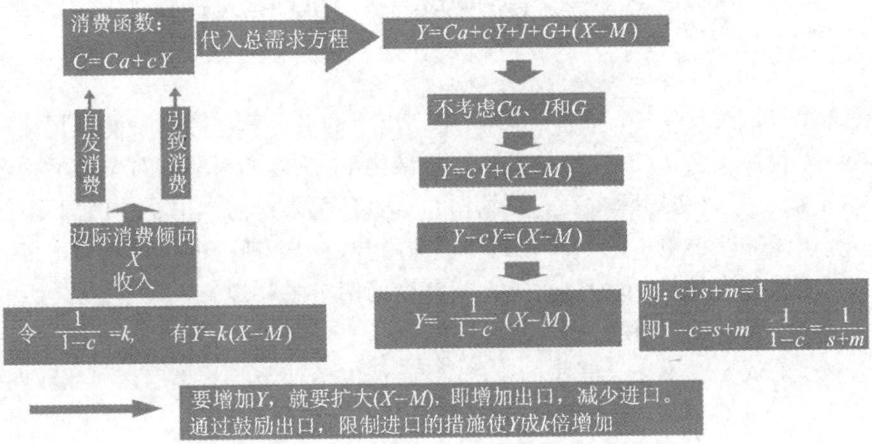

图9.1　外贸乘数示意图

下面将介绍外贸乘数的概念和乘数效应是如何实现的。

首先在总需求方程当中，刚才提到了实际上是由四个部分构成的，消费、投资、政府购买、净出口。消费可以把它看成是两部分组成的，一部分叫自发消费，另一部分叫引致消费，引致消费可以表示成边际消费倾向乘以国民收入。

将消费函数代入到总需求方程中，不考虑自发消费和投资以及政府购买，最后可以得到国民收入实际上是等于引致消费加上净出口，也就是 Y 应该等于引致消费加上出口减进口，把公式变换后可以得到，$Y=1/(1-c)\times(X-M)$，我们可以令 $1/(1-c)=K$，$Y=K\times(X-M)$。这个 K，实际上就是一个系数，由于边际消费倾向一般是大于0小于1的，所以我们说这个 $1/(1-c)$，也就是 K 应该是大于1倍，这个倍数实际上就是外贸乘数。

这个公式表明如果要增加 Y，就要扩大 $(X-M)$，也就是说增加出口，减少进口，通过鼓励出口，限制进口的措施，使 Y 能够成倍增加。另外需要注意，由于边际消费倾向 (c) + 边际储蓄倾向 (s) + 边际进口倾向 $(m)=1$，所以 $1-c=s+m$，所以外贸乘数也可以表示成 $1/(s+m)$。这里的 c、s、m 都是小写的，分别表示边际消费倾向、边际储蓄倾向和边际进口倾向。

凯恩斯主义的贸易保护理论的可取之处是提出了贸易顺差对国民收入的倍增促进作用。它的局限性是忽视了对外贸易乘数发生作用的条件：国内尚未实现充分就业，世界总进口量能够扩大。如果这两个条件不满足，对外贸易乘数无法发挥作用。

凯恩斯主义的贸易保护理论在世界经济大萧条中的作用表现得特别明显，每个国家为了恢复经济，都想增加出口减少进口，促进国民收入的上升。但如果每个国家都这样做，就会带来严重的贸易摩擦和冲突，各国以邻为壑的做法反而不利于世界经济的复苏。

第三节　战略性贸易保护理论

战略性贸易政策是 20 世纪 80 年代中期出现的一种基于寡头垄断市场结构的贸易政策。该贸易政策认为，在寡头垄断市场结构下，政府如果能够对贸易活动进行干预，那么可以通过改变国际市场竞争结构和竞争环境来提高本国企业的国际竞争力，使本国企业能够获得更多的垄断利润和垄断租金。这个理论的代表人物主要有布兰德、斯潘瑟、克鲁格曼等，下面将重点介绍其中的两个主要理论：

（1）布兰德和斯潘瑟的生产补贴理论。

这个理论认为在不完全竞争的市场结构下，生产补贴的效果应该是比较明显的。如果市场结构是寡头垄断的，那么，通过生产补贴可以提高本国企业在国际市场上的市场占有率，从而获得更多的超额利润，如果新增利润能够抵消补贴的所有成本，那么实行这种生产补贴就可以提高本国的福利，并且可以帮助本国企业获得一种垄断竞争优势。

我们可以用波音公司（以下简称波音）和空中客车公司（以下简称空客）竞争的例子来给大家介绍一下这个理论的内容。如图 9.2 所示，这是两家公司的博弈收益矩阵。如果两家公司都没有政府补贴，并且都同时生产的话，两家企业都是亏损 5 个单位；如果一家企业生产，另外一家企业不生产，那么生产的企业可以获得 100 个单位的收益；如果两个都不生产，两家企业都没有收益，就没有补贴。

		空客	
		生产	不生产
波音	生产	−5，−5	100，0
	不生产	0，100	0，0

(a) 没有补贴时

		空客	
		生产	不生产
波音	生产	−5，20	100，0
	不生产	0，125	0，0

(b) 空客接受补贴时

图 9.2　战略性贸易政策的例子

现在假设空客接受了政府的补贴，比如说接受了 25 个单位的政府补贴，那么在这种情况下，就会出现一个收益上的变化，也就是说如果两家公司都生产的话，空客这时可以获利 20 个单位，波音还是亏损 5 个单位，空客的收益为正，波音的收益为负，那按照常理收益为负的波音应该退出这个市场（当然实际情况不一定是这样）。

通过这个例子，可以看到空客接受欧洲政府的补贴，最终让它的竞争力得到提高，也就是欧洲政府给予空客的补贴，可以帮助空客公司获得一种战略性垄断优势，有利于空客公司更好地和波音竞争。这个例子反映出了一个问题，就是欧洲政府的补贴是不是违反了公平竞争的规则，波音公司认为空客的做法违反了 WTO 的公平竞争原则，所以把空客告上了国际法庭；反过来，空客也告波音接受了美国军方和 NASA 的补贴和订单，历史上两家公司打了多次补贴官司，结果都是不了了之。

(2) 克鲁格曼的“进口保护促进出口”理论。

这个理论认为，政府通过保护全部或者局部的本国市场，阻止外国产品进入本国市场，可以使国外竞争者的市场份额下降，边际成本上升，达不到规模经济；与此同时，使得本国原来处在追随地位的厂商快速扩大市场份额，实现规模经济，降低边际成本，从而增强国际市场竞争力，达到以保护进口市场而扩大出口这样一个目的。这个理论强调的是通过进口保护，使本国厂商实现规模经济效应，达到出口增加的目的。

但是应该注意到战略性贸易政策实施起来是会受到很多约束条件的限制的，也就是说它的有效性实际上是值得怀疑的，因为它的成功需要满足以下四个方面的条件：

第一，必须以利润转移部分超过补贴或保护成本作为先决条件，但实际上做到这点是很难的，因为无法精确知道市场的变化和相关决策信息。

第二，战略性贸易政策的成功，要求竞争对手不采取报复措施，那么这个实际上也是很难做到的，比如说空客和波音的案例，空客接受了补贴，波音一定也会采取报复性措施，这样空客就不一定能打败波音。

第三，战略性贸易政策中的保护政策要受到多边贸易规则的约束。在国际竞争中，这些补贴政策经常会遭到其他国家的反对和控告。

第四，战略性贸易政策的决策需要信息充分，这个实际上也是难做到的，因为很多商业信息都是保密的。

基于以上这四个方面的限制，在现实当中，战略性贸易政策的有效性实际上是要打折扣的。

尽管战略性贸易政策实施起来比较困难，但在发达国家中有过很多成功的案例，其中最为典型的是日本经济高速增长时期的战略性贸易政策。

以日本半导体产业的早期发展为例，20 世纪 60 年代到 70 年代初，日本政府对外通过限制外国竞争者进入本国市场以及通过获得外国技术和技术诀窍，对内通过为厂商提供低息长期贷款、减免税收、引导国内消费等方式，促进半导体产业形成规模，使日本半导体产业最后发展成具有国际竞争优势的产业。在不断进行研究开发活动和积累生产销售经验的基础上，日本终于脱颖而出，跃居成为世界半导体主要出口国。日本的做法对我国高新技术产业政策的制定有非常重要的启示。

第四节　贸易政策的政治经济学

分析贸易政策时，实际上都是假设以国家整体福利的最大化作为政策目标，但是这种假设在现实生活当中是不一定的，特别是用于解释贸易保护主义的时候，经常会出现一些问题。例如在发达国家，过去讲的幼稚产业保护理论，是主张保护有潜力的新兴产业，但是最近几年国际经济中经常出现发达国家对落后的夕阳产业进行保护的现象。这就表明，已有的贸易保护理论不能很好地解释实际现象，需要一种新的解释。

因此，从 20 世纪 80 年代开始，越来越多的经济学家开始吸收公共选择理论的思想，提出了贸易政策或者是贸易保护主义的政治经济学模型，从而更好地解释现实生活当中的一些贸易现象。

贸易政策的政治经济学的基本思想是：任何一项经济政策都可能会影响到一个国家的收入分配格局，因此，不同社会阶层或者是利益集团，对此会有不同的反应，受益的一方自然会支持这种政策，受损的一方就会反对，结果是各种力量交织在一起达到平衡，最终决定政策的制定或者选择。

在国际贸易政策制定过程当中，主要的利益集团包括进口替代部门、出口部门和消费者群体，这三个利益集团中进口替代部门对限制进口政策的需求最强烈，而且其对外活动能力比较强，因此容易影响一些进口保护政策的出台；相反，消费者群体或者出口部门的一些反对活动可能并不是特别有效。

贸易政策的政治经济学认为，贸易政策的制定是由政策的供给和需求两方面决定的，政策的供给是由政府来提供，这种供给取决于政府对政策的偏好，或者说取决于政府的目标函数，同时也取决于一个国家制定政策的机制。政策的需求方是利益集团，由贸易政策能够给利益集团带来的好处来决定行动的动力，任何一项贸易政策的制定，实际上都是利益集团的需求和政府的供给来共同决定的。

下面介绍几个代表性的贸易政策政治经济学模型。

（1）中点选民模型。

所谓中点选民，当然就是选票数量最多、介于极端选民之间的多数选民。中点选民原则预测，国内的政治党派应该会改变他们的政策来迎合中点选民，他们会尽量找出中间地带，在两党竞争中两个政党都会把目光集中到中点选民所赞成的关税税率水平上。当然现在也有一种观点，认为这个中点选民模型不一定符合实际，比如说在美国，特朗普政府的某些政策，往往不是去迎合多数选民的意见，而是去迎合少数核心支持者的意见。

（2）集体行动模型。

该模型认为利益集团影响政策的制定主要是通过对政府进行游说这种方式来进

行的，在集体行动中人数比较少的集团行动效率更高，搭便车现象更少，更容易组织行动。相反，人数比较多的集团行动起来比较困难，而且行动成功之后每个人平均利益会比较少，如果不去行动，每个人的损失也会比较少，所以大家行动的积极性并不是很高，也就是说，在很多贸易政策制定的过程中，小集团往往容易在游说政府的活动当中取得成功。最典型的就是韩国和日本的农业保护政策，在这些国家，农业协会组织比较强势，行动效率高，对政府的影响力大，政府开放农业的阻力很大，最终导致日本和韩国的农产品价格很高，尤其是水果价格非常高。

(3) 竞选贡献模型。

在西方国家，竞选人需要有支持者，需要筹集足够的竞选资金。一般来说，一个政党或者竞选者就代表一个集团的利益，所以不管哪个政党在选举当中获得胜利，都会推出一些有利于他的支持者的政策，比如说在美国民主党执政时期，政策就会有利于他的支持者——工会；共和党执政后往往会出台有利于他的支持者——各个大的财团、大的企业的贸易政策。

美国对世界上其他国家发动单边贸易保护主义的政治经济学原因，特别是对中国发动贸易战背后的一些主要动机是什么？

实际上中美贸易战不能完全从经济角度去分析，更应该考虑政治层面、国际竞争背后的因素。经济上的原因当然有，但美国认为中国的崛起对美国构成了威胁，美国需要遏制中国的崛起，这是一个最主要的原因。所以美国采取了一系列对华遏制的做法，包括对以华为、中兴、TIKTOK为代表的互联网公司的打击。另外一个就是美国的贸易政策，它和选举政治有很大的关系，特朗普在竞选当中就明确提出来要让美国的贸易政策有利于美国蓝领收入水平的提高和制造业的回归，所以他代表的是蓝领工人的利益，不是从美国国家的整体利益角度来考虑政策，或者说更多的是从政治的角度来考虑贸易问题。

本章小结

本章介绍的几种主要贸易保护论点，大多在一些特殊的条件下成立，并不具备普遍意义。幼稚产业保护理论从动态角度提出保护具有潜在优势的新产业，而这种保护只是暂时性的。凯恩斯主义的贸易保护理论的可取之处是提出了贸易顺差对国民收入的倍增促进作用，在世界经济大萧条中其作用表现得特别明显。战略性贸易政策理论是在"新贸易理论"基础上提出的，又被称为"利润转移论"，是指在政府干预下，在寡头垄断的市场结构下争夺有限的垄断租金。贸易政策的政治经济学与其他贸易政策理论的最大区别是所讨论的问题不再是什么样的做法最佳，而是为什么会存在这样的做法。

在现实生活中，各国民族主义的强化会促使政府或政党大力宣传贸易保护主义对本民族利益的重要性，使得贸易保护主义政策更容易被国民接受，其以促进本民族特点的体现和本国经济实力的增强为主要目的。

思考题

1. 请从贸易保护目的、保护对象、保护手段和保护期限角度，简要回答幼稚产业保护理论的政策主张。

2. 请简答战略性贸易保护理论的理论依据和政策主张。

3. 简述贸易政策政治经济学模型的主要内容。

4. 某国总需求增加 100 亿元，其边际消费倾向为 0.7，边际进口倾向为 0.2，请计算：

(1) 该国的对外贸易乘数；

(2) 总需求增加会使国内生产总值增加多少？

(3) 国内生产总值增加后，进口会增加多少？

5. 美国某飞机制造商 A 和英国某飞机制造商 B 对某一型号的飞机展开自由竞争，两家企业可采取生产或不生产的策略。表中第一列为美国某飞机制造商 A 的两种策略，表中第一行为英国某飞机制造商 B 的两种策略；每个方块中第一个数字表示美国某飞机制造商 A 的收益，第二个数字表示英国某飞机制造商 B 的收益。当两家企业采取策略后，各自收益所得如下表所列，请用战略性贸易保护理论的知识，求出在自由竞争条件下，这一博弈的纳什均衡。

B A	生　产	不生产
生产	−20，−20	150，0
不生产	0，175	0，0

第十章 要素的国际流动

要素的国际流动是国际经济学的重要组成部分,已经成为影响世界经济发展的根本因素。国际要素流动是指资本、劳动力、技术等要素的国际流动。本章主要对要素国际流动的动因、要素国际流动的经济含义、要素国际流动对流出国和流入国的不同影响等进行研究,这有助于进一步理解国际分工之间的经济联系。要素的流动不仅能直接或间接地对国家贸易产生影响,而且也作为联系各国经济的重要纽带发挥作用。

第一节 资本国际流动及其经济效应

一、资本国际流动

投资者的对外投资行为造成了资本的国际流动。当我们不特别强调投资主体的行为时,国际资本流动和国际投资这两个概念可以互换使用。

(一) 资本国际流动的动因

资本国际流动是指资本从一个国家或经济体转移到另一个国家或经济体的过程。资本国际流动的根本原因在于追逐收益,尤其是经济的收益。

引起资本国际流动的主要动因表现在:

(1) 在不同国家间收益率的差异促使资本跨国流动,从收益率低的地方向收益率高的地方流动。

(2) 由于汇率变动产生的资本国际流动及国际收支造成的资本国际流动。

(3) 由于各种风险因素造成的资本国际流动,如汇率风险、市场风险等。资本在流动中遵循的是安全性、流动性和营利性,但第一位的是将风险降低到最小程度。

(4) 由于其他因素造成的资本国际流动,如投机、规避贸易保护、国际分工等因素。

(二) 资本国际流动的主要形式

资本国际流动从不同的角度可以区分为国家资本的输出/输入、私人资本的输出/输入,长期资本的国际流动,短期资本的国际流动,直接投资与间接投资等,这里主要介绍长期资本流动和短期资本流动。

1. 长期资本流动

长期资本流动是指使用期限在一年以上或未规定使用期限的资本流动。一般而言，长期资本包括直接投资、间接投资、国家贷款等。直接投资是资金投入到采矿业、工商企业、农业生产的股权资本、利润再投资、跨国公司的资金转移等，直接投资拥有企业的所有权和经营管理权。间接投资大都属于证券投资，包括各个国家之间借贷款、国外企业或政府发行债券、不是出于追求经营管理权的目的而购买股票等。20世纪后期，国际间接投资发展迅速，其作用与影响已经超过了国际直接投资。

2. 短期资本流动

短期资本流动是指使用期限在一年或一年以内的资本流动。短期资本的国际流动大都属于间接资本流动的范畴，实践中的短期资本流动主要包括以下几类：

(1) 与国际贸易有关的资本流动，即在国际贸易过程中存在的资金融通或结算造成的资本国际流动。

(2) 保值性的资本流动，又被称为“资本外逃”、“资本逃逸”，即资本跨国的抽逃以避免经济状况恶化带来的损失。

(3) 投机性的资本流动，即利用利率、汇率的变化或证券、商品的价格变化，通过跨国转移资金造成的资本的国际流动。

二、资本国际流动的经济分析

(一) 资本国际流动的经济效应

如图10.1所示，假设有两个国家A国和B国。资本总量为OO'。其中OA属于A国，$O'A$属于B国。$VMPK_1$和$VMPK_2$两直线是A国与B国资本的边际产品价值曲线，它等于资本的边际生产力乘以产品价格。在完全竞争条件下，资本边际产品价值代表了资本的报酬或收益。

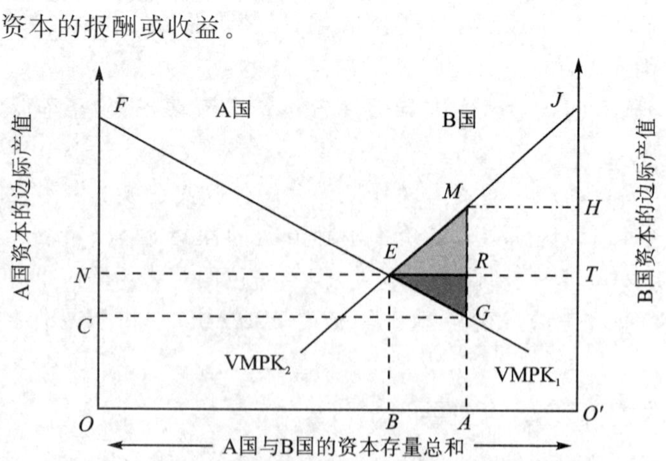

图10.1　资本流动的产出和福利效应分析

在国际资本流动前，A 国总产出 $OFGA$（其中 $OCGA$ 属于资本收益，CFG 为其他要素收益），B 国总产出 $O'JMA$（其中 $O'HMA$ 属于资本收益，HJM 为其他要素收益）。假设允许国际资本自由流动，AB 量的资本从 A 国流入 B 国，使得两国的资本报酬现均等于 $BE(=ON=O'T)$，A 国国内产出现在为 $OFEB$，加上对外投资的总报酬 $ABER$，于是得到该国总收益 $OFERA$，ERG 为对外投资所得。A 国资本的总报酬增加到 $ONRA$，而其他要素的总报酬下降到 NFE。

B 国资本收益率由 $O'H$ 减少到 $O'T$。B 国的国内总产出由 $O'JMA$ 增长到 $O'JEB$。在增长部分 $ABEM$ 中，$ABER$ 归因于外国投资者，剩下的 ERM 部分是 B 国总产出的净增长部分，国内资本拥有者的总报酬从 $O'HMA$ 降为 $O'TRA$，而其他要素的总报酬则从 HJM 上升到 TJE。

从全球作为一个整体的角度看，总产品从 $OFGA+O'JMA$ 增加到 $OFEB+O'JEB$，增加了 $ERG+ERM=EGM$（图中的阴影部分），可以说，国际资本流动增加了国家间资源配置的效率，从而增加了世界的产出和福利。

（二）资本国际流动的政策含义

国际资本流动的利益分配是国际资本流动理论中的重大问题，因此而产生的跨国公司在世界经济中有着重大的影响。资本的国际流动意味着生产力、技术、设备、管理经验的跨国流动，同时也是市场的转移和市场份额的变化。资本的国际流动，还意味着资源在国家间更为合理地配置，使得经济结构更为合理，从而节约社会劳动，提高劳动生产率，促进经济的发展。东亚地区通过对外开放引进外国资本和技术，经济获得了高速发展，同时因为在开放和引进外资中出现问题等又造成了 1997 年开始的金融和经济危机。

1. 国际生产折中理论

国际生产折中理论是英国经济学家邓宁(J. Dunning)将资本国际流动的多种理论综合、总结形成的关于跨国公司对外直接投资的理论。

(1) 国际生产折中理论的提出。

该理论研究的出发点是 20 世纪 60 年代国际经济发展格局和跨国公司的高速发展。依据资本流动对国际资源的配置的影响，在注重资本流动的同时，将直接投资、国际贸易、区位选择综合起来进行研究。

(2) 国际生产折中理论的基本内容。

一个企业的所有权特定优势、内部化、区位特定优势三者结合决定了该企业与其他企业相比较是否具有对外投资的优势，或者可以通过出口、技术转移来开拓该优势。该理论用下式来表达：

对外直接投资＝所有权特定优势＋市场内部化＋区位特定优势

其具体内容主要有：

① 所有权特定优势是指企业具有特殊的组织管理能力、金融融资方面的优势、技术方面的特点和优势、企业的规模经济与其垄断地位及其他能力和获得产品异质

差异的优势，这些优势构成了企业比投资所在国公司具有更大的优势，可以抵御在国外生产碰到的附加成本和制度以及文化方面的风险。

② 市场内部化是指企业具有将所有权特定优势进行内部化的能力，由于外部市场存在的不完全性，企业的所有权特定优势可能会因受到打击而丧失。内部化是在企业内部更好地实行资源配置，克服在外部市场进行交易的不利条件。

③ 区位优势是指所有权与内部化优势并不能决定企业是否必然实行直接投资（或可以通过出口、技术转让获利），因此区位特定优势很重要，是投资的充分条件，包括东道国的劳动力成本情况、市场的条件与需求状况、关税与非关税壁垒、东道国政府的各种政策等。

④ 此后，该理论又做了动态化的发展，加入了投资发展周期的概念，认为一个国家的对外资本流动，尤其是对外投资与该国的经济发展程度高度相关。由于一个国家在发展中其上述三个优势会动态变化，因此在经济发展的不同阶段，该国与外部资本的流动也会存在净流入、流入流出并存、净流出等若干阶段，且不同阶段资本的流动对于经济发展起着不同的作用。

(3) 对理论的评价

① 该理论的意义：

该理论在较大程度上反映了 20 世纪 60 年代之后形成的新的国际经济发展格局，克服了国际贸易理论假设国际间资本不流动的缺点；也克服了国际投资研究只解释资本的流动的缺点，同时该理论把国际贸易、直接投资和技术转让结合起来，较全面地解释了新的国际经济现象，具有相应的实践性。

② 该理论的局限性：

该理论在很大程度上是 20 世纪 60 年代的国际贸易与投资理论的综合与折中，没有很重要的理论突破，同时也没有更好地说明中小企业的国际投资现象。

2. 内部化理论

(1) 内部化理论的提出。

20 世纪 70 年代中期，以英国雷丁大学学者巴克利(Peter. J. Buckley)、卡森(Mark Casson)与加拿大学者拉格曼(A. M. Rugman)为主要代表人物的西方学者，以发达国家跨国公司(不含日本)为研究对象，沿用了美国学者科斯(R. H. Coase)的新厂商理论和市场不完全的基本假定，于 1976 年在《跨国公司的未来(*The Future of Multinational Enterprise*)》一书中提出了建立跨国公司的一般理论——内部化理论。主要回答了为什么和在怎样的情况下，到国外投资是一种比出口产品和转让许可证更为有利的经营方式。后来，经济学家罗格曼、吉狄、杨等进一步丰富和发展了该理论。

内部化理论强调企业通过内部组织体系以较低成本，在内部转移其优势的能力，并把这种能力当作企业对外直接投资的真正动因。在市场不完全的情况下，企业为了谋求整体利润的最大化，倾向于将中间产品、特别是知识产品在企业内部转让，以内部市场来代替外部市场。

(2) 内部化理论的核心思想。

内部化理论的主要观点可概括如下：由于市场的不完全，若将企业所拥有的科技和营销知识等中间产品通过外部市场来组织交易，则难以保证厂商实现利润最大化目标；若企业建立内部市场，可利用企业管理手段协调企业内部资源的配置，避免市场不完全对企业经营效率的影响。企业对外直接投资的实质是基于所有权之上的企业管理与控制权的扩张，而不在于资本的转移。其结果是用企业内部的管理机制代替外部市场机制，以便降低交易成本，拥有跨国经营的内部化优势。

(3) 内部化理论的三个基本假设。

① 企业在不完全市场竞争中从事生产经营活动的目的是追求利润最大化。

② 中间产品市场的不完全，使企业通过对外直接投资，在组织内部创造市场，以克服外部市场的缺陷。

③ 跨国公司是跨越国界的市场内部化过程的产物。

(4) 内部化过程的决定要素。

内部化过程的决定要素包括以下四点：

① 行业特定因素，主要是指产品性质、外部市场结构以及规模经济；

② 地区特定因素，包括地理位置、文化差别以及社会心理等引起的交易成本；

③ 国别特定因素，包括东道国政府政治、法律、经济等方面政策对跨国公司的影响；

④ 企业特定因素，主要是指企业组织结构、协调功能、管理能力等因素对市场交易的影响。

内部化理论认为，上述四组因素中，行业特定因素对市场内部化的影响最重要。当一个行业的产品具有多阶段生产特点时，如果中间产品的供需通过外部市场进行，则供需双方关系既不稳定，也难以协调，企业有必要通过建立内部市场保证中间产品的供需。企业特定因素中的组织管理能力也直接影响市场内部化的效率，因为市场交易内部化也是需要成本的。只有组织能力强、管理水平高的企业才有能力使内部化的成本低于外部市场交易的成本，也只有这样，市场内部化才有意义。

(5) 内部化实现条件。

只有当内部交易的边际收益大于边际成本时，市场内部化才是确实可行的。知识产品市场机制是失效的且交易价格不易确定，知识产品易被模仿。

(6) 内部化的主要动因。

内部化的主要动因有以下四个：

① 防止技术优势的流失；

② 特种产品交易的需要；

③ 规模经济的经济追求；

④ 转移定价。

(7) 内部化理论的现实意义。

内部化理论是西方学者跨国公司理论研究的一个重要转折。以前的理论主要研究发达国家(主要是美国)企业海外投资的动机与决定因素,而内部化理论则研究各国(主要是发达国家)企业之间的产品交换形式与企业国际分工与生产的组织形式,认为跨国公司正是企业国际分工的组织形式。

与其他理论相比,内部化理论属于一般理论,能解释大部分对外直接投资的动因。而其他国际直接投资理论仅从产品或生产要素等某个侧面来分析跨国公司对外直接投资的原因,因此内部化理论不同程度地包含了其他理论,因而有助于对跨国公司的成因及其对外投资行为的深入理解。

第二节　劳动力国际流动及其经济效应

一、劳动力国际流动

劳动力的国际流动是十分复杂的问题。美国著名经济学家巴格瓦蒂(J. N. Bhagwati)认为,在商品、资本和劳动这三者的国际流动中,劳动力的国际流动最为困难,尤其是大规模的劳动力流动。在现代条件下,大规模的劳动力流动(如移民)很难像资本流动一样容易进行。在影响劳动力流动的因素中,政府政策对其起着愈发重要的调节作用。劳动力的流动会对劳动力市场产生影响,从而影响一国经济的发展。

(一) 劳动力国际流动的原因

真正意义上的劳动力国际流动是指因经济原因产生的劳动力跨国流动。其原因主要有:

(1) 国民收入的国际差异。即相同质量的劳动力在不同国家中的收入是不同的,劳动力总是从低劳动报酬的地方流向高劳动报酬的地方,短期流动的劳动力看重的是货币工资收入,长期移居的劳动力则更看重实际报酬的差异。

(2) 各国劳动力供求的不平衡造成劳动力的国际流动。这种流动大都从工业化程度较低的国家流向工业化程度较高的国家。

(3) 由经济周期引起的劳动力跨国流动。例如当一个国家陷入经济危机时,该国将首先解雇国外的劳工,这将造成劳动力的回流,形成劳动力的跨国流动。

(4) 伴随国际贸易和国际投资及其他国际经济活动产生的劳动力国际流动。这是因为跨国的经济活动总要有本国的雇员随着资本、商品流动,以使资本和商品的跨国流动产生更好的效益。各国鼓励劳动力的流动,但往往也限制高素质劳动力过度地跨国流动,同时只有具备流动的必要和充分条件(如技能、人身自由等),劳动力才可能形成现实的流动。

(二)劳动力国际流动的形式

流动形式包括：

(1)永久移民式的劳动力国际流动，包括大量居住在国外的他国的持有永久居民身份的劳务工作者；

(2)中短期国际劳务出口(工程、服务等工作人员)；

(3)留学人员、技术性劳务合作(人才流动)、在外资机构的工作人员(未跨国界的流动)等为外国工作的本国劳动力。

二、劳动力国际流动的经济分析

(一)劳动力国际流动的图形分析

如图10.2所示，设有A、B两国，两国的劳动供给总量为OO'，纵轴代表劳动的边际产品价值，也就是劳动的实际工资，劳动边际产品价值等于劳动的边际生产力乘以产品价格。

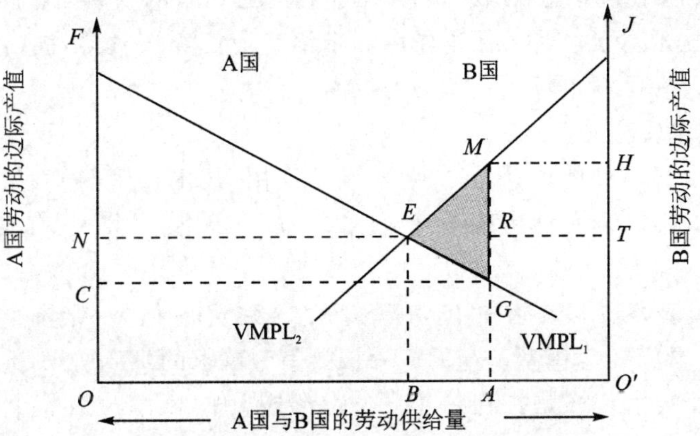

图10.2　劳动力国际流动的产出和福利效应分析

当劳动供给为OA时，A国的真实工资为OC，总产出为$OFGA$，其中劳动收入为$OCGA$，CFG为其他要素的收入。在劳动供给为$O'A$时，B国的真实工资为$O'H$，总产出为$O'JMA$，其中$O'HMA$为B国劳动收入，HJM为其他要素收入。因为A国真实工资高于B国，因此劳动力从A国流向B国使两国的工资率在BE处相等，劳动力的国际流动量为BA。这使A国的总产出减少到$OFEB$，B国的总产出增加到$O'JEB$，世界总产出净增额为EGM(图中的阴影部分，其中ERG由A国获得，ERM由B国获得。

(二)劳动力国际流动的政策含义

劳动力国际流动对流入国来说是吸引人才，同时可以节约大量的劳动力教育、培训、保健等费用。如今，引进高科技人才是真正地引进创新，引进一种全新的生产力。

因此人才的争夺实际上已经成为21世纪各国保持国际竞争力的根本方法，也是建立相对于其他国家的经济领先地位的根本基础。美国在20世纪后期吸引了大量其他国家的高级人才，这是美国经济建立在新基础上的重要要素，也是美国高科技保持领先地位的重要原因之一。但对劳动力的流出国来说，高科技人才的国际流动实际上是智力外流，同时包含在劳动力身上的人力资本也会随之流到国外，这对流出国经济的影响是很大的。从政策角度看，如何引进人才、留住本国的人才都是各国极为重视的问题。而如何将本国的人才派出去学习，并使其在学成后回国，已经成为政策制定者的重要任务。

三、国际技术转移及其经济效应

(一) 技术的国际转移

1. 国际技术转移的动因

技术是指用于产品生产的程序、方法，是科学理论的物质表现。技术的国际转移是指这些方法、程序等系统知识的转移，不包括含有技术的物质内容的转移。技术转移的原因在于技术对于经济的促进作用和带给企业的经济收益，同时能够使产业结构发生变化以及在国际市场中竞争力的提高。

2. 国际技术转移的形式

技术转移属于软件的流动，形式包括专利使用、技术秘密的使用、制造技术的传播、专有技术的转让等，具体有着垂直型、水平型、简单型、吸收型、有偿与无偿转移等多种情况。

(1) 垂直型技术转移是指一个国家的基础研究成果被另一个国家在应用型研究中采用，或一个国家的应用型研究的成果被另一个国家的生产所采用。

(2) 水平型技术转移是指在一个国家已经应用的技术被另一个国家的生产所采用。

(3) 混合型技术转移，即一个国家的技术转移同时存在着垂直型与水平型的情况。

(4) 简单型技术转移是指一个国家的技术转移到另一个国家，但并不理会该国是否能将该技术复制出来。

(5) 吸收型技术转移，即真正的技术转移，要求被转移国家能够复制出所转移的技术。

(二) 国际技术转移的周期理论

国际技术转移的周期理论可以用图10.3来说明。

占有新技术优势的企业，在对外经济战略上大都经历过三个阶段：新产品出口、直接投资生产该产品和技术转让。三个阶段之间互有联系，按一定规律实行周期循环。

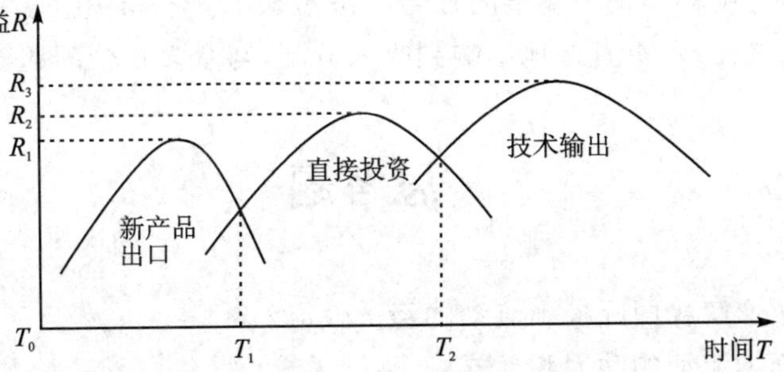

图 10.3 技术转移的周期理论

图 10.3 中具有新技术优势的企业,第一步总是以新产品出口获利,有着独占市场的性质,当出口市场开始生产该产品时(T_1),该企业可以用东道国的资源直接投资牟利;当东道国生产扩大,利润下降时(T_2),该企业可以通过输出技术维持收益。不同国家的需求与资源的关系不同,而在不同的发展阶段需求与资源的关系也不同,这样技术便产生流动。这种技术转移的周期过程对于解释当今跨国公司在东道国的行为是有一定的参考意义的。一般而言,在当今的国际经济条件下,跨国公司大都是遵循着上述的周期过程来处理出口、对外直接投资和国际技术转移问题,以牟取最大的收益,即实现收益最大化的。

(三) 国际技术转移的政策含义

技术引进可以加速经济发展,技术转移可以获利,这是为世界经济的实践所证明的。日本在第二次世界大战后经济迅速恢复、崛起,就是得益于大量从美国、欧洲引进先进技术,这样做不仅节约了大量的资金投入,而且节约了大量的时间。一般而言,在当今的国际经济中,引进技术对发展中国家具有更为重要的意义,但发展中国家在引进技术中,应强调适用技术的引进,因为适用技术会更为适合国情,适用技术不是落后技术,而是与一国的经济发展水平、要素禀赋特点、技术吸收能力相适应的技术。在实践中,引进技术的国家应把引进与消化结合起来考虑,同时应在深入研究与开发方面努力地争取技术开发的自立和能够跟上世界的先进水平,即追求技术变动的最佳动态效益。

本章小结

从改善世界范围内资源配置效率的角度来看,生产要素在国际流动和商品流动中功能相同,最终有利于实现要素价格均等化这一标准。其中流动性最强的要素是资本。资本流动的结果可以在提高资本边际产出的同时改善世界的产出水平和福利水平。在严格的理论假设下,资本流动可以起到替代商品流动的作用。

劳动力的跨国移动是个复杂的社会经济现象，与资本的流动在改变要素边际产出方面有相似之处，且更直接地影响到收入分配，与众多社会问题密切相关。

思考题

1. 试用图形解释国际资本流动的经济效应。
2. 简述资本流动的动因和形式。
3. 比较国际生产折中理论和内部化理论的异同。
4. 试用图形解释劳动力国际流动的经济效应。
5. 简述国际技术转移的动因和形式。
6. 画图说明国际技术转移周期理论的主要含义。

第十一章　区域经济一体化

区域经济一体化概念自提出以来，得到了快速发展。按照区域经济一体化由低到高的表现形式，包括优惠贸易区理论、自由贸易区理论、关税同盟理论、共同市场理论、经济同盟理论和完全的经济一体化理论。本章将介绍区域经济一体化的不同划分，展开论述关税同盟理论以及当今世界经济一体化的尝试。

第一节　区域经济一体化概述

本节将解释经济一体化的定义以及不同的分类标准，介绍中国在区域经济一体化中的实践。

一、区域经济一体化的定义

经济学家 Balassa 将区域经济一体化(Regional Economic Integration)定义为："区域经济一体化既可被定义为一个过程，又可被定义为事物的一种状态。作为一个过程，它包含着旨在消除不同国家之间的歧视；作为事物的一种状态，它表示各国之间不存在各种形式的歧视。"

从 Balassa 的定义可以看到他是从两个角度来进行定义的。一个是强调过程，认为区域经济一体化是指加入同盟的国家有区别地减少或消除贸易壁垒的一体化过程。另一个是强调结果，认为区域经济一体化是两个或两个以上的国家或行政上独立的经济体之间通过达成某种协议所建立起来的经济合作组织。

第一位诺贝尔经济学奖得主丁伯根(J. Tinbergen)将区域经济一体化将定义为："经济一体化就是将阻碍经济运行的人为因素消除，通过相互协作与统一，创造最适合的国际经济结果"。

这两个定义的相似之处在于都认定区域经济一体化是指有关国家消除相关的歧视，实现经济合作的一个过程。这两个说法在学术界都得到了普遍的认可。

二、区域经济一体化的分类和形式

区域经济一体化可以按照不同的标准进行划分。目前国际公认的分类标准有三种，分别是按贸易壁垒取消的程度划分、按经济一体化的范围划分和按参加国的经济发展水平划分。

（一）按贸易壁垒取消的程度划分

1. 优惠贸易安排(Preferential Trade Arrangements)

它是指在实行优惠贸易安排的成员国之间，通过协定或其他形式，对全部商品或部分商品规定特别关税优惠。比如英帝国的特惠制，是英国和它的殖民地之间实行互惠关税的协定。它的特点是部分减免关税，而不是全部免除关税，因此它是经济一体化最松散的形式。

2. 自由贸易区(Free Trade Area)

它是指签订自由贸易协定的国家组成的经济贸易集团，在成员国之间废除关税与数量限制，使区域内各成员国之间的商品可以自由流动，每个成员国仍然保持各自对非成员国的贸易壁垒。比如北美自由贸易区，它的特点是区域内商品可以自由流动，真正实现商品的自由贸易；成员国之间没有共同的对外关税。

3. 关税同盟(Customs Union)

它是指两个或两个以上的国家完全取消关税或其他贸易壁垒，对非同盟国家实行统一的关税税率而结成的同盟。比如东非共同体，其特点是成员国在相互取消进口关税的同时，建立共同的对外关税。

4. 共同市场(Common Market)

它是指两个或两个以上的国家完全取消关税与数量限制，建立对非成员国家的统一关税，在实现商品自由流动的同时，还要实现生产要素的自由移动。比如欧洲经济共同体，其特点是成员国之间实现了生产要素的自由流动，各成员国之间实施统一的技术标准、统一的间接税制度，并且要协调各成员国之间统一产品的税率，协调金融市场法规，以及成员国学历的相互承认。

5. 经济同盟(Economic Union)

它是指经济同盟的国家不仅要实现商品与生产要素的自由流动，建立起共同对外的关税，而且要制定和执行统一的经济政策，包括货币、财政、福利政策，以及有关贸易及生产要素流动的政策。比如经济互助委员会，它的特点是成员国让渡了建立共同市场所需要的权利，同时让渡了干预内部经济的财政政策和货币政策以保持内部平衡的权利。

6. 完全经济一体化(Complete Economic Integration)

它是指区域内各国在经济、金融、财政等政策方面均完全统一，在成员国之间完全取消商品、资本、劳动力、服务等自由流动的人为障碍。这是经济一体化的最高阶段。比如欧盟，特点是各自政府使这些政策协调一致，并由对所有成员国有约束力的统一的组织实际决定这些政策，该集团相当于具备了完全的经济国家地位。

（二）按经济一体化的范围划分

部门一体化(Sectoral Integration)：指的是经济中的某一行业或部门实现了自由

贸易或一体化，如欧洲煤钢联营体。

全盘一体化（Overall Integration）：指的是实现了经济所有行业或部门的一体化，基本指自由贸易区和更高层次的区域经济一体化。

（三）按参加国的经济发展水平划分

水平一体化（Horizontal Integration）：是指成员国经济发展水平相同或相近，比如欧洲经济共同体。

垂直一体化（Vertical Integration）：是指成员国经济发展水平差距大，既有发达国家也有发展中国家，比如北美自由贸易协定、APEC。

在区域经济一体化实践中，由于自由贸易区的经济效应比较明显，机制灵活，国内阻力相对小，易于实施，因此是一种比较受欢迎的区域经济一体化形式，各国都在积极推动对外自由贸易区建设，开展区域经济一体化的竞争。最典型的例子就是由英国、挪威、丹麦等国家于1960年组成的欧洲自由贸易联盟，以及美国、加拿大、墨西哥于1993年协商签订的北美自由贸易协定。

三、中国区域经济一体化的实践

截至2021年9月中国已经签订协议的自贸区有：《区域全面经济伙伴关系协定》（RCEP，*Regional Comprehensive Economic Partnership*）、中国-柬埔寨自由贸易区、中国-毛里求斯自由贸易区、中国-马尔代夫自由贸易区、中国-格鲁吉亚自由贸易区、中国-澳大利亚自由贸易区、中国-韩国自由贸易区、中国-瑞士自由贸易区、中国-冰岛自由贸易区、中国-哥斯达黎加自由贸易区、中国-秘鲁自由贸易区、中国-新西兰（含升级）自由贸易区、中国-新加坡自由贸易区、中国-新加坡自贸协定升级、中国-智利自由贸易区、中国-智利自贸协定升级、中国-巴基斯坦自由贸易区、中国-巴基斯坦自贸协定第二阶段、中国-东盟自由贸易区、中国-东盟（“10＋1”）自贸协定升级共二十个自贸区协定。

正在谈判的自贸区有：中国-海合会自由贸易区、中日韩自由贸易区、中国-斯里兰卡自由贸易区、中国-以色列自由贸易区、中国-挪威自由贸易区、中国-摩尔多瓦自由贸易区、中国-巴拿马自由贸易区、中国-韩国自贸协定第二阶段谈判、中国-巴勒斯坦自由贸易区、中国-秘鲁自贸协定升级谈判共十个正在谈判的自贸区。

正在研究的自贸区有：中国-哥伦比亚自由贸易区、中国-斐济自由贸易区、中国-尼泊尔自由贸易区、中国-巴新自由贸易区、中国-加拿大自由贸易区、中国-孟加拉国自由贸易区、中国-蒙古国自由贸易区、中国-瑞士自贸协定升级联合研究共八个正在研究的自贸区。

第二节 关税同盟的经济效应

一、关税同盟的静态效应

关税同盟的静态效应，是指在经济资源总量不变、技术条件没有改进的情况下，关税同盟对集团内外国家经济发展及物质福利的影响。静态效应主要包括贸易创造效应和贸易转移效应。

(一) 贸易创造效应(Trade Creation Effect)

贸易创造效应是指在关税同盟建立后，成员国之间取消关税，其国内生产成本高的商品被其他成员国生产成本低的商品所取代，来自成员国的低价进口商品替代了昂贵的国内商品，成员国之间的贸易被创造出来。

如图 11.1 所示，假设这是国家 2 的国内供求曲线，现在国家 2 和国家 1 组建关税同盟，取消关税，产品价格下降到 1 美元，贸易创造效应就等于三角形 CJM 和三角形 HNB 的面积，前者表示因关税同盟内成本低的生产替代了国内成本高的生产而带来的资源配置效率的改善；后者表示同盟内废除关税后因产品进口价格下降，国内消费增加而带来的消费者福利的增加。

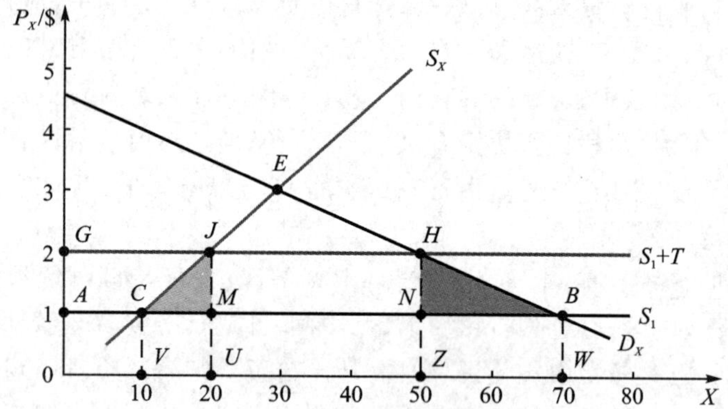

图 11.1 贸易创造效应

贸易创造效应是一种正向效果，因为贸易创造效应可以在消费、生产两方面都带来收益，提高生产效率，优化资源配置：

(1) 从消费者来看，节省开支，提高福利，增加可支配收入；

(2) 从生产者来看，提高生产效率，降低生产成本，从而提高利润率，增加收入；

(3) 从一国来看，以扩大的贸易取代了本国的低效率生产，发挥了国家的比较优势，使得贸易双方都得益；

（4）从同盟整体来看，同盟内部的生产资源可以重新配置，改善了资源的利用，使得资源运用更合理，创造更大的价值。

（二）贸易转移效应（Trade Diversion Effect）

1. 贸易转移理论的含义

贸易转移是指关税同盟成员国改变其贸易方向，将原先从低成本的非成员国进口转向关税同盟内高成本的成员国。

为了分析贸易转移带来的影响，我们可以分析国家 2。如图 11.1 中曲线是国家 2 的供求曲线，国家 2 与国家 3 组成关税同盟，从国家 3 进口价格为 1.5 美元（无税）的产品，从国家 1（非关税同盟）进口为 2 美元（含税），所以组建同盟后国家 1 会从国家 3 进口。

2. 贸易转移效应为负向效果

（1）从消费者来看，增加开支，降低福利。

（2）从全世界角度看，生产资源的重新配置导致了生产效率的降低和生产成本的提高。

（三）关税同盟的最终静态效应

关税同盟的最终静态效应取决于贸易创造效应带来的收益与贸易转移效应所减少的收益之间的大小关系，如果贸易创造效应大于贸易转移效应，则关税同盟的静态效应为正；如果贸易转移效应大于贸易创造效应，则关税同盟的静态效应为负。例如，由图 11.2 可知，贸易创造效应为 3.75，贸易转移效应为－15，因此该关税同盟静态效应为－11.25。

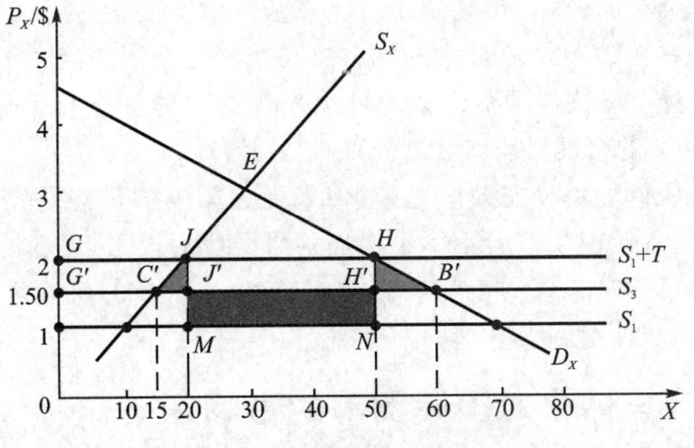

图 11.2　关税同盟的静态效应

（四）影响关税同盟静态效应的因素

关税同盟的实践证明，它既可以增加一国的经济福利，也可以降低一国的经济福利，而贸易创造效应和贸易转移效应的大小会受到不同因素的影响，主要受到以下因素的影响：

(1) 关税同盟建立前关税水平越高,则建立关税同盟后的贸易创造效应越大;

(2) 关税同盟包括的国家越多,贸易创造效应越大,贸易转移效应越小;

(3) 共同关税税率越低,贸易转移效应越小;

(4) 关税同盟成员国的供给与需求弹性越大,贸易创造效应越大;

(5) 关税同盟成员国与非成员国之间与贸易转移有关的产品的成本差异越小,贸易转移效应越小;

(6) 关税同盟成员国之间与贸易创造有关的产品的成本差异越大,贸易创造效应越大。

二、关税同盟的动态效应

除了之前讨论的关税同盟的静态效应之外,关税同盟还有很多的动态收应(Dynamic Benefits)值得关注,包括:

(1) 竞争效应。

关税同盟成立后,成员国企业面临更激烈的竞争,一些垄断企业无法继续依靠垄断生存。企业面对竞争必须提升竞争力,努力提高劳动生产率,增加 R&D 投入,改善管理,降低生产成本,提高经济效率。

(2) 吸收 FDI(外国直接投资,Foreign Direct Investment)效应。

关税同盟建立后,非成员国受到排斥,为抵消不利影响,开始在关税同盟内进行投资以规避贸易壁垒,因此同盟国家可以吸收大量的 FDI。

(3) 规模经济效应。

同盟市场范围的扩大使企业生产规模扩大,在规模经济效应作用下,生产成本下降,竞争力提高。这对于国内市场狭小或比较依赖对外贸易的国家尤为显著。

此外还包括锁定改革效应、信誉效应、提高谈判能力等政治经济效应。经济学家 Polachek(1992)对贸易伙伴国贸易量与冲突发生的可能性进行了因果检验,发现贸易量增加 6%,冲突的可能性就减少 1%左右。

而在这些关税同盟的动态效应之中,带来最大影响的可能是竞争效应所造成的行业竞争的增加,各国的生产者不得不增加科研经费的投入,促进科技创新来应对竞争更加激烈的市场。从一国的角度来看,生产者投入更多的研发经费有利于提升一国整体科技创新,从而增强综合国力。

三、区域经济一体化对国际贸易的影响

(一) 区域经济一体化对成员国内部经济贸易的影响

区域经济一体化促进了集团内经济贸易的增长,改变了国际贸易的地区分布,促进内部国际分工的深化和技术合作,加速产业结构的优化组合,增强和提高了在国际贸易中的地位和谈判力量。例如欧盟的创立使得欧盟内部成员国的贸易比不实行一体化时增加了一倍,在贸易扩张中大多数的贸易量是成员国各产业内的贸易。

(二) 区域经济一体化对外部非成员国经济贸易的影响

区域经济一体化容易形成对区外国家的歧视，改变国际直接投资的地区流向；区域经济一体化不利于多边贸易体系的改进和完善，导致国际贸易碎片化，从而影响全球贸易环境；也可能导致各区域之间的贸易壁垒增高，降低对外贸易的积极性。

第三节　区域经济一体化实践

本节将介绍当今世界上最重要的几个区域经济一体化组织，包括：欧盟、北美自由贸易区、亚太经济合作组织、东盟、RCEP 等。

一、欧　盟

(一) 欧盟的发展历史和成员国

1951 年 5 月：欧洲煤钢共同体（ECSC，European Coaland Steel Community）成立。

1957 年 3 月 25 日：签订《欧洲经济共同体条约》和《欧洲原子能共同体条约》，统称《罗马条约》。

1958 年 1 月 1 日：欧洲经济共同体正式成立，是欧洲煤钢共同体、欧洲经济共同体、欧洲原子能共同体的总称。

1993 年 11 月 1 日：《马斯特里赫特条约》正式生效，欧洲经济共同体改称欧洲联盟(EU)，简称欧盟。这一条约是欧洲联盟成立的基础。

1995 年 12 月：欧洲经济货币联盟第三阶段将于 1999 年 1 月 1 日启动。货币的名称为“欧元”(EURO)。

1999 年 1 月：欧元诞生。

2002 年 1 月 1 日：欧元开始流通。

截至 2020 年 2 月，欧盟有成员国 27 个：法国、德国、意大利、荷兰、比利时、卢森堡、丹麦、爱尔兰、希腊、葡萄牙、西班牙、奥地利、瑞典、芬兰、马耳他、塞浦路斯、波兰、匈牙利、捷克、斯洛伐克、斯洛文尼亚、爱沙尼亚、拉脱维亚、立陶宛、罗马尼亚、保加利亚、克罗地亚。2020 年 2 月 2 日，英国正式脱离欧盟。欧盟是世界上成员数量最多、一体化程度最高的区域经济一体化组织。

(二) 欧盟的主要机构

欧洲理事会：欧盟最高决策机构。由欧盟成员国国家元首或政府首脑及欧洲理事会主席、欧盟委员会主席组成。每隔 5 年，新的欧盟委员会主席由欧洲理事会任命。

欧盟理事会：又称欧盟部长理事会，是一个由来自欧盟成员国各国政府部长所组成的理事会，每一个国家在理事会中都有一名代表（“理事”），欧盟部长理事会的主要任务是协调欧洲共同体各个国家间事务，制定欧盟法律和法规。

欧盟委员会：简称欧委会，是欧洲联盟的常设执行机构。欧盟委员会主席由欧盟理事会和成员国政府首脑一起决定，并需要得到欧洲议会的赞成。

欧洲议会：是欧盟的监督、咨询和立法机构。它是欧盟三大机构（欧洲理事会、欧盟委员会、欧洲议会）之一，为欧盟的立法、监督和咨询机构，总部设在法国城市斯特拉斯堡。

欧洲法院：是欧盟的仲裁机构。根据欧盟法律为欧洲联盟的最高法院，掌理一般案件的法律审上诉，以及特殊案件的一审。作为欧盟法院的一部分，其负有解释欧盟法律和确保其在各欧盟会员国间能被平等适用的任务。

欧洲中央银行：总部设在德国金融中心法兰克福，是根据 1992 年《马斯特里赫特条约》规定而设立的欧元区中央银行，是共同货币政策的制定者、实施者、监督者。欧央行是欧洲经济一体化的产物，是世界上第一个管理超国家货币的中央银行，也是为了适应欧元发行和流动而设立的金融机构。

（三）欧盟的特点

欧盟自由贸易区起点很高、目标远大。在自由贸易区内，成员国之间的商品实现了自由流通，完全免除关税，但是每一成员国对非成员国保留着各自不同的贸易政策。

欧盟合作范围广、水平高。欧洲产业分工广泛，既包括能源、气候变化、支持环境保护与可持续发展，也包括知识经济领域，如教育、培训、研发、创新、信息和通信技术的融资项目等一系列先进领域。

欧盟的制度性程度很高。欧盟有着多个专业机构来维持着整个欧盟的运转，例如欧洲理事会、欧盟理事会、欧盟委员会、欧洲议会、欧洲法院等一系列机构来维持欧洲的政治、经济发展。

欧盟具有较强的封闭性。欧盟实现了商品在欧洲内部的自由流通，所有成员国对非成员国保留着各自不同的贸易政策。

欧盟的成立带来了贸易增加从而促进了经济增长。相关数据显示，1958—1969 年间，欧盟内部贸易额平均每年以 16.5%的速度增长，1958 年成员国相互进口占总进口的 33.8%，而到了 1970 年，相互进口额已占总进口额的 49.2%。在欧盟内部贸易增长的同时，对欧盟外部的贸易数量依旧在增加，欧盟 1958 年向外部出口 217.27 亿欧洲货币单位的产品，到了 1970 年这个数字上升到 546.05 亿欧洲货币单位。由此大幅度推动欧盟内部各国的经济增长，1958—1970 年间，欧盟国民生产总值增长 70%，欧盟各国都从中获得好处。

二、美墨加自由贸易协定

(一) 美墨加自由贸易协定的历史

北美自由贸易区于1994年1月1日建立，它把美、墨、加三国经济更紧密地联系在一起，是世界上第一个重要的既有发达国家也有发展中国家的南北型自由贸易协定。北美自由贸易协定的宗旨是：通过区域内国家间的合作，消除关税与非关税壁垒以促进贸易流动；促进投资增长；增加就业机会；有效保护知识产权；有序解决贸易争端。

2001年"9·11"事件之后，特别是2008年世界金融危机以来，三国之间的利益冲突愈演愈烈，以致美国总统特朗普对北美自由贸易协定进行了修订，2020年1月29日，美国总统特朗普签署修订后的"美国-墨西哥-加拿大协定"，简称美墨加协定。

(二) 美墨加自由贸易协定的特点

北美自由贸易区成员国经济上的互补性较强，经济效益明显；由美国这个世界经济大国主导，具有弱机制性特点，是迈向美洲自由贸易区的基础。

根据历史数据可以看出，北美自由贸易协定的签订促进了成员国之间的贸易增长。美墨贸易额从1993年的896亿美元，到1998年就倍增到1 737亿美元，2015年双边贸易达到5 000亿美元，20年的时间贸易量增加了4 000多亿美元。墨西哥与加拿大之间的双边贸易增长速度在协议签订的前三年高达15%。总而言之，北美自由贸易协定的签订有效地促进了协议国之间贸易的增长，进而带来了经济的增长。

三、亚太经合组织

(一) 亚太经合组织的成员国和发展历史

亚太经合组织(APEC, Asia-Pacific Economic Cooperation)已拥有21个成员国，包括：中国、日本、韩国、中国台北、中国香港、泰国、越南、文莱、印度尼西亚、马来西亚、新加坡、菲律宾、澳大利亚、新西兰、巴布亚新几内亚、美国、加拿大、墨西哥、俄罗斯、智利、秘鲁。从规模上看，它是全球最大的区域性经济一体化组织。

1991年，APEC韩国部长级会议通过，被称为"APEC临时章"。

1994年，APEC在印度尼西亚举行的领导人非正式会议确定"茂物目标"，规定发达成员不迟于2010年、发展中成员不迟于2020年实现贸易和投资自由化。

1995年，在日本举行的APEC领导人非正式会议发布《大阪行动议程》，指明了实现"茂物目标"的一般原则和具体行动。

1996年，APEC在菲律宾举行领导人非正式会议，提出了实现"茂物目标"的具体行动计划《马尼拉行动计划》。

1998年4月，APEC成立了高官经济技术合作分委会。

1999年，APEC通过经济技术合作加权矩阵(ECOTECH Weightings Matrix)帮

助各论坛和预算管理委员会评估经济技术合作项目的重要性。

2000年，APEC建立了经济技术合作信息交流中心（ECOTECH Clearing House），以增强经济技术合作方面的信息交流。

2001年，APEC通过了《经济技术合作行动计划》（ECOTECH Action Plans，EAPs）。

（二）亚太经合组织的特点和取得的成就

1. 主要特点

（1）亚太经合组织是当前经济规模最大的多边区域经济集团化组织。

（2）承认多样化，强调灵活性、渐进性、开放性。

（3）遵循互相尊重、平等互利、协商一致、自主自愿的原则。

（4）单边行动和集体行动相结合，在集体制定的共同目标指引下，亚太经合组织成员可根据各自不同的经济发展水平和承受能力单边行动，使他们不同的权益和要求得到很好的平衡。

2. 取得的成就

亚太经济合作组织自成立以来，经过各成员国的共同努力，APEC取得较大进展，特别是最近几年更是发展迅速，且较为顺利。它在促进成员方贸易投资自由化和经济合作方面，尤其是实施单边行动计划（IAP，Individual Action Plan）方面取得了较大成绩，使得各成员方在区域内的贸易依存度日益增大。

根据APEC官方统计发布的数据，APEC成员的简单平均关税税率由2004年的8%降至2009年的6.6%；各成员最惠国平均关税税率从2010年的5.8%降至2017年的5.3%。可以看出APEC的总体投资环境自签署以来并未得到大幅改善，其原因有以下几点：

（1）在迄今为止的世界区域经济一体化组织中，APEC可谓是成员众多，但其成员庞杂，经济发展水平却存在极大差异。

（2）APEC无固定的组织机构，自身的运行主要靠会议和协商，沿用世贸组织规则，缺乏制度基础；APEC强调非约束性，任何贸易投资自由化和经济技术合作计划的提出都出于各个成员国的自愿，这些计划的实施也依靠各个成员国的自愿行动。

（3）APEC具有“大组织中有小组织”的复合型结构。一般而言，区域经济一体化组织都是单一的组织结构，但由于文化、宗教、民族等的多样性，价值观或意识形态不同，政治制度的差别，APEC下面还存在由若干成员组成的“小集团”，即次区域经济一体化组织。主要有：东盟自由贸易区、北美自由贸易区和澳新自由贸易区等，以及正在实现中的“10＋1”（中国-东盟自由贸易区）、“10＋3”（中日韩与东盟自由贸易区）。

四、东南亚国家联盟

(一) 东南亚国家联盟的发展历史和成员国

1967 年 8 月,印度尼西亚、马来西亚、菲律宾、新加坡和泰国的外交部长在曼谷举行会议,正式宣布成立东南亚国家联盟(ASEAN,Association of Southeast Asian Nations),从而取代原先的东南亚联盟,并由以前的军事结盟转向经济合作。这样,东南亚国家联盟就转变成为一个次区域性的经济合作组织。

在这之后,文莱(1984 年)、越南(1995 年)、老挝和缅甸(1997 年)、柬埔寨(1999 年)先后加入东盟。目前,东盟成员国包括:菲律宾、马来西亚、泰国、新加坡、文莱、印度尼西亚、越南、缅甸、老挝和柬埔寨等 10 国。

2003 年 10 月,在印度尼西亚的巴厘岛举行的东盟和中、日、韩领导人会议上,东盟发表了具有历史意义的《巴厘宣言》,宣言声明:10 个成员国决心在 2020 年建立东盟经济共同体(实际提前在 2015 年底建成了东盟共同体)。东盟共同体包括了政治安全共同体(APSC)、经济共同体(AEC)和社会文化共同体(ASCC),其中经济共同体是东盟共同体的基石,目标是将东盟经济共同体打造为商品、服务、投资、资本和技能工人自由流动的经济区。

(二) 东南亚国家联盟的特点

东盟是一体化程度较高的区域经济合作组织,也具有较好的机制性和约束性,但其主要缺点有:

(1) 区域内市场狭小,过度依赖外部市场;

(2) 东盟缺乏强有力的统一领导;

(3) 东盟成员国发展水平差异较大。

1985 年,印度尼西亚的平均关税水平约为 18%,菲律宾为 21%,马来西亚为 10%左右,泰国为 30%。到 2010 年底,这一数字已大幅下降,印度尼西亚为 4.8%、马来西亚为 6%、菲律宾为 5%、泰国为 11.2%。东盟 5 国的平均关税大幅下降,关税的大幅下降和有利的经济环境共同作用促进了该时期东盟五国经济增长率的提高。

五、区域全面经济伙伴关系

(一) 区域全面经济伙伴关系的历史和成员国

区域全面经济伙伴关系(RCEP,Regional Comprehensive Economic Partnership)是由东盟十国发起,邀请中国、日本、韩国、澳大利亚、新西兰、印度共同参加("10+6"),通过削减关税及非关税壁垒,建立 16 国统一市场的自由贸易协定。

RCEP 缘起于 2011 年 2 月 26 日在缅甸内比都举行的第 18 次东盟经济部长会议,此次会议通过了组建 RCEP 的草案。根据草案,RCEP 的目标是在东盟原有的

5个"10+1"基础上，构建一个涵盖16国的全面、高质量、互惠的区域自贸协定，以加强相互间经济合作，拓宽和深化经济一体化，推动区域经济增长。

2011年11月17—19日，在印度尼西亚巴厘岛召开的第19次东盟领导人会议正式批准组建RCEP的草案。

2012年11月20日，在柬埔寨金边召开的第21届东盟峰会上，16国领导人共同发布《启动RCEP谈判的联合声明》，正式启动全球最大自贸区建设进程。

从2013年5月的首轮谈判至2020年11月的正式签署，RCEP历经长达8年的多次谈判，最终于2020年11月15日正式签署，标志着全球人口最多、经贸规模最大、最具发展潜力的自由贸易区的诞生。

（二）RCEP的特点

RCEP的目标是消除内部贸易壁垒、创造和完善自由的投资环境、扩大服务贸易，另外还将涉及知识产权保护、竞争政策等多个领域，自由化程度将高于目前东盟与这6个国家已经达成的自贸协议。该贸易区涵盖约35亿人口，GDP总和将达23万亿美元，占全球总量的1/3，成为世界最大的自贸区。

RCEP的成功签署对推动东亚区域经济增长意义非凡。一方面，RCEP的签署将显著拉动东亚区域经济增长和福利提升。RCEP框架下关税壁垒、非关税壁垒和投资壁垒的大幅削减，将大幅降低企业利用自贸协定的制度性成本，进一步提升自贸协定带来的贸易创造效应，进而拉动地区整体经济的增长，带动各国国民整体福利的提升。另一方面，RCEP的签署也将促进区域产业链和供应链的深度融合和发展。RCEP框架下，各成员国之间的货物、服务、投资等领域市场准入进一步放宽，原产地规则、海关程序、检验检疫、技术标准等逐步统一。这将有利于区域内经济要素自由流动，有助于跨国公司降低最终产品的生产成本，进而建立更精细、更完善的产业链分工体系。

此外，RCEP对推动我国经济高质量发展意义同样重大。一方面，RCEP的签署将显著助推我国构建面向全球的高标准自贸区网络。RCEP签署后，我国对外签署的自贸协定达到19个，在全球多边贸易体系中的地位进一步提升。另一方面，RCEP的签署也为我国加快构建双循环新发展格局提供了关键的机制性合作平台。在RCEP框架下，我国对外开放将进一步扩大、营商环境将进一步优化、国际国内两个市场资源和要素配置效率将不断提升。

六、全面与进步跨太平洋伙伴关系协定

2017年11月11日，由启动TPP谈判的11个亚太国家共同发布了一份联合声明，宣布"已经就新的协议达成了基础性的重要共识"，并决定将协定改名为"跨太平洋伙伴关系全面进展协定"(Comprehensive and Progressive Agreement for Trans-Pacific Partnership)。

2018年3月8日，参与《全面与进步跨太平洋伙伴关系协定》谈判的11国代表在智利首都圣地亚哥举行协定签字仪式。

2018年12月30日，《全面与进步跨太平洋伙伴关系协定》正式生效。

2020年11月20日，习近平主席表示，“中方将积极考虑加入全面与进步跨太平洋伙伴关系协定”。

2020年12月8日，韩国总统文在寅表示，考虑加入全面与进步跨太平洋伙伴关系协定。

2021年9月16日，中国正式提出申请加入全面与进步跨太平洋伙伴关系协定。

目前全面与进步跨太平洋伙伴关系协定的成员国有日本、加拿大、澳大利亚、智利、新西兰、新加坡、文莱、马来西亚、越南、墨西哥和秘鲁共11个国家。

本章小结

在本章主要讲述了区域经济一体化的概念，分析了关税同盟的经济效应，介绍了区域经济一体化的实践。

在讲述区域经济一体化概念的同时介绍了区域经济一体化的分类，最常见的一种分类是按照贸易壁垒取消的程度进行划分，可分为优惠贸易安排、自由贸易区、关税同盟、共同市场、经济同盟、完全经济一体化共六个部分，其中详细分析了关税同盟的经济效应。在关税同盟的静态效应中，既会产生带来正向收益的贸易创造效应，也会产生造成损失的贸易转移效应，分析关税同盟的最终静态效应时要将两部分效应同时考虑。最后介绍了一些区域经济一体化的实践，从欧盟的成立到如今RCEP的成功签署，这些都是区域经济一体化理论的实践案例。

思考题

1. 试比较各种经济一体化形式之间的差异。
2. 既然区域一体化在消除贸易壁垒方面与贸易自由化是一致的，但为什么不一定能增进世界福利？
3. 新成员不断加入关税同盟对关税同盟的贸易转移效应有什么影响？
4. 组成关税同盟后，规模经济利益的实现对同盟内企业在同盟外市场上的竞争力有什么影响？
5. 假设美国目前以每双＄20的价格从韩国进口1 000双旅游鞋。征收50%的关税后，韩国鞋在美国市场上的价格上升到＄30。假设墨西哥旅游鞋的国内均衡市场价格是＄20。北美贸易协定签订之后，美国以每双＄25的价格从墨西哥进口1 200双旅游鞋而不再从韩国进口。请用图和数字说明美、墨两国的福利变动。

第十二章　世界贸易组织与多边贸易体系

世界贸易组织成立于1995年1月1日，是一个独立于联合国的永久性国际组织。本章将从世界贸易组织的历史入手，介绍世界贸易组织的主要职能和基本准则，阐述其运行机制，讨论中国与世界贸易组织之间的相互影响，并且就目前世界贸易组织内存在的问题进行论述，展开讨论不同国家所提出的世界贸易组织的改革方案。

第一节　世界贸易组织概述

世界贸易组织（WTO，World Trade Organization）成立于1995年1月1日，是一个独立于联合国的永久性国际组织，现有164个成员国，总部位于瑞士日内瓦。它的前身是关税与贸易总协定（GATT，General Agreement on Tariff and Trade）。世界贸易组织与世界银行、国际货币基金组织是世界经济发展的三大支柱。

一、世界贸易组织的历史

1944年7月，在布雷顿森林会议上提出建立世界贸易组织的设想。

1946年2月，联合国经社理事会举行第一次会议，会议呼吁召开联合国贸易与就业问题会议，起草国际贸易组织宪章，进行世界性削减关税的谈判。

1947年，联合国贸易及就业会议签署的《哈瓦那宪章》同意成立世界贸易组织，后来由于美国的反对，世界贸易组织未能成立。同年，美国发起拟订了关贸总协定，作为推行贸易自由化的临时契约。

1986年，关贸总协定乌拉圭回合谈判启动。

1990年，欧共体和加拿大分别正式提出成立世界贸易组织的议案。

1994年4月15日，在摩洛哥的马拉喀什市举行的关贸总协定乌拉圭回合部长会议决定成立更具全球性的世界贸易组织，以取代关税及贸易总协定。

1995年1月1日，世界贸易组织成立。

世界贸易组织的宗旨是：提高生活水平，保证充分就业和大幅度、稳步提高实际收入和有效需求；扩大货物和服务的生产与贸易；坚持走可持续发展之路，各成员方应促进对世界资源的最优利用、保护和维护环境，并以符合不同经济发展水平下各成员需要的方式，加强采取各种相应的措施；积极努力确保发展中国家，尤其是最不发达国家在国际贸易增长中获得与其经济发展水平相适应的份额和利益。

世界贸易组织的目标是：建立一个完整的，包括货物、服务、与贸易有关的投资及知识产权等内容的，更具活力、更持久的多边贸易体系，使之可以包括关贸总协定贸易自由化的成果和乌拉圭回合多边贸易谈判的所有成果。

二、世界贸易组织的主要职能和基本准则

（一）世界贸易组织的主要职能

世界贸易组织的主要职能有以下五点：

(1) 建立和逐步完善各类多边贸易协定。世界贸易组织负责对各成员的贸易政策和法规进行监督和管理，定期评审，以保证其合法性。

(2) 监督实施各类多边贸易协定。为实现各项协定和协议的既定目标，世界贸易组织有权组织实施其管辖的各项贸易协定和协议，并积极采取各种有效措施。

(3) 帮助成员国解决国际贸易争端。当成员国之间发生争执和冲突时，世界贸易组织负责解决。

(4) 对成员国的贸易政策定期进行审议。世界贸易组织设立了贸易政策审查机构，根据成员方在世界贸易总额中所占的份额，实行定期的审查，促进各成员方的贸易政策向多边贸易体系靠拢。

(5) 作为国际贸易的信息、咨询和培训中心。世界贸易组织为其成员提供处理各项协定和协议有关事务的谈判场所，并向发展中国家提供必要的技术援助以帮助其发展。

（二）世界贸易组织的基本原则

世界贸易组织基本原则非常重要，是世界贸易组织基准总则和运营规则，是各成员国履行世界贸易组织协定义务、行使权利和制定国内法规的依据，为世界经济与贸易的推动保驾护航。世界贸易组织的基本原则主要有以下 8 个：

1. 最惠国待遇原则

最惠国待遇原则是指：一个成员现在或将来给予任何第三国的一切利益、优待、特权或豁免，也应该无条件地给予所有其他成员。

2. 国民待遇原则

国民待遇原则就是外国商品或服务与进口国国内商品或服务享有平等待遇的原则，它和最惠国待遇原则都是非歧视原则。

3. 关税减让原则

该原则是指通过谈判，实施平等互利的关税减让。经过谈判所形成的关税减让表，任何成员不得单方面修改，必须按照一定程序，在有关成员之间进行磋商并达成一致意见后，才能作出修改。

4. 取消数量限制原则

该原则是指任何成员在国际贸易中除征税或征收其他费用外，不得设立或维持

配额、进出口许可证或其他数量限制措施以限制或禁止其他成员商品的输入，或限制向其他成员输出或销售出口产品。

5. 透明度原则

世界贸易组织规定，各成员的贸易和投资法令、条例与司法判例及行政决定，都应迅速公布，以使各国政府及贸易商能熟悉。没有公布的措施不得实施，同时还应将这些贸易措施及其变化情况通知世界贸易组织。

6. 公平贸易原则

公平贸易原则主要体现在反倾销和出口补贴等方面。世界贸易组织对倾销、反倾销、补贴、反补贴都作出了界定，其中规定各成员不得搞非法补贴和倾销，特别强调成员不得利用反倾销、反补贴措施阻碍国际贸易的正常开展。

7. 例外、豁免和紧急保障原则

该原则是指成员在国际贸易中因意外或因承担义务而使某一产品输入到这一成员国的数量大为增加，对相同产品国内生产者造成重大损害或产生重大威胁时，这一成员国在防止或纠正这种损害所必需的程度和时间内，可以对上述产品全部或部分地暂停实施其所承担的义务。

8. 对发展中国家实行特殊优惠待遇的原则

该原则允许发展中国家可以比发达国家保持更高的关税税率，可以在关税减让和非关税壁垒的取消等方面有更长的过渡期，等等。同时，要求发达国家对来自发展中国家的产品给予普遍的、无歧视的、非互惠的优惠关税待遇即普惠制待遇。

三、世界贸易组织的运行机制

（一）世界贸易组织的决策机制

世界贸易组织的最高权力机构为部长级会议，由各成员国代表组成，每两年至少开会一次，对世界贸易组织的主要事务包括对多边贸易协定的制定、修改和实施行使决策权。在部长级会议闭会期间，由总理事会执行其职能，总理事会由所有成员国代表组成。世界贸易组织的日常工作机构为秘书处，由部长级会议任命一名总干事担任秘书长，再由总干事按一定规则任命秘书处的工作人员。

世界贸易组织力求以一致同意的方式作出决策。如果无法达成一致意见，即以每一成员一票的方法投票表决，根据不同决策内容，按规定如四分之三或三分之二的多数票表决通过。

（二）贸易政策审议机制

监督各成员国的贸易政策。贸易政策审议机制的目标是：通过定期的评估，对各成员国贸易政策及其对世界贸易体制的影响作出客观评价，提高贸易政策与措施的透明度，加强公众和政府对贸易政策的监督。通过政策审议，促进各成员国更严格地遵守世界贸易组织的规则和纪律，履行各自承诺的义务。

审议由“贸易政策审议机构”负责。该机构根据各成员国政府提供审议的政策声明和世界贸易组织秘书处独立准备的详细报告，按照该机构的程序进行审议，并将结果公布于众。发展中国家每 2 年一次，发达国家每 4 年一次。

(三) 贸易争端解决机制

世界贸易组织争端解决机构负责处理成员之间发生的贸易争端。争端解决机构有权成立专家组，采纳专家组意见，按解决争端的程序作出裁决。世界贸易组织的各成员承诺在发现有违反贸易规则的行为时，不采取单边行动，而是通过多边寻求解决办法，遵守规则及由贸易争端解决机构所作出的裁决。

四、中国与世界贸易组织

(一) 中国加入世界贸易组织的历程

1949 年 4—10 月，中国政府派代表参加了在法国安纳西举行的第二轮多边贸易谈判。

1982 年，中国政府派出代表团以观察员身份列席关贸总协定第 36 届缔约方全体大会。同年，中国政府确定了重返关贸总协定三原则：

(1) 以恢复方式加入而非重新加入；

(2) 以关税减让方式而不是以承担进口义务方式加入；

(3) 以发展中国家地位享受相应的待遇并承担与我国经贸水平相适应的义务。

1986 年 7 月，中国政府向关贸总协定正式提出了关于恢复关贸总协定缔约国地位的申请，申请中阐明了中国重返关贸总协定的三原则。

1995 年 6 月，中国成为世界贸易组织观察员。

2001 年 11 月，在世界贸易组织举行的部长级会议即多哈会议上，各成员一致同意接纳中国为世界贸易组织成员。

(二) 加入世界贸易组织对中国的影响

中国是一国四席，香港特别行政区以“中国香港”的名义在 1997 年成为世界贸易组织的正式成员；澳门特别行政区以“中国澳门”的名义在 1999 年成为世界贸易组织的正式成员；台湾在 2001 年 11 月举行的世界贸易组织多哈会议上，以“中国台湾、澎湖、金门、马祖独立关税区”的名义成为世界贸易组织正式成员。

加入世贸组织后，中国改革开放和经济发展进入加速期，中国的发展有力促进了世界经济的发展。2016 年，按照汇率法计算，中国国内生产总值占世界的比重达到 14.8%，较 2001 年提高 10.7 个百分点。自 2002 年以来，中国对世界经济增长的平均贡献率接近 30%，是拉动世界经济复苏和增长的重要引擎。

加入世贸组织以来，中国对外贸易持续增长，惠及 13 亿多中国人民，也惠及世界各国人民。世贸组织数据显示，2017 年，中国在全球货物贸易进口和出口总额中所占比重分别达到 10.2%和 12.8%，是 120 多个国家和地区的主要贸易伙伴。2001—

2017 年,中国货物贸易进口额年均增长 13.5%,高出全球平均水平 6.9 个百分点,已成为全球第二大进口国;中国服务贸易进口从 393 亿美元增至 4 676 亿美元,年均增长 16.7%,占全球服务贸易进口总额的比重接近 10%。

中国积极吸引外国机构和个人来华投资兴业,外商直接投资规模从 1992 年起连续 26 年居发展中国家首位。加入世贸组织后,外商直接投资规模从 2001 年的468.8 亿美元增加到 2017 年的 1 363.2 亿美元,年均增长 6.9%。外商投资企业在提升中国经济增长质量和效益的同时,也分享了中国经济的发展红利。

(三) 中国对世界贸易组织的贡献

中国全面参与各个领域的谈判,提交了 100 多份提案,在技术层面为推动谈判做出了贡献,并做出了实质性的关税削减承诺,按照目前谈判达成的结果,中国的农业和工业品的关税将削减 30%左右,中国的服务业部门也做出了一些新的开放承诺。

在贸易政策审议方面,中国分别于 2006、2008 和 2010 年接受了 WTO 的三次贸易政策审议,回答了 60 余个成员提出的近 3 700 个问题。通过审议,展示了中国坚定实行开放的经贸政策、参与多边贸易体制的负责任的大国形象。

在发展方面,中国积极响应 WTO“促贸援助”倡议,多次向促贸援助框架下的多哈发展议程全球信托基金进行捐助,帮助其他发展中成员,特别是最不发达成员从多边贸易体制中全面获益,并更好地融入世界经济。

中国一贯遵守 WTO 规则和加入 WTO 承诺,并积极通过 WTO 争端解决机制化解与成员间的贸易争端。按照事项统计,中国加入世贸组织以来,起诉案件有 7 起,被诉案件有 8 起。中方愿意与其他 WTO 成员一道,维护多边贸易体制的严肃性和权威性。

中国还积极支持 WTO 机制建设,先后向 WTO 推荐了上诉机构成员人选以及相关委员会主席人选,支持 WTO 能力建设活动,多次为促贸援助捐款,支持最不发达国家提高参与多边贸易体制的能力,还为越南、老挝、白俄罗斯等正在加入 WTO 的国家提供官员培训等。

加入 WTO 的历程再次证明,加入世贸组织决策是符合中国国情的,是高瞻远瞩的历史性决策。中国有效利用世贸组织这个多边舞台,抓住经济全球化的历史机遇,成为发展中国家积极融入全球化进程的一个典范。中国负责守信地履行承诺,积极为加强多边贸易体制做贡献,不仅为自身的经济社会发展注入了强大的活力,也赢得了世贸组织成员和国际社会的广泛肯定和赞赏。

第二节　世界贸易组织改革

一、世界贸易组织改革的背景

世界贸易组织(WTO)是1995年1月1日取代GATT成立的一个正式机构,目前已经发展成为拥有164个成员,占全球贸易总量98%的全球性国际组织。世界贸易组织以规则为基础,通过多边贸易谈判、贸易政策审议、贸易争端解决等方式,开创了全球贸易的治理模式,促进了国际经济的协调,对全球经济和贸易的发展起到了至关重要的作用,建立了全球经济治理体系中制度最完备、运作最规范、影响最广泛的国际机制。

但是最近几年,由于国际贸易环境、美国贸易保护主义以及WTO自身的体制机制危机,越来越多的世界贸易组织成员要求对其进行改革。2018年二十国集团(G20)布宜诺斯艾利斯峰会上参会国家领导人明确表示支持对世贸组织进行必要改革,帮助其更好地发挥作用。

二、世界贸易组织改革的原因和必要性

(1) 国际贸易环境发生变化。

最近20年,世界各国经济相对实力发生了变化,新兴国家的迅速崛起,金砖国家经济体量加大,使得原有的国际经贸关系和世界经济格局发生了很大的变化,引发世贸组织各成员对现行体制的公正性和合理性产生质疑。另外,国际经贸发展对全球治理规则提出了新的要求,特别是数字经济、电子商务等新技术的发展不断改变着世界经济的发展方式和传统制造业的格局,引起人们对世界贸易组织的贸易自由化宗旨和多边贸易体制的重新思考。

(2) 美国贸易保护主义做法。

美国奉行"美国优先"的原则,鼓吹单边主义和贸易保护主义,威胁退出世贸组织,利用国内法采取一系列大规模单方面制裁行为,这些都对世界贸易组织的权威性和有效性构成了挑战。另外,美国阻挠世界贸易组织上诉机构法官的遴选,使世贸组织争端解决机制陷入危机。

(3) 世界贸易组织的体制机制问题。

比如世界贸易组织的谈判机制效率低下,贸易政策审议程序时效性差,争端解决机制不一致和不连贯,缺乏有力的强制措施做后盾。

三、世界贸易组织改革的焦点

各个国家对世界贸易组织改革的焦点主要集中在以下三个方面:

（1）争端解决机制问题。

由于美国的阻挠，世贸组织上诉机构法官遴选程序无法正常进行，这是当前世贸组织迫切需要解决的问题。

（2）特殊和差别待遇问题。

美欧等西方发达国家对当前发展中成员享受的特殊和差别待遇感到不满。比如，美国认为部分国家在世界贸易组织当中自称是发展中国家，一直享受和小国、穷国同等的待遇，这是不合理的，欧盟也提出来要对世贸成员进行分类。

（3）世贸组织规则的制定问题。

主要包括协商一致规则的更新以及国有企业的改革、补贴等一些关键的议题；另外在规则更新方面，各个成员关切数字经济和电子商务等新议题的推进；还有美、欧、日等成员通过三边机制，集中表达了他们对所谓的非市场导向行为的关注，并且要求进行改革，以实现公平竞争，制定更加严格的规则来约束成员。

四、不同国家提出的改革方案

围绕世界贸易组织的改革，目前美国、欧盟、加拿大、日本和我国都提出了改革方案，各个方案的主要内容如下：

（一）美国方案

美国提出了一个几乎是“颠覆性”方案，强调“美国优先”，主张单边主义和对等贸易；要求取消非歧视原则，不承认成员国的差异性和包容性，认为各国关税应该相同；对世贸组织上诉机构的改革进行百般阻碍却不提出建设性方案。对中国等发展中国家的合法权利和做法提出异议。美国方案遭到了中国在内的很多成员国的强烈反对。

美国推行单边主义是为了满足有关利益集团的诉求。政治经济学认为，利益集团可以通过提供选票和资金来对竞选者施加影响，竞选者上台后不得不满足利益集团的相关诉求。自由主义理论也认为国家由实力集团组成，这些集团之间通过相互博弈、协商谈判得出均衡结果，并以此决定国家的政策行为。

（二）欧盟方案

欧盟的方案强调要维护以规则为基础的多边贸易体系，同时需要进行改革；要强化对“不公平贸易行为”的打击；重新制定“发展中国家”的标准和待遇方案；以“灵活的多边主义”推进诸方谈判，谈判对成员开放而且谈判成果在最惠国基础上可以适用；要求挽救争端解决机制，化解停摆危机。

（三）日本方案

日本的方案比较接近欧盟方案，认为要维护多边贸易体系的权威性和规则，倡导自由贸易，反对美国对知识产权的超高贸易保护，在劳工保护、环境保护、国企竞争等问题上有相对的灵活性和开放性。

(四) 加拿大方案

加拿大方案坚决支持以规则为基础的多边贸易制度，强调争端解决机制是WTO的中心支柱，提出必须重振WTO的谈判职能，加强对成员方贸易政策的监督以及政策透明度。

(五) 中国方案

中国在WTO改革问题上也提出了自己的原则与立场：一是不能改变世贸组织的基本原则，不能另起炉灶，推倒重来；二是应该以发展为核心，照顾发展中成员的合理诉求；三是优先解决危及世贸组织生存的问题。

中国提出了WTO改革的五点主张：世贸组织改革应维护多边贸易体制的主渠道地位；应优先处理危及世贸组织生存的关键问题；应解决贸易规则的公平问题并响应时代需要；应保证发展中成员的特殊与差别待遇；应尊重成员各自的发展模式。

中国始终是多边贸易体制的坚定支持者，始终是自由贸易原则的重视、维护者。中国将继续坚持“互利共赢”的基本原则，与其他成员一道，共同努力，反对各种形式的保护主义，不断推动多边贸易体制向更加民主、高效和更加公正、平衡的方向发展。

对比各个国家提出的改革方案，可以看出美国和其他国家的分歧很大，弥合的难度不小，需要各国共同努力早日达成共识，坚决捍卫多边贸易体制，促进全球贸易的健康发展，也帮助全球经济走出新冠疫情造成的困境。

本章小结

本章介绍了世界贸易组织的历史和成立的目标及宗旨，了解了世界贸易组织的运行机制和基本准则，论述了中国加入世界贸易组织所带来的影响。同时也了解了国际贸易环境的变化及个别国家贸易保护主义的抬头使得世界贸易组织现有的制度框架不能满足当今世界的需求，因此需要进行改革，改革的焦点集中在争端解决机制、特殊和差别待遇问题以及世贸组织规则的制定问题三个焦点之上。各国也提出了不同的改革方案，有美国所提出的“美国优先”的单边主义“颠覆性”方案，也有中国等国家提出的多边贸易体制方案。

思考题

1. 发展中国家有许多人反对经济全球化，认为全球化会扩大全球贫富差距。与此同时，发达国家也有很多人反对全球化(如在西雅图等地举行的大规模的示威游行)，他们认为全球化会降低发达国家人民的生活水平。如何分析这种现象?

2. WTO的主要原则有哪些？非歧视原则包括哪两个方面？其具体内容是什么？

3. 什么是最惠国待遇？它在中美贸易关系中为什么这么重要？

4. 简述WTO面临的主要问题和改革方向。

第十三章　国际收支与国际收支平衡表

本章主要内容包括国际收支的概念及国际收支平衡表所包含的具体内容、国际收支差额指标和国际收支失衡的原因及类型、国际收支差额的宏观经济含义等。

第一节　国际收支的概念和统计

一、国际收支的概念

国际收支是在一定时期内(通常为一年)一国的居民与世界其他国家的居民之间的全部经济交易的系统记录。国际收支反映了一国在一年中与其他国家所发生的所有跨国收入和支付。国际收支统计的目的是使政府当局了解本国的国际债权债务地位,从而为制定货币政策提供信息。

这里有一个非常重要的概念——居民。在国际收支的定义中,居民是指一个国家(地区)的经济领土内具有经济利益的单位。居民可以是自然人,也可以是政府机构和法人。

一般来说,国际收支当中居民的含义如下:

(1) 个人居民:比如说长期居住在本国的自然人;移民属于其工作所在地的居民;逗留时间超过一年的留学生、旅游者属于所在国的居民;外交使节、驻外军事人员属于所在国的非居民。

(2) 企业居民:在一国境内注册登记的企业为该国居民。在中国注册的外资企业就属于企业居民。

(3) 非营利私人团体居民:属于所在国的居民。

(4) 政府居民:各级政府都属于所属国居民。

(5) 国际性的机构:联合国、国际货币基金组织、世界银行及其他国际性的组织不属于任何国家的居民。

国际收支定义中的"经济交易"是指经济价值在不同经济活动者之间的转移,它包括实际转移和金融转移。实际转移指的是经济物品和服务在不同经济活动者之间的转移;金融转移是指金融资产的转移,包括新的金融资产创造和现存金融资产的注销。经济交易既包括双边转移,也包括单边转移。双边转移是指经济价值的转移者会从受让者那里得到相应的补偿;单边转移是指经济价值的转移者不能从受让者那里得到补偿。

二、国际收支平衡表

国际收支平衡表是用来记录一国居民在一定时期(通常为一年)内所从事的全部国际经济交易活动的统计表格。国际收支平衡表主要包括以下几项:

(一) 经常项目

经常项目是对资源在国际间的交易行为进行记录的账户,包括商品、服务、收益和经常转移四个子项目。

(1) 商品项目包括一般商品、转口贸易商品和非货币黄金。

(2) 服务项目是经常账户的第二大项目,包括加工贸易服务、维修保养服务、运输服务、旅游服务、建筑服务、保险和养老金服务、金融服务、知识产权使用费、通信及计算机和信息服务、其他商业服务、个人文化和娱乐服务、政府服务等。

(3) 收益项目包括居民和非居民之间的两大类交易,即支付给非居民工人的报酬和投资收入项的投资收益等。

(4) 经常转移项目是指为了抵消所有权转移而建立的平衡项目,比如不索取任何回报而取消的债务、个人转让等。最典型的就是跨国援助。

(二) 资本与金融项目

资本与金融项目是指对资产所有权在国际间流动行为进行记录的账户,包括资本项目和金融项目。

(1) 资本项目记录居民与非居民之间非生产性、非金融性资产的转移以及资本转移,前者包括无形资产的交易,后者包括债务的豁免。

(2) 金融项目反映了居民与非居民之间金融资产和负债的变化,具体包括直接投资、证券投资、其他投资以及储备资产四大类。

① 直接投资。直接投资是投资者对另一经济体的企业拥有永久利益。永久利益意味着直接投资者和企业之间存在着长期的关系,并且对企业经营管理施加相当大的影响,比如海外绿地投资。

② 证券投资。证券投资包括股票、债券、票据等债务凭证的交易。

③ 其他投资。指不包含在其他金融项目中的股票、货币和存款、贷款、贸易信贷、特别提款权的分配以及其他收支项目。

④ 储备资产。储备资产包括货币当局可随时动用并控制在手的资产,包括货币黄金、特别提款权、在国际货币基金组织的储备头寸、外汇资产和其他债权。

(三) 错误和遗漏账户

错误和遗漏账户是为了抵消由于不同账户的统计资料来源不一样,记录时间不同以及一些人为因素(如虚报出口)等原因造成的借贷双方不平衡,而设立的数目与上述余额相等但方向相反的抵消账户。

三、国际收支的统计记录

国际收支平衡表是以复式记账法系统记录一国居民在一定时期(通常为一年)内所从事的全部国际经济交易活动的统计表格。什么叫复式记账法？它是一个会计的记账方法,指的是每一笔国际经济交易都要分别记录在国际收支平衡表的借方和贷方。

记录借方的国际收支叫做借方项目,用"－"号来表示;记录贷方的国际收支叫做贷方项目,用"＋"号来表示。原则上,所有贷方项目和借方项目总和应该一致,也就是表中所有记录的净差额应该等于零。

在国际收支平衡表中,具体怎么来记呢？首先要记住:凡是涉及外国居民向本国居民支付的交易,比如商品和服务的出口、境外获取收益、海外资产的减少以及海外负债的增加等都属于贷方项目,记入国际收支平衡表的贷方,用"＋"表示。因为它们都会涉及外国居民向本国居民的支付,比如说如果是商品出口了,那么外国的进口商要向本国来支付,所以应该记入贷方。海外负债的增加可能是从国际金融市场上借款了,所以会引起外国向本国的支付,也要记入贷方项目。

反之,凡是涉及本国居民向外国居民的支付,包括商品和服务的进口、在国内向他国居民支付收益、海外资产的增加以及负债的减少等都属于借方项目,记入国际收支平衡表的借方,用"－"号表示。

下面举几个例子解释说明:

例 1: 一国居民向非居民出口价值 100 万美元的商品,该居民在国外存款相应增加 100 万美元,则对于出口国的国际收支平衡表应该怎么记录呢？应该在贷方记商品出口 100 万美元,在借方记本国在国外银行存款 100 万美元。可以理解为该国把商品出口赚来的钱放到国外银行存款账户上了。

	贷方(＋)	借方(－)
商品出口	100 万美元	
本国在国外银行存款		100 万美元

例 2: 一国居民到国外旅游花费 1 万美元,该笔费用从他的国外存款账户中扣除,则该国际收支平衡表记录为:服务进口的借方记 1 万美元,本国在国外银行的存款贷方记 1 万美元。可以理解为本国居民从国外银行存款账户上取出 1 万去国外旅游了。

	贷方(＋)	借方(－)
服务进口		1 万美元
本国在国外银行存款	1 万美元	

例 3: 一国向外国灾区提供价值 100 万美元的物资援助,同时动用 100 万美元的外汇储备向国外提供援助,则该国国际收支平衡表记录为:在商品出口和官方储备的

贷方各记100万美元，然后在经常转移的借方记200万美元。大家可以理解为该国出口商品100万，再从官方储备中拿出100万，共200万美元援助外国了。

	贷方(+)	借方(−)
商品出口	100万美元	
官方储备	100万美元	
经常转移		200万美元

第二节　国际投资头寸表

国际投资头寸表是一个国家对外资产和负债的存量统计表，反映了一个国家在某一个时点上对外资产与负债的价值及其构成。根据流量和存量之间的转化关系，我们说国际收支平衡表是对一个国家国际收支流量的记录；而国际投资头寸表是一个国家对外资产和负债的总的存量统计表。国际收支的变化必然会导致国际投资头寸的变化，而国际投资头寸的变化也会对将来的国际收支产生影响。

一、国际收支失衡的含义

由于采用复式记账法，国际收支平衡表上借贷双方总额应该相等。既然如此，为什么会出现所谓的国际收支失衡呢？为回答这一问题，首先应该将国际收支项目分为自发交易项目和调整交易项目。

自发交易项目也叫事前交易项目，是企业或个人出于经济利益或其他动机进行的国际交易，与国际收支调整无关，经常项目和资本项目都属于自发交易项目。

调整交易项目又叫补偿项目或事后交易项目，是指以调整国际收支为目的的交易项目，国际收支中的官方结算是主要的调整项目，当一个国家自发性交易产生的外汇需求大于外汇供给时，为平衡供求，金融当局就需动用本国的黄金、外汇等官方储备，或通过外国中央银行、国际金融机构融通资金，以弥补自发性交易带来的收支差额。

错误和遗漏也是调整项目，它可以使国际收支平衡表最终得以平衡。由此可见，国际收支的账目平衡是通过调整项目来实现的，是人为调整而实现平衡的。真正能反映国际收支状况的是自发项目，通常意义上所说的国际收支状况，实际上指的就是自发项目收支的平衡和失衡。

如果一国国际收支不必依靠调整性交易而通过自主性交易就能实现基本平衡，则该国的国际收支是平衡的；反之，如果自发交易收支出现差额，必须依靠调整交易平衡自主性交易的差额，则为国际收支失衡。

二、国际收支差额

我们可以通过不同的国际收支差额指标来了解一国不同交易项目的收支平衡状况，比如经常项目差额、基本收支差额和总差额。

(1) 经常项目差额：一定时期内一国商品、服务、收入和经常转移项目上借方总额和同期的商品、服务、收入和经常转移项目上贷方总额之差，可以有顺差、逆差和平衡三种情况。

(2) 基本收支差额：一定时期内经常项目与资本金融项目借方总额与贷方总额之差，也包括三种情况。

(3) 总差额：是指在基本差额的基础上，再加上错误遗漏项目净额所形成的差额，这个差额最终由官方储备的增减来平衡，因而也叫官方结算差额。如果顺差，则官方储备增加或官方对外国的负债减少；如果逆差，则官方储备减少或官方对外国的负债增加。

举例子来说明，如果某国某年国际收支平衡表中，贸易项目 19 535 百万美元，服务项目－14 422 百万美元，经常转移项目 2 129 百万美元，金融账户项目 41 554 百万美元，资本账户项目－1 587 百万美元，净差错与遗漏项目－15 558 百万美元。那么经常项目差额和综合差额是多少？

经常项目差额为 19 535－14 422＋2 129＝7 242(百万美元)；

资本金融差额为 41 554－1 587＝39 967(百万美元)；

总差额为 7 242＋39 967＝47 209(百万美元)。

三、国际收支失衡的原因

一国国际收支失衡的产生有不同的原因，根据这些原因，国际收支失衡可以分为五种不同的类型：

(1) 周期性失衡：一国经济周期波动所引起的国际收支失衡。当一国经济处于衰退期时，社会总需求下降，进口需求也相应下降，国际收支发生盈余。反之，国际收支便出现逆差。

(2) 结构性失衡：国内经济、产业结构不能适应世界市场的变化而发生的国际收支失衡。包括两层含义：

① 因经济和产业结构变动的滞后和困难引起的国际收支失衡；

② 一国的产业结构比较单一，随着经济发展或外来冲击的出现，就会发生国际收支失衡。

(3) 价格性失衡：一定汇率水平下一国物价普遍上涨，通胀率高而引起出口货物价格相对高昂、进口货物价格相对便宜，从而导致的国际收支失衡。

(4) 收入性失衡：一国国民收入相对快速增长而导致进口需求的增长超过出口增长所引起的国际收支失衡。

(5)临时性失衡:由短期的、非确定或偶然因素引起的国际收支失衡。

四、国际收支差额的宏观经济含义

(一) 经常项目差额的宏观经济含义

由于国与国之间进行交换的无非就是商品、服务、收益、经常转移以及金融资产,如果国际收支项目所有的贷方与借方相等,则商品、服务、收益、经常转移的顺差,也就是经常项目的顺差一定等于对外投资的金额,也就是说,一国经常项目的差额等于该国的对外投资净额,即:

$$\mathrm{CA}(\text{经常账户差额})=I_{\mathrm{f}}(\text{对外投资差额}) \tag{13.1}$$

一国储蓄可用于两个方面:国内投资 I_{d} 或对外投资 I_{f},即

$$S(\text{储蓄})=I_{\mathrm{d}}(\text{国内投资})+I_{\mathrm{f}}(\text{对外投资}) \tag{13.2}$$

$$I_{\mathrm{f}}=S-I_{\mathrm{d}} \tag{13.3}$$

$$\mathrm{CA}=S-I_{\mathrm{d}} \tag{13.4}$$

$$Y(\text{总产出,也叫收入})=C+I_{\mathrm{d}}+G+(X-M) \tag{13.5}$$

$$E(\text{国内总支出,也叫吸收})=C+I_{\mathrm{d}}+G \tag{13.6}$$

$$Y=E+(X-M) \tag{13.7}$$

$$\mathrm{CA}=X-M=Y-E \tag{13.8}$$

$$\mathrm{CA}=I_{\mathrm{f}}=S-I_{\mathrm{d}}=Y-E \tag{13.9}$$

根据以上等式,如果一国经常项目为顺差($+CA$),则意味着该国对外投资净额是正的(即该国是其他国家的净贷款供给国或投资国);该国的储蓄(S)大于国内投资(I_{d});该国的产出(收入 Y)高于其对商品和劳务的支出(吸收 E);相反,若一国经常项目存在逆差,则意味着该国是净对外借款国,国内储蓄小于投资,支出超过产出(或收入)。

(二) 国际收支总差额的宏观经济含义

如果一国的总差额为顺差,就意味着该国官方储备资产增加或者外国作为官方储备持有该国的资产减少;相反,如果一国总差额为逆差,就意味着该国官方储备资产减少或者外国作为官方储备持有该国的资产增加。官方储备是一国基础货币或高能货币的组成部分,它的变化会对许多宏观经济变量,如货币供给量、汇率、利率等产生重要影响。

在开放经济条件下,一国的货币供给(M_{s})包括两个部分:国内创造部分(D)和来自国外部分(R)。来自国外部分是指经过国际收支获得的盈余(国际储备)所创造的货币。外国货币会转化为本国国际储备,形成高能货币。由于国际收支总差额意味着官方储备的增减,所以它的变动就会对一国的货币供给量产生重要的影响。国际收支总差额实际上可以看作是与货币供求相联系的一种货币现象,它是一国货币供给的自动调节机制。

本章小结

国际收支记录了一国与世界其他各国进行商品、服务和金融资产的交易活动。国际收支平衡表是一种以复式记账法为基础的、记录一定时期内所有国际交易流量的统计表。国际头寸表则是一国对外资产与负债的存量统计表,反映一国在某一时点上对外资产与负债的价值及其构成。国际收支平衡表所记录的引起国际支付和收入的交易主要包括经常项目、资本项目和金融项目。在开放条件下,国际收支平衡表是整个宏观经济均衡的组成部分。

思考题

1. 国际收支平衡表的项目有哪些？为什么说国际收支平衡表总是平衡的？

2. 国际收支平衡表与国际投资头寸表有何联系？

3. 何为国际收支不平衡？国际收支失衡的原因有哪些？

4. 试述经常项目差额的宏观经济含义。

5. 国际收支总差额的变动对一国宏观经济有何影响？

6. 某国 2007 年对外经济活动的资料如下：

(1) A 国从该国进口 180 万美元的纺织品。该国将此笔货款存入美联储银行；

(2) 该国从 B 国购入价值 3 600 万美元的机器设备,由该国驻 B 国的银行机构以美元支票付款；

(3) 该国向 C 国提供 8 万美元的工业品援助；

(4) 该国动用外汇储备 60 万美元,分别从 A 国和 D 国进口小麦；

(5) E 国保险公司承保(2)、(4)项商品,该国支付保险费 2.5 万美元；

(6) 该国租用 F 国的船只运送(2)、(4)两项商品,运费 12 万美元,付款方式同(2)；

(7) 外国游客在该国旅游,收入为 15 万美元；

(8) 该国在海外的侨胞汇回本国 25 万美元；

(9) 该国对外承包建筑工程 30 万美元,分别存入所在国银行；

(10) 外国在该国直接投资 1 500 万美元；

(11) 该国向 G 国出口 25 万美元商品,以清偿对 G 国银行的贷款；

(12) 该国在国外发行价值 100 万美元的 10 年期债券,该笔款项存入国外银行；

(13) 该国向国际货币基金组织借入短期资金 30 万美元,以增加外汇储备；

(14) 据年底核查,该国外汇储备实际增加了 75 万美元。

请对以上活动资料用复式记账法进行记录,编制国际收支平衡表并分析其国际收支情况。

7. 请画图并说明当一国经常账户出现大量顺差或者出现大量的资本外流时,中央银行应该如何干预外汇市场以实现汇率的稳定。

第十四章 外汇、外汇市场与汇率制度

本章主要介绍外汇市场的基本知识，包括外汇和汇率的基本概念、外汇市场的概况、外汇市场上的即期和远期外汇交易以及汇率制度和外汇管理的内容。

第一节 外汇与汇率的概述

一、外 汇

外汇有动态外汇和静态外汇两种形式，在静态外汇中又有广义和狭义的区别。

（一）广义的静态外汇

广义的静态外汇指的是以外币表示的资产，它包括外币现钞、外币支付凭证、外币有价证券（比如美元股票）、特别提款权和其他外汇资产。

（二）狭义的静态外汇

狭义的静态外汇是指以外币表示的可用于国际结算的支付工具。按照这个概念，只有存放在国外银行的外币资金以及外币票据才构成外汇，因此狭义的静态外汇主要包括汇票、支票、银行存款等。

（三）动态的外汇

动态的外汇指的是一个国家的货币借助于各种国际结算工具，通过特定的金融机构，兑换成另一个国家的货币，以清偿国际债权债务关系的一个交易过程。

（四）外汇的功能

传统认为外汇储备的功能主要有：交易功能、干预汇率功能和预防功能。交易功能是指市场上外汇不足而政府又不削减进口时，动用储备以满足需求；干预汇率功能是指市场上外汇不足而货币当局又不希望贬值时，动用储备以干预汇率；预防功能本身不是一个实际的操作功能，是作为一国对外交易的保证和信心支撑，如果进入实际的操作程序，则是在执行外汇储备的交易功能或干预汇率功能。

（五）外汇储备的来源

从外汇储备来源的性质来看，可分为债权性外汇储备和债务性外汇储备。债权性外汇储备来源于经常项目顺差，债务性外汇储备来源于资本和金融项目顺差。来源于经常项目顺差的债权性外汇储备是一国外汇储备的重要来源，这部分外汇储备不仅由顺差国所持有，而且在将来也不担心偿还。顺差国对经常项目顺差所形成的外汇储备不仅拥有使用权，还拥有所有权，可以按该国的意愿来支配这笔资金，而不必为偿还做准备。而债务性外汇储备则在未来会有资本撤出或利润汇回的可能，因此不是国家稳定的外汇储备。

二、汇　率

(一) 定　义

汇率是用一个国家的货币表示的另一个国家货币的价格，或者把一国货币折算成另一国货币的比率，也叫做汇价、外汇牌价、外汇行市。汇率通常有两种不同的标价方法：直接标价法和间接标价法。直接标价法指的是以一定单位的外国货币作为标准折算为本国货币来表示它的汇率，世界上大多数国家都采用直接标价法，我国也是。间接标价法，比如说英国和美国，则是以一定单位的本币为基础，用外国货币来表示本国货币的价格，从而间接地表示出外国货币的本币价格。直接标价法下数值变大，表示本币贬值，外币升值；间接标价法下数值变大，表示本币升值，外币贬值。

(二) 汇率的分类

汇率根据不同的标准可以有不同的分类。

1. 按照银行买卖外汇进行划分

按照银行买卖外汇的角度来进行划分，汇率可以分为买入汇率、卖出汇率和中间汇率。买入汇率是银行买进外汇时使用的汇率，又叫做买入价；卖出汇率是银行卖出外汇的时候使用的汇率，又称卖出价；银行买入汇率和卖出汇率的平均值称为中间汇率，也叫中间价。

比如中国银行 2020 年 9 月 22 日美元的买入价为 672.46 元，卖出价为 680.85 元。

2. 从制定汇率方法的角度进行划分

从制定汇率方法的角度，汇率可以分为基本汇率和套算汇率。

基本汇率是指本国货币与本国关键货币之间的汇率，所谓关键货币是指本国在国际收支中使用最多，外汇储备中占比最大，同时又是可自由兑换被国际社会普遍接受的货币。

套算汇率，是本国货币与本国的非关键货币之间通过基本汇率套算出来的汇率。比如，假定 1 美元的人民币买入价为 6.826 5 元，卖出价为 6.829 8 元；同时，1 美元的瑞士法郎买入价为 1.027 6 瑞士法郎，卖出价为 1.031 8 瑞士法郎。则用交叉相除法可以算出瑞士法郎与人民币的套算汇率是 1 瑞士法郎的人民币买入价 6.826 5/1.031 8＝6.616 1 元，卖出价 6.829 8/1.027 6＝6.646 4 元。

3. 从外汇买卖的交割期限的角度进行划分

从外汇买卖的交割期限的角度，汇率可以分为即期汇率和远期汇率，即期汇率是指买卖外汇的双方在成交的当天或第二个交易日进行交割时所使用的汇率。

远期汇率，买卖双方成交后签订外汇交易合同，按约定的时间进行交割所使用的汇率，买卖远期外汇的期限一般有1、3、6、9、12个月等。

远期汇率与即期汇率之间的差额有三种情况：如果远期汇率高于即期汇率，则称远期升水；如果远期汇率低于即期汇率，则称远期贴水；如果远期汇率等于即期汇率，则称平价。

4. 从经济研究的角度进行划分

从经济研究的角度，汇率可以分成名义汇率、实际汇率、有效汇率。

名义汇率是指外币的本币价格，通常银行外汇牌价里的汇率都是名义汇率。

实际汇率是名义汇率进行物价因素调整之后的汇率，用公式来表示就是实际汇率等于名义汇率乘以两国价格指数之比。

实际汇率是对名义汇率进行物价因素调整后的汇率，公式为

$$e_{\mathrm{r}}=\frac{eP}{P^{*}} \tag{14.1}$$

式中：e_{r} 表示实际汇率，e 表示名义汇率(间接标价法)，P 为本国物价指数，P^{*} 为外国的物价指数)。

设想欧洲一个基准商品篮子值100欧元，一个美国商品篮子值100美元，名义汇率为1.2美元/欧元，实际汇率为1.2美国篮子/欧洲篮子。

有效汇率是各种双边汇率的加权平均，通常以一国的主要贸易伙伴在其对外贸易额中所占比重为权数。有效汇率可分为名义有效汇率和实际有效汇率，实际有效汇率是进行了物价水平调整后的汇率，反映了一国在世界市场上成本或价格竞争力的变动。如果实际有效汇率上升，则意味着本国的成本竞争力下降，因为在考虑了名义有效汇率的变化后本国物价上涨比贸易伙伴高，这就导致本国出口困难而进口量增加。

第二节　外汇市场与外汇交易

一、外汇市场

外汇市场是指进行外汇买卖的交易场所或网络，是外汇供给方、外汇需求方以及买卖外汇的中介机构组成的买卖外汇的交易系统。

(一) 按组织形式进行分类

外汇市场按组织形式可以划分为抽象的市场和具体的市场。抽象市场又叫无形市场，它是“三无”市场，即没有具体的交易场所，没有统一的交易时间，买卖双方也不是面对面的交易，所有交易都是通过电话、电报、电传及其他通信工具来进行的，这种

形式是外汇市场的主要组织形式，美国、英国、加拿大、瑞士等国家的外汇市场属于这种形式。

具体市场又叫有形市场，指的是外汇交易者在每个营业日规定的营业时间集中在交易场所进行交易，比如说德国、法国、荷兰、意大利等国家的外汇市场。

(二) 按经营范围进行分类

外汇市场按经营范围来分类，可以分为国内市场和国际市场。国内市场的外汇交易仅限于国内银行之间或国内银行与国内居民之间，不允许国外银行或其他机构的参与；国际市场的特点是各国银行或企业按规定均可参与外汇交易，而且交易的种类比较多、交易规模比较大，市场网络的辐射面比较广，像纽约、伦敦、东京、中国香港、新加坡等外汇市场都属于国际外汇市场。

(三) 按买卖双方性质进行分类

按外汇买卖双方性质的不同，可以把外汇市场分为外汇批发市场和外汇零售市场。外汇批发市场指的是银行同业之间的外汇交易市场，包括外汇银行与外汇银行间、中央银行与外汇银行之间的交易；外汇零售市场指的是外汇银行和客户之间的外汇交易市场。

二、外汇市场的参与者和主要功能

(一) 外汇市场的参与者

外汇市场的主要参与者包括外汇银行、外汇经纪人、中央银行、进出口商以及其他的外汇供求者。

外汇银行又叫外汇指定银行，是指经过本国中央银行批准可以经营外汇业务的商业银行，或者是其他的金融机构。

外汇经纪人是指为外汇交易双方介绍交易以获得佣金的中间商。

中央银行是外汇市场上重要的参与者，而且它可以对外汇市场进行干预，从而使本币汇率不发生剧烈波动。

进出口商和其他的外汇供求者是外汇市场上外汇的实际需求者和供给者。

(二) 外汇市场的主要功能

外汇市场的主要功能包括以下三个：

(1) 国际清算。所谓国际清算指的是国际经济交易活动中债务债权关系的清偿。比如，若债务人以其所在国货币支付，则债权人需要在外汇市场上兑换成本国的货币；若债权人只接受本国货币，那么债务人需要将其所在国货币在外汇市场上兑换成债权人所在国货币再进行支付。

(2) 套期保值。指的是当存在外汇头寸或外汇敞口的时候需要对这些外汇敞口进行风险管理，这个时候就涉及到套期保值。通过卖出或者是买入等值的远期外汇进行保值，比如收款人可以卖出远期外汇，付款人可以买入远期外汇。

(3) 投机。外汇投机是指根据对汇率变动的预期,有意保持某种外汇的多头或者空头,希望从汇率变动中赚取利润的行为。

三、世界主要外汇市场

目前世界上主要的外汇市场已经连接成一个庞大的、统一的世界外汇市场体系,这些外汇市场各具特色,联系紧密,在营业时间上又互相衔接。目前世界上主要的外汇市场有伦敦外汇市场、纽约外汇市场、东京外汇市场、香港外汇市场。

伦敦外汇市场是世界上出现最早也是目前最大的外汇市场。据伦敦国际金融服务公司统计,目前伦敦外汇市场的交易占到了全球外汇交易成交量的36%,远远高于排名第二的纽约外汇市场(所占比重为14%)。

纽约外汇市场的历史比伦敦外汇市场短,它的形成和发展是与两次世界大战中美国的政治、经济、军事实力的急剧增长联系在一起的,加上美国奉行外汇开放政策,使得纽约外汇市场成为仅次于伦敦的第二大外汇市场,它也是一个无形的市场,外汇交易通过电子化通信网络来进行。

东京外汇市场是在20世纪50年代末发展起来的,它与伦敦和纽约外汇市场地位相当,是世界上第三大外汇交易市场。

香港外汇市场是在20世纪70年代以后发展起来的国际性外汇市场,也是一个无形的市场,没有固定的交易场所和正式的组织,是一个由从事外汇交易的银行、其他金融机构以及外汇经纪人组成的由电话、电传等通信工具连接起来的网络。

案例:美元

美国是当今世界上最大的经济体,有着世界上最大、最活跃、最发达的金融市场,而且美元是世界上最为主要的储备货币,是绝大部分国际贸易的必需货币。以石油贸易为例,因为石油是以美元标价的,如果印度想要从俄罗斯进口石油,印度必须使用美元,如果印度没有美元,就必须把印度的卢比先兑换成美元,再使用这些美元向俄罗斯购买石油。美元是当今世界贸易中最大的结算货币,在全球范围内,美国仅占全球贸易总额的近18%,而使用美元结算的进出口贸易的比重却高达48%。

国际货币基金组织的《年度报告》统计数据显示,美国GDP在全球GDP中所占比例约为28%,但美元在全球外汇储备所占的比例却达到了64%,约为日元和英镑总和的8倍、欧元的3倍;美元在全球外汇交易中所占比例约为62%,美元在世界贸易结算中的货币分布比重约为66%。

四、外汇市场的交易

外汇市场交易主要包括即期交易、远期交易、掉期交易、外汇期货与外汇期权等。

(一) 即期交易

所谓即期交易是指买卖双方在成交的当天或第二个交易日以内办理交割的外汇交易。即期交易主要有以下几种情况:

(1) 银行同业拆放：银行每天卖出某种外汇的多余头寸，买进某种外汇的短缺头寸。

(2) 国际贸易结算：主要是银行和进出口商之间因为国际贸易收付而发生的即期外汇买卖。

(3) 套汇：利用不同外汇市场汇率的差异，通过买进或者卖出来赚取汇率的差价。套汇可以分成直接套汇和间接套汇。直接套汇一般就是在两个外汇市场上通过低价买进、高价卖出来赚取差价；间接套汇一般要利用三个或三个以上的外汇市场汇率的差异，在这些市场之间转移资金赚取汇率差价。在同一标价方法下，如果汇率的连乘积等于1，则说明没有套汇机会；如果汇率的连乘积不等于1，则说明存在套汇机会。

我们来看一个例子，假如在纽约外汇市场上，1 英镑等于 1.593 8 美元，在伦敦外汇市场上，1 港元等于 0.075 6 英镑，在香港外汇市场上 1 美元等于 7.831 8 港元。我们可以将三个市场上以直接标价法给出的汇率相乘，最后不等于 1 说明存在套汇的机会。比如可以通过如下操作来实现收益：套汇者可以在纽约外汇市场上卖出 1 美元，得到 0.627 4 英镑，再将英镑在伦敦市场卖出，得到 8.298 9 港元，最后将港元在香港市场上卖出，得到 1.06 美元，这样的话，实际上是可以多得 0.06 美元的收益。

(二) 远期交易

外汇市场的主要功能是使相关经济行为人能够避免因为即期汇率未来可能变化而引起的汇率风险。如果经济行为人在某一时刻所拥有的以某种外币表示的外汇债权大于外汇债务，则称为多头；如果外汇债权小于外汇债务则称空头；如果外汇债权等于外汇债务，则称零头寸。多头和空头都称为头寸的暴露，通常经济行为人会在远期外汇市场上采取不同的方式来避免汇率风险的发生，或者希望从汇率的波动当中获利。

因此，远期外汇市场上的交易如果按照交易目的不同可以分为套期保值和投机两种。套期保值指的就是这样一种交易安排，它使得经济行为人在任意一个时刻在任何外汇上都要保持零头寸。举个例子，假定一位英国的进口商一年之后要支付从美国进口的价值 15 000 美元的商品货款，假定即期汇率是 1 英镑兑换 1.6 美元，1 年期的远期汇率是 1 英镑兑换 1.5 美元。通过在远期外汇市场上购买美元远期外汇，该贸易商可以保证他只需要支付 1 万英镑。如果他现在不购买远期外汇，1 年之后的即期汇率可能就变成 1 英镑兑换 1.3 美元，这就意味着他需要支付 11 538 英镑，高于 1 万英镑，对他来说是不合算的。

远期外汇投机是由现在的远期汇率与预期未来远期外汇到期时候的即期汇率之间的差异引起的。投机者希望通过暴露头寸从汇率波动中赚得利润。当投机者预期远期外汇到期的时候的即期汇率将高于现在的远期汇率时，就会买进远期外汇，等到到期时再在即期市场上出售来赚取投机利润；相反，当他预期远期外汇到期时的即期汇率将低于现在的远期汇率的时候，他就会卖出远期外汇，等远期外汇到期的时候再在即期市场买进外汇，实现交割。

举个例子，假定一年期的远期外汇为1英镑兑换1.55美元，某投资者预期一年后英镑的汇率将变成1英镑兑换1.4美元。在这种情况下，他可以1英镑兑换1.55美元的价格，卖出1 000英镑远期外汇，一年后获得1 550美元，然后以1英镑兑换1.4美元将其兑换成英镑，可以得到1 107.14英镑，从而获利107.14英镑。

（三）掉　期

掉期交易是指交易者在外汇市场上买进一种货币的同时，卖出交割期不同的等额同一种货币的交易。掉期交易可以是即期对远期，也可以是远期对远期。即期对远期是指在买入或者卖出一笔现汇的同时卖出或者买入相同数量的一笔期汇，远期对远期则是指在买入或卖出一笔期汇的同时卖出或买入相同数量、交割期不同的一笔期汇。掉期交易的主要目的是为了避免汇率波动产生的风险，同时还可以获取一定的差价收益，比如说，英镑与美元的即期汇率是1英镑兑换2.10美元，若此时卖出100万英镑可以得到210万美元。同时，在远期外汇市场上按1英镑兑换2.06美元的汇价买进三个月的远期100万英镑，这就是一种掉期。交易中两笔交易所使用的汇率差价0.04美元被称为掉期率。掉期交易买进或卖出的是同一数量的同一种货币，因而不会改变交易者的外汇持有额，只是外汇持有的时间发生了变化。

（四）外汇期货和期权

外汇期货和期权是20世纪70年代和80年代国际金融市场上重要的金融创新。外汇期货是一种标准的远期合约，它是在有形的交易市场，通过清算所下属的清算公司或经纪人，根据成交数量、交割时间标准化的原则，按标准价格购买和出售远期外汇的交易。

外汇期权指的是交易双方按协定价格就将来是否购买某种货币或者是否出售某种货币的选择权达成的合约，规定期权的卖方给期权的买方一种可以在合约规定的条件下购买或出售某种货币的权利。期权买方在合约有效期内或者在规定的合约到期日可以按照合约规定的汇价行使自己购买或出售某种货币的权利，也可以根据市场的情况放弃这种权利，使期权合约过期或者自动作废，这种情况下期权买方的损失是预付的期权保费。

第三节　汇率制度

所谓汇率制度，是指一个国家的货币当局对本国货币汇率变动的基本方式所作出的规定。按照汇率变动幅度的大小，汇率制度可以分为固定汇率制和浮动汇率制。

一、固定汇率制

在固定汇率制度下，各国货币当局首先对本币规定一个金平价，然后根据本币与其他货币之间的金平价之比来确定本币的中心汇率，本币的市场汇率围绕中心汇率作小幅波动。

国际金本位制和布雷顿森林体系下实行的就是固定汇率制。在固定汇率制下，一国政府为维持固定汇率，通常需要干预外汇市场。本币有升值压力，就在外汇市场上用本币购买外币；本币有贬值压力，就在外汇市场上买进本币抛出外币。

如图 14.1(a)所示，在固定汇率制度下，假如一国将本币汇率(间接标价法)确定为由本币需求曲线 D_2 和供给曲线 S_1 交点所决定的 ER^*。如果对本国货币的需求增加，需求曲线会向右移动，会导致本币有升值的压力。为了避免本币升值，中央银行需要在外汇市场上抛出 Q_1Q_2 数量的本币，购买外币，从而使得本币的供给曲线由 S_1 右移到 S_2。这一干预消除了对本币的过度需求，从而使得汇率保持在固定水平，这一外汇市场干预增加了中央银行的外汇储备，同时增加了流通中的本币数量。

同样的道理，如图 14.1(b)所示，本币供给的增加会使得供给曲线由 S_3 右移到 S_4，从而导致本币有贬值的压力，为避免本币贬值，中央银行干预外汇市场，买进本币抛出外币，从而使得需求曲线由 D_3 右移至 D_4。这一干预消除了本币的过度供给，从而使得汇率维持在固定水平，结果导致中央银行的外汇储备下降，同时流通中的本币数量减少。

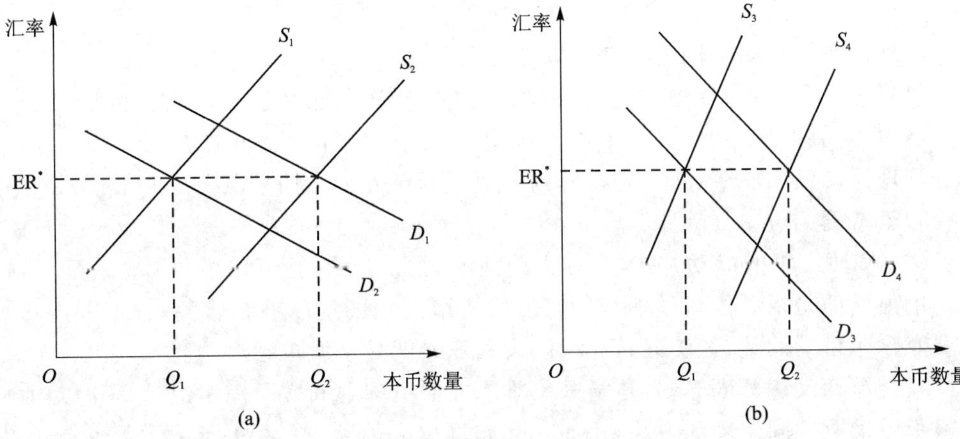

图 14.1　固定汇率制下外汇市场的干预

二、浮动汇率制

1973 年布雷顿森林体系崩溃后，世界各主要工业国家开始实行浮动汇率制。在浮动汇率制度下，一国货币当局不再规定金平价，因而不再有本币对其他货币的中心汇率。本币汇率随外汇市场的供求状况自由浮动，货币当局没有维持本币汇率在一定范围内波动的义务。

如图 14.2(a)所示，最初由本币的需求曲线 D_2 和供给曲线 S 的交点决定的汇率

水平为 ER_1，由本国出口增加所带来的本币需求增加（因为出口获得的外汇要换成本币）会使得本币需求曲线右移，本币需求的增加会使得本币升值，汇率上升。

如图 14.2(b)所示，由本国进口需求增加（因为进口要用本币兑换外汇）带来的本币供给增加会使得供给曲线由 S_1 右移到 S_2，从而使得本币贬值，汇率下降，通过这个图可以看出浮动汇率的本质是汇率随外汇市场货币供求的变化而调整。

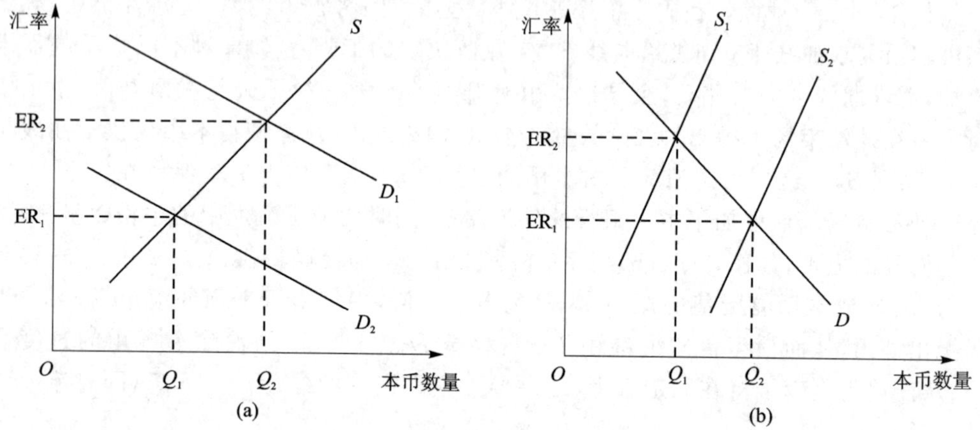

图 14.2　浮动汇率制下汇率的调整

浮动汇率制按照不同的标准可以分为以下几类：

(1) 以货币当局是否干预本币汇率为标准，可分为自由浮动和管理浮动。

自由浮动就是不加任何的干预，不采取任何干预本币汇率的措施。

管理浮动又叫肮脏浮动，是指一国货币当局对外汇市场采取一定的干预，使本币朝有利于本国的方向浮动。

(2) 按照汇率的浮动方式，可分为单独浮动、联合浮动、钉住浮动和联系汇率制。

单独浮动是指一国货币不与任何国家货币发生固定联系，其汇率根据外汇市场供求变化而自动调整，如美元、日元、澳大利亚元就是采取单独浮动。

联合浮动又称共同浮动，是指国家集团在成员国之间实行固定汇率，同时对非成员国货币采取共同浮动的方法，比如在欧元推出之前欧洲货币体系成员国实行联合浮动。

钉住浮动汇率制是指一国货币与外币保持固定比价关系，随外币的浮动而浮动。依据钉住货币种类不同分为钉住单一货币和钉住合成货币两种。钉住单一货币是一些国家由于历史上的原因，对外经济往来主要集中于某一发达国家或主要使用某种外币，这些国家使本币汇率钉住该国货币变动。钉住合成货币是指一些国家为了摆脱本币受某一种货币支配的状况，将本币与一篮子货币挂钩。一篮子货币是以贸易额为权数计算出来的货币篮子。

联系汇率制是特殊钉住汇率制，最典型的是港元联系汇率制。

案例：香港联系汇率制

香港曾推行不同类型的联系汇率制度。1863 年，香港政府宣布以当时的国际货币(银元)为香港法定货币。1866 年，香港开始发行本身的银元，一直到 1935 年为止。后来，全球发生白银危机，港府放弃银元本位制，以 16 港元兑 1 英镑的汇率，使港元与英镑挂钩。发钞银行日后若增发纸币，必须以英镑购买负债证明书。

1972 年，由于英国使英镑自由浮动，香港则改以港元与美元挂钩，直至 1974 年，由于美元弱势，港元又改为自由浮动。之后，香港经济进入动荡期，实质本地生产总值的增长率与通胀在 1975—1980 年先跌后大升，而港元汇价在两年间大幅贬值，加上投机狙击活动、香港前途的信心危机，使港元进一步贬值，由 1981 年的 5.13 港元兑 1 美元贬至 1983 年的 9.60 港元兑 1 美元。面对货币危机，以及释除外界对银行稳健性的疑虑，香港政府在 1983 年 10 月，为稳定港元汇价，以 7.80 港元兑 1 美元的固定汇率与美元挂钩。

这也就成了香港目前的货币制度的基础。时至今日，联系汇率制仍是香港金融管理局的首要货币政策目标，旨在联系汇率制度的架构内，通过稳健的外汇基金管理、货币操作及其他适当的措施，维持汇率稳定。

三、固定汇率制与浮动汇率制的优缺点

(一) 固定汇率制的优缺点

1. 固定汇率制的优点

(1) 汇率波动风险基本消除，使国际交易成本可以准确测算。

(2) 进出口商品价格稳定。

(3) 可以抑制外汇市场的投机活动。

2. 固定汇率制的缺点

(1) 一国国际收支的失衡无法通过汇率波动而予以消除。

(2) 无法自主地采取有利于本国的货币政策。

(3) 无法实现本国货币政策的自主性和有效性。

(4) 需要有比较多的外汇储备来干预外汇市场实现汇率的稳定。

(二) 浮动汇率制的优缺点

1. 浮动汇率制的优点

(1) 一国国际收支的失衡可以由汇率的自由波动而予以消除。

(2) 各国没有维护汇率稳定的义务，可根据本国的情况自主地采取有利于本国的货币政策。

(3) 可以保证各国货币政策的独立性和有效性，避免国际性通货膨胀的传播。

(4) 一国由于没有义务维持汇率的稳定，因而就不需要像在固定汇率制下那么多的外汇储备，可节约外汇资金。

（5）由于各国的国际收支能够自我调整，因而可避免巨大的国际金融恐慌，在一定程度上保证了外汇市场的稳定。

2. 浮动汇率制的缺点

（1）由于汇率的不稳定性，增加了国际贸易的风险，加大了成本计算及国际结算的困难，从而阻碍了国际贸易的正常发展。

（2）导致各国的国际清偿能力和商品价格不稳。

（3）容易助长外汇市场上的投机活动。

（4）“以邻为壑”的政策盛行，即各国均以货币贬值为手段，输出本国失业或以他国经济利益为代价扩大本国的就业和产出。

第四节　外汇管制

外汇管制是指一国政府为了防止资金外流或流入，改善本国的国际收支和稳定本国货币汇率而授权有关货币当局对外汇买卖和国际结算所采取的限制性措施。

一、外汇管制的目的

一国实行外汇管制的目的主要有以下几个方面：一是加强黄金、外汇储备；二是维持国际收支平衡，防止资本外逃；三是稳定外汇和金融市场，维持汇率的稳定，增强本国货币的信用；四是保护本国国内市场和本国经济的发展。

二、外汇管制的对象

外汇管制的对象可以分为对人的管制和对物的管制。

对人的管制指的是对自然人和法人的管制，通常涉及居民和非居民。一般来说，对居民的外汇管制比较严格，对非居民的外汇管制比较宽松。

对物的管制是指外汇及外汇等价物，有的国家还包括对黄金、白银和一些贵金属的管制。

三、外汇管制的措施

外汇管制的措施主要体现在对经常项目和国际资本流动的管制上，具体来说会涉及以下几个方面：

（1）贸易外汇管制，也就是规定企业出口得到的外汇全部或大部分必须按官方汇率结售给指定银行，以便及时集中到国家手中。

（2）非贸易外汇管制，即规定非贸易活动所得外汇一律出售给国家，而非贸易外汇所需支出则必须经外汇管理当局批准才能汇出，并加以限制。

（3）资本流动管制，一般国际收支逆差国家对资本输出管制比较严，顺差国家对资本输入管制比较严,通常采取的是数量限制或间接的价格或成本管制等措施。

(4) 汇率管制,包括多重汇率制度,即一国货币对另一国货币存在多种汇率,通过多种汇率的方法来实现鼓励或限制的目的。

知识拓展:不可能三角形

蒙代尔-弗莱明模型告诉我们资本自由流动状态下,央行主动实施的扩张性货币数量政策在固定汇率制下失效,原因是央行需要干预外汇市场,维持汇率稳定,因而会产生和原本公开市场操作相反的效应。

不可能三角形假说指开放经济体中,在资本自由流动的状态下,固定汇率制会使一国货币政策无法独立,而浮动汇率制下,一国货币政策的独立性得以保证。固定汇率制、资本完全自由流动和独立的货币政策不可兼得,一国最多只能选择上述三个目标中的两个。

四、外汇管制的成本

实行外汇管制,会产生以下成本和代价:

(1) 外汇管制干扰了外汇市场功能的有效发挥,从而带来了经济活动的扭曲和资源配置的不当,这是外汇管制付出的最主要代价。

(2) 与外汇管制相伴而生的是走私、伪造发票和黑市交易等非法交易行为,只要其收益率超过逃避管制所付出的成本和代价,这些行为就会大量滋生。

(3) 为了监督外汇管制的执行,需要有一整套的管理机构,这会带来巨大的管理成本。而对于进出口商来说,要遵守或逃避外汇管制,也要支付十分昂贵的法律和会计费用。

(4) 外汇管制还容易导致其他国家的报复,这对于世界贸易的发展和国际资源优化配置都是不利的,因而降低了世界整体的福利。

五、外汇管制的实践

目前世界各国按照外汇管制的宽松程度大致可以分成三类:

第一类,实行严格外汇管制的国家和地区。这类国家对国际收支的所有项目(经常项目、资本项目和平衡项目)都实行严格的管制,很多发展中国家均属于此类。

第二类,实行部分外汇管制的国家和地区。这类国家对非居民办理经常项目收支原则上不加管制,但是对资本项目的收支加以限制,一些比较发达的工业化国家和新兴工业化国家,比如澳大利亚、丹麦、瑞典、韩国均属于此类。

第三类,名义上取消外汇管制的国家和地区。这类国家允许本国货币自由兑换成外国货币。对非居民往来的经常项目和资本项目的收支原则上不加限制,但事实上,对非居民还在实施间接的或变相的限制措施,对居民的非贸易收支也有限制,不过限制的程度比以上两类国家大大降低,美国、德国、瑞士等国属于此类。

案例:中国的外汇管制

中国的外汇管制分为不同的阶段。

第一阶段为1949—1978年。这一时期,由于外汇高度缺乏,采取高度的外汇管制政策,集中管理外汇收支,"以收定支,以出定进",不接受外来投资。

第二阶段为1979—1993年。这一时期,为配合改革开放需要,外汇管理体制从计划经济向计划与市场双重机制发挥作用的体制转变。

第三阶段为1994—1997年。这一阶段我国外汇收支形势良好,外汇管理体制改革取得重大进展,汇率制度改革取得重大突破,实现了人民币经常项目的可兑换,但资本项目管制仍然严格。

第四阶段为1998—2000年。这一阶段由于亚洲金融危机的冲击,我国外汇收支形势出现逆转,外汇管制出现了暂时性的加强。

第五阶段为2001年至今。这一阶段,随着我国外汇收支形势的好转,国家外汇管理局有关外汇管制的思路发生巨大转变,外汇管制进一步放松,有序推进资本项目开放。

本章小结

本章主要介绍了汇率与外汇的相关知识。首先介绍了外汇分成静态外汇和动态外汇两种,在介绍了外汇的功能以及外汇储备的来源之后,介绍了汇率相关的分类以及计算方法。

在外汇市场和外汇交易方面,重点讲述了外汇市场的主要功能以及主要的外汇市场,详细分析了外汇市场的交易,包括即期交易、远期交易、掉期交易、外汇期货与外汇期权等。

在汇率制度方面,详细阐述了固定汇率制和浮动汇率制,通过模型分析固定汇率制和浮动汇率制的本质,论述了固定汇率制和浮动汇率制相对应的优缺点,并且拓展了联系汇率制的相关知识,通过案例学习了香港联系汇率制的具体表现形式。

最后介绍了外汇管制的相关知识:外汇管制的目的、对象、措施、成本和外汇管制的实践,通过中国对于外汇管制政策的变化案例更深入地理解了外汇管制的知识。

思考题

1. 汇率根据不同的划分标准可以分为哪些种类?
2. 外汇市场的主要功能有哪些?
3. 即期外汇市场上的交易包括哪些情况?
4. 远期外汇市场上的套期保值和投机交易有何区别?
5. 比较浮动汇率制度与固定汇率制度的优劣。
6. 结合实际分析外汇管制产生的根源。

第十五章　汇率决定理论

汇率决定理论(Exchange Rate Determination Theory)是国际金融理论的核心内容之一,主要分析汇率受什么因素决定和影响。汇率决定理论随经济形势和西方经济学理论的发展而发展,为一国货币当局制定汇率政策提供理论依据。

汇率决定理论主要有铸币平价理论、国际借贷学说、购买力平价学说、利率平价学说、国际收支说、资产市场分析方法等。国际收支对汇率的影响前面已经论述过,本章开始将讲述其他几个理论。

汇率决定理论博大精深,分别从货币因素、宏观基本面因素、实际市场因素、存量因素和流量因素等不同的角度对汇率的决定和变动进行了研究。这些理论都有优点,但也都有不足。一种理论只能针对汇率决定的某一方面进行深入详尽的阐述。同一种理论在不同时期的解释能力也是不同的。到目前为止,还没有一种全能的汇率决定理论,但是已有的汇率决定理论是相互补充、相互替代的,它们一起构成了多姿多彩的汇率决定理论体系。

目前学者们还在突破传统理论的分析框架,通过引入新的解释变量、分析工具和方法,将汇率理论研究的重心由宏观分析转向外汇市场结构、外汇交易行为等微观领域,微观分析已日益成为汇率理论发展的新趋势。

第一节　铸币平价理论

金本位是指以黄金作为基础的货币制度。在金铸币本位制度下,每一种货币都有它的含金量,那么两种货币之间的比价就可以用各自的含金量来折算,两种货币的含金量之比称作铸币平价,它是金铸币本位制度下决定两国货币汇率的基础。比如说在 1929 年大危机之前,英国规定,一英镑的含金量是 113.002 格令,美国规定一美元的含金量是 23.22 格令,那么一个英镑就等于 4.866 6 美元。

$$1\text{ 英镑}=\frac{1\text{ 英镑含金量}}{1\text{ 美元含金量}}=\frac{113.002}{23.22}=4.8666\text{ 美元}$$

由此可见,铸币平价是金铸币本位制度下汇率决定的基础,当时外汇市场上买卖外汇时的实际汇率围绕着铸币平价的一定界限上下波动,这个界限就是黄金输送点。比如说以 1 英镑来计算,运送黄金的各项费用大概是 0.03 美元,这个时候如果美国对英国国际收支逆差，则对英镑的需求会增加，英镑汇率上涨。当1英镑上涨到4.896 6美元以上的时候，则美国人宁愿购买黄金运送到英国来偿还债务，此时4.896 6美元就是美国对英国的黄金输出点。与此同时，外汇市场上英镑的需求会下降，英镑的价格也会下降，直到低于4.896 6美元。反之，如果1英镑的价格低于4.896 6美元，英国的债务人也会同样用输出黄金的方式偿还对美国的债务，此时4.896 6美元就是美国对英国的黄金输入点。与此同时，外汇市场上美元的需求会下降，英镑的价格就会上升，直到超过4.896 6美元。黄金输出点和黄金输入点统称为黄金输送点，铸币平价使得汇率波动的界限不超过黄金输送点，波动幅度比较小，汇率比较稳定。

在第一次世界大战爆发之后，各个国家相继实行了金块本位制和金汇兑本位制，这个时候黄金不再具有流通手段和支付手段的职能，它的输出/输入受到很大的限制，此时汇率由纸币所代表的含金量之比来决定，被称作法定平价。在法定平价下，政府通过设立外汇平准基金来维持汇率的稳定。当外汇价格上升时，便出售外汇；当外汇价格下降时，便买进外汇，以此使汇率的波动局限在允许的幅度内。

1929—1933年世界经济危机期间，金本位制度崩溃，各个国家实行了纸币流通制度。一般纸币的金平价是由政府通过法令规定的，以此作为确定汇率的基础。由于此时纸币不能自由地兑换黄金，货币的发行量也不受黄金储量的限制，各个国家往往过量发行货币，使纸币的金平价和它表示的实际黄金量背离，最终导致由法定金平价决定汇率的这一体系变得毫无意义。

第二节　购买力平价理论

购买力平价理论(The Theory of Purchasing Power Parity)是汇率决定理论中最具影响力的理论之一，该理论的提出者是瑞典经济学家古斯塔夫·卡塞尔(Gustav Cassel)。他在1922年发表了《1914年以后的货币与外汇理论》一书，在这本书中，他提出应该以国内外物价对比作为决定汇率的依据，新的均衡汇率应该以最初的均衡汇率为基础，通过两国相对通货膨胀率调整来得到。卡塞尔这一理论的提出及其系统的阐述和验证，不仅为当时实行浮动汇率制的国家恢复汇率稳定提供了理论依据，而且为新汇率理论的提出奠定了基础，如弗兰克尔(Frankel)的“弹性价格货币模型”中就假设购买力平价在短期是成立的，而多恩布什(Dornbush)提出的“粘性价格货币模型”则假设购买力平价是汇率长期均衡的条件。

购买力平价理论可以分为两种形式，即绝对购买力平价理论和相对购买力平价理论。

一、绝对购买力平价理论

绝对购买力平价(Absolute PPP)理论认为,汇率就是两国货币在各自国家里所具有的购买力之比。因为货币购买力的大小通过该国物价水平的高低来反映,因此,绝对购买力平价理论认为汇率事实上就是两个国家的相对价格水平。

$$e=\frac{P_t}{P_t^*} \tag{15.1}$$

式中:P_t 为 t 时期本国物价水平,$1/P_t$ 为本国单位货币的购买力;P_t^* 表示 t 时期外国物价水平,同样 $1/P_t^*$ 就是外国单位货币的购买力。因此,e 是购买力平价决定的汇率水平,即本国购买力和外国的购买力之比,事实上就是两国的相对物价水平。

比如说,如果购买一个基准篮子的商品在美国要花 200 美元,在欧洲要花 160 欧元,购买力平价预测美元跟欧元的汇率将会是 1 欧元等于 1.25 美元。如果美国的物价提高到原来的三倍,美国一个基准篮子的商品价格现在是 600 美元,那么欧元的美元价格也会变为 1 欧元等于 3.75 美元。

需要注意的是,在相对购买力平价理论中隐含了一个重要的假设,就是两国之间商品套购活动能够使同质同类商品的价格相等。换句话说,在充分竞争的市场上,商品的“一价定律(the Law of One Price)”是使绝对购买力平价得以实现和维持的经济机制。“一价定律”可以简单地描述为:如果两种商品是完全相同的,那他们必须卖相同的价格。比如说一件羊毛衫在纽约卖 45 美元,如果汇率是 1 英镑等于 1.5 美元,那么这件羊毛衫在伦敦就应该卖 30 英镑。

非常有意思的是,英国的《经济学家》杂志根据“一价定律”,选取了世界各国都大为流行的麦当劳巨无霸汉堡作为标准商品,根据它的价格来推算理论上各国货币之间的汇率,即巨无霸指数(Big Mac Index)。然后该杂志用巨无霸指数与实际市场汇率对比,判断各个国家汇率的低估和高估情况。

以中国为例,2008 年美国巨无霸汉堡价格是 3.57 美元,在中国的价格是 12.5 元人民币,当时人民币与美元的市场汇率是 6.83。而根据购买力平价理论推算出的人民币的汇率应该是 12.5/3.57=3.5,最终可以得出人民币汇率低估了 49%的结论,所以在 2008 年前后美国一直向中国施压,要求人民币升值。

应该指出的是,经济学家的巨无霸指数很明显存在很多不合理的地方,绝对购买力平价理论在现实生活中也存在不足。

二、相对购买力平价理论

除了绝对购买力平价理论外,卡塞尔还提出了相对购买力平价理论,认为不同国家的货币购买力之间的相对变化是汇率变动的决定因素。

用公式来说明,如果用 P_t 表示本国在时间 t 的价格指数,P_t^* 为外国在相同时间的价格指数，假设基期的时间为 0，P_0 和 P_0^* 分别表示基期的国内外价格水平，e_0 为基期的汇率水平，相对购买力平价的公式可以写成

$$e_t = \frac{P_t/P_0}{P_t^*/P_0^*} e_0 \tag{15.2}$$

式中：P_t/P_0 与 P_t^*/P_0^* 分别表示本国与外国价格指数的变化。显而易见，如果基期汇率水平 e_0 已知的话，那么即期的购买力平价汇率可以从两国价格指数的变化中推算出来。为了更清楚地表示汇率与物价水平之间的关系，可以将上式通过取对数后求导表示成

$$\dot{e}_t = \dot{P}_t - \dot{P}_t^* \tag{15.3}$$

式中："·"表示变量的变动率，分别是两国的通货膨胀率。式(15.3)说明这样一个道理：汇率与两国价格水平的变化保持一致，汇率的变化取决于两国通货膨胀率的差异。若本国的相对价格水平上升，则本国货币的购买力就会下降，这时候市场力量会促使汇率回到与购买力平价相一致的水平，本国汇率会贬值。

举个例子：如果美国的物价上涨 10%，欧洲的物价只上涨 5%，那么美元兑欧元将会贬值 5%，为什么呢？

答：因为美元相对欧元贬值 5%刚好抵消了美国通胀率超过欧洲通胀率的 5 个百分点。

总而言之，卡塞尔在一定程度上把一国货币的对内价值(也就是物价水平)与对外价值(也就是汇率)联系起来，他的理论比较合理地体现了汇率所代表的两国货币价值的对比关系，具有广泛的适用性。

三、对购买力平价理论的验证

针对购买力平价的有效性，西方学者进行了大量的统计检验，得出以下结论：

(1) 购买力平价理论在短期是失效的。

(2) 从长期来看，购买力平价理论还是比较适合的。

(3) 在通货膨胀率十分严重的时期，特别是在恶性通胀的情况下，汇率和价格的变动较为明显地趋于一致，购买力平价的有效性比较明显。

四、对购买力平价理论的评价

购买力平价理论是所有汇率理论中最有影响力的。首先，它从货币的基本功能(具有购买力)出发来分析货币的交换问题，非常易于理解。其次，它的表达形式也最为简单。所以购买力平价理论被广泛运用于对汇率水平的分析和政策研究之中。

但是，购买力平价理论把汇率的变动完全看成一种货币现象，购买力平价理论的成立意味着反映一国产品国际竞争力的实际汇率不发生变动，这是不符合现实的。从长期看，实际因素的变动会引起实际汇率以及相应的名义汇率的调整，从而使名义汇率与购买力平价产生长久性的偏离。主要的实际因素包括：生产率的变动、消费偏

好的变动、自然资源的发现、各国自然禀赋和经济禀赋的不同、各国经济政策的不同、对国际贸易管制的变动等。因此,经济学家们对汇率的决定理论又进行了其他有意义的探索。

第三节　利率平价理论

利率平价理论(Theory of Interest Rate Parity)是由英国经济学家凯恩斯在1923年出版的《货币改革论》一书中首先提出的,该理论可分为抛补的利率平价和无抛补的利率平价。

一、抛补的利率平价

抛补的利率平价理论认为,当资本具有充分的国际流动性时,投资者的套利行为会使得国际金融市场上以不同货币计价的资产收益率趋于一致。也就是说,套利资本的跨国流动保证了"一价定律"也适用于国际金融市场。所谓套利,就是指在两种货币资金的短期利率存在差异的情况下,将资金从低利率货币兑换成高利率货币来赚取利差的外汇交易行为。

假定某个投资者用1元本币在本国投资,本国的年利率为 i,则1元本币一年后的价值为 $1+i$。若在即期外汇市场上把1元本币以即期汇率 e 换成外汇(假设是直接标价法),然后在外国投资。假设外国年利率为 i^*,同时在远期外汇市场上以远期汇率 f 卖出远期外汇,则最初的1元本币一年后的价值为 $(1+i^*)f/e$。如果在本国投资一年后的收益值 $1+i$ 和在外国投资一年后的收益值 $(1+i^*)f/e$ 不相等,说明存在套利机会,投资者会将资金投向未来收益较大的市场。如果众多投资者纷纷效仿,那么直到两个市场的未来收益完全相等时,套利活动才会停止。这时:

$$1+i=\frac{(1+i^*)f}{e} \tag{15.4}$$

对这个式子进行变换,可得到

$$\frac{f-e}{e}=\frac{i-i^*}{1+i^*} \tag{15.5}$$

当 i^* 较小时,$1+i^*$ 约等于1,则上式变为

$$\frac{f-e}{e}=i-i^* \tag{15.6}$$

式(15.6)就是抛补的利率平价表达式,它表明远期汇率升贴水率等于两国利差。如果本国利率高于外国利率,那么远期外汇升水,本币贴水;如果本国利率低于外国利率,则远期外汇贴水,本币升水。

举个例子:假设中、美两国货币即期汇率为1美元兑换6元人民币,中国一年期

利率为5%，美国一年期利率为6%。根据利率平价理论，中、美两国货币的一年期远期汇率应为1美元兑换5.943人民币。

计算公式为$1+5\%=(1+6\%)f/(1/6)$，可求解得到f约为5.943，所以中美两国的一年期远期汇率应为1美元兑换5.943人民币。

二、无抛补的利率平价

如果投资者在进行套利时没有在远期外汇市场上卖出远期外汇，那么在未来国外收益折算成本币时所采用的汇率就不是远期汇率，而是未来的即期汇率。因为未来的即期汇率在事先决策时并不知道，所以投资者会根据预期的未来即期汇率e_e（直接标价法）进行折算。在这种情况下，当套利行为停止的时候，在两国进行投资的收益相等，即

$$1+i=(1+i^*)e_e/e \tag{15.7}$$

上式经整理可得到

$$\frac{e_e-e}{e}=i-i^* \tag{15.8}$$

式(15.8)即为无抛补的利率平价表达式，它表明预期即期汇率变化率等于两国利差，也就是外汇预期的升水（贴水）率等于本国利率高于（低于）外国利率的差额。

三、对利率平价理论的评价

(1) 利率平价理论没有考虑交易成本。如果各种交易成本过高，就会影响套利收益，从而影响汇率与利率的关系。如果考虑交易成本，国际间的抛补套利活动在达到利率平价之前就会停止。

(2) 利率平价理论假定不存在资本流动障碍。但实际上，资金在国际间流动会受到外汇管制和外汇市场不发达等因素的阻碍。目前，只有在少数国际金融中心才存在完善的期汇市场，使得资金流动所受限制很少。而在其他大部分地区资金无法实现完全自由的流动。

(3) 利率平价说还假定套利资金规模是无限的。套利者能不断进行抛补套利，直到利率平价成立，这一假设在现实中也无法成立。

四、利率平价理论的一些重要结论

(1) 当各国利率存在差异时，投资者通常希望将资本投向利率较高的国家，这种套利行为会导致资本的跨国界、跨市场流动。

(2) 投资收益能否实现不仅取决于国与国之间利率水平的高低，而且取决于汇率水平预期变动率。如果汇兑损失超过了利差收益，投资者就会蒙受损失。

(3) 为了规避汇率风险，投资者通常在远期外汇市场上卖出高利率国家的货币。

(4) 高利率货币的即期汇率上浮，远期汇率下浮，出现远期贴水；低利率货币的

即期汇率下浮，远期汇率上浮，出现远期升水。

(5) 抛补套利活动的不断进行会使远期差价发生变化，直到资本在两国之间获得的收益率完全相等为止。

第四节　资产市场分析法

一、资产市场分析法的提出背景和前提假定

汇率决定的资产市场分析法(Asset Market Approach)与传统的汇率决定理论不同。它扬弃了传统汇率理论的流量分析法，转而考察货币和资产的存量均衡；它强调资产市场的存量均衡对汇率的决定性作用。由于金融资产交易变化频繁，所以这一方法能比较好地用来解释汇率的易变性和波动性。

资产市场分析法的假设包括以下几个方面：

(1) 理性预期。即投资者对某一变量未来值的主观预期，等于以当前所有信息为条件的数学期望值。

(2) 资产市场均衡状态是指资产供给与需求的存量相等。

(3) 汇率作为一种货币现象，也会受到实际因素的影响，但这种影响必须通过货币需求的变化才能实现。

(4) 汇率被视为资产的价格，它的波动具有同股票和债券的价格变化相同的特征。

(5) 资本具有充分的流动性。

资产市场分析法有两个主要分支，分别是货币分析法(Monetary Approach)和资产组合平衡法(Portfolio Balance Approach)。二者的区别主要在于资产替代性假定的不同：货币分析法假定本国债券同他国债券有充分可替代性，而资产组合平衡法则假定本国债券对他国债券不具有充分可替代性。

二、货币分析法

货币分析法由两个模型构成：一是弹性价格货币模型(Flexible-Price Monetary Model)，另一个是粘性价格货币模型(Sticky-Price Monetary Model)。

(一) 弹性价格与汇率决定

首先来看弹性价格货币模型，它是现代汇率理论中最早建立的、最基础的汇率决定模型，该理论的代表人物是 J. Frenkel、M. Mussa、P. Kouri、J. Bilson 等人。该理论于 1975 年被提出，其基本思想是：汇率是两国货币的相对价格，而不是两国商品的相对价格。因此，汇率水平主要由货币市场的供求决定，货币的相对供给影响两国相对价格水平，最终影响汇率。

该理论的重要假设有：

(1) 稳定的货币需求方程，即货币需求与某些经济变量存在稳定的关系。

(2) 购买力平价持续有效。

(3) 价格具有弹性，也就是经济中的所有价格可自由变动。

两国的货币需求函数表示如下：$M_d=kPY$ 和 $M_d^*=k^*PY$（M_d、P、Y 分别表示本国货币需求、国内价格、产出或实际收入，带 * 号的则为外国变量，k 和 k^* 分别是期望的名义货币余额与名义国民收入之比，均为常数。当两国货币市场均衡时，货币需求等于货币供给 $M_s=M_d$，$M_s^*=M_d^*$。根据上述等式，可得到本国价格 $P=\dfrac{M_s}{kY}$，外国价格 $P^*=\dfrac{M_s^*}{k^*Y^*}$。

根据购买力平价公式，可得到汇率水平新的表达形式：

$$e=\frac{P}{P^*}=\left(\frac{M_s}{M_s^*}\right)\left(\frac{k^*}{k}\right)\left(\frac{Y^*}{Y}\right) \tag{15.9}$$

从上式可以看到，如果本国相对外国的货币供给增长超过了本国相对外国的实际收入增长，那么本国货币将贬值；反之，本国货币将升值。如果两国货币供给以相同的速度增长，或两国实际收入等速增长，那么汇率水平将保持不变。这样一来，从长期看，两国货币供给及实际收入增长速度的相对差异将导致汇率变动。

货币主义认为：长期内一国经济将达到充分就业状态，因此，实际收入水平将固定不变。这样一来，从长期看，货币的相对供给水平或变化将决定汇率水平或波动。

（二）粘性价格与汇率超调

粘性价格货币模型的代表人物是 R. Dornbush、Frankel 等人。它假定购买力平价（PPP，Purchasing Power Parity）长期有效，但在短期，价格具有粘性，资产市场的调整快于商品市场的调整，汇率超调是短期内汇率容易波动的原因，这个模型弥补了弹性价格货币模型缺乏短期分析的不足。

该模型强调资产市场在短期汇率决定中的作用，商品市场只在长期起作用，能够比较好地解释汇率的波动性和货币政策对汇率的影响。

该模型的几何解释如下：

假设长期均衡汇率由购买力平价决定，初始时刻国内经济处于充分就业的均衡状态，国内外利率相同，均为 i_1。如图 15.1(a)所示，初始时刻国内货币供应量是 M_1，对应的国内价格及汇率分别是 P_1 和 e_1。假设到了 t_1 时刻，货币当局决定将货币供应量提高 20%，由原来的 M_1 提高到 M_2，从长期看，货币量的增加将导致国内价格同比例上涨 20%，由原来的 P_1 上升到 $\bar{P}$。由于长期情况下购买力平价是有效的，所以本国的货币将贬值 20%，汇率由原来的 e_1 上升到 $\bar{e}$。

但短期内情况并非如此，由于价格粘性的存在，国内价格还保留在原来的水平 P_1，因此在国内价格不变的情况下，货币供应量的增加意味着货币供给过剩，这将导致利率水平下降。如图 15.1(d)所示,国内利率由原来的 i_1 下降到 i_2。在无抛补利率平价有效的前提下,国内利率低于国外利率将导致本币汇率贬值。如图 15.1(b)所示,汇率在 t_1 时刻由 e_1 跳升到 e_2,超过了长期均衡汇率 $\bar{e}$。显然,汇率发生超调是因为国内利率下降导致的本币贬值幅度超过了货币供应量的增加幅度(20%)。

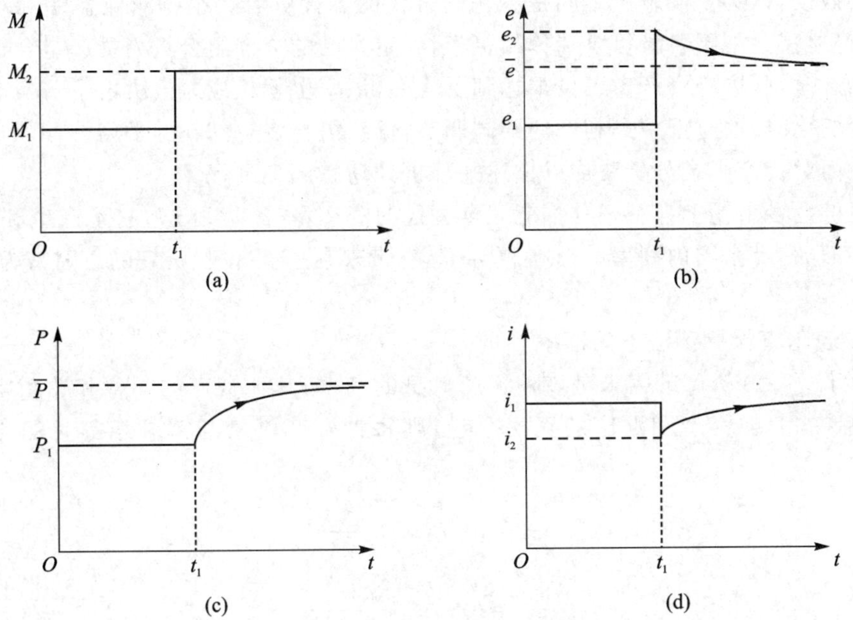

图 15.1　汇率超调图示

但是当汇率对货币供应量的增加做出反应之后,推动经济趋向长期均衡的力量开始发挥作用。国内利率降低和本币贬值带来的直接后果就是对国内商品的需求增加。但是因为国内生产已经达到充分就业的产出水平,对国内商品的过剩需求将推动国内物价的上涨。外国居民对本国商品需求的增加导致本国货币升值,汇率由 e_2 回落到 $\bar{e}$。与此同时,价格上涨导致对货币的需求增加,从而国内利率也开始上升,直到货币市场达到均衡。随着时间的推移,价格也会由 P_1 上升到 $\bar{P}$,价格上涨的幅度与货币供应量的增加幅度相等,都等于 20%。达到长期均衡时,根据购买力平价均衡汇率水平是 $\bar{e}$,最后的结果是汇率也上升 20%,国内利率恢复到原来的水平,与国外利率持平,本币不再有贬值或升值的预期。

由上述讨论不难发现,粘性价格货币模型强调资产市场在短期汇率决定中的重要作用,而商品市场在长期中才对汇率产生实质性的影响。因此,粘性价格货币模型首次将汇率波动与经济系统的内在机制联系在一起,比较好地解释了汇率的波动性。另外,根据粘性价格货币模型还可以发现,汇率波动与国际间货币存量或货币政策的变化有很大关系,并且汇率往往要比货币政策具有更大的易变性。

三、汇率决定的资产组合分析法

资产组合分析法(Portfolio Approach)是在 20 世纪 70 年代前后形成的。该理论由美国普林斯顿大学教授布郎森提出。资产组合分析法放松了货币主义对资产替代性的假设,认为不同资产之间是不完全替代的。投资者会根据对收益率和风险的考察,将财富分配于各种可供选择的资产,确定自己的资产组合。当资产组合达到了稳定状态时,国内外资产市场供求达到了均衡,汇率也就相应地被决定了。当财富总量发生变化时,通过汇率和利率的共同调节,资产组合将达到新的平衡。

下面对资产组合分析法加以描述并分析其动态调整过程。

假设金融市场上只有三种不能完全替代的资产:本国货币 M,它不产生利息;本国债券 B,它带来国内利率 i,外国债券 F,它带来利率 i^*。投资者的总财富为

$$W = M + B + eF \tag{15.10}$$

式中:e 表示直接标价法下的汇率。

由于每一种资产的需求是该种资产自身的利率、其他资产的利率和总财富存量 W 的函数,考虑资产和财富的真实存量,则每种资产供给与需求相等时的均衡条件为

$$\frac{M}{P} = m(i, i^*)\left(\frac{w}{P}\right) \tag{15.11}$$

$$\frac{B}{P} = b(i, i^*)\left(\frac{w}{P}\right) \tag{15.12}$$

$$\frac{F}{P} = f(i, i^*)\left(\frac{w}{P}\right) \tag{15.13}$$

请大家注意每种资产供给和需求的影响变量。

货币供给可以被看作是由政府控制的外生变量。货币需求则是本国利率、外国利率的减函数和资产总量的增函数,也就是说本国货币的需求随着 i 和 i^* 的提高而减少,随资产总量的增加而增加。

本国债券供给量是由政府控制的外生变量,本国债券需求是本国利率和资产总量的增函数,是外国利率的减函数。

从外国债券市场看,外国债券供给是通过经常账户盈余获得的。在此,我们假定短期内经常账户不发生变动,因此,它是一个外生的固定值。外国债券的需求是本国利率的减函数,是外国利率和资产总量的增函数。

当式(15.10)~式(15.13)同时成立时,表明资产市场达到了总体平衡。如图 15.2 所示。

图中横坐标表示国内利率,纵坐标表示汇率。M_0、B_0、F_0 分别表示本国货币、国内债券与外国债券的供求关系,它们的交点 E_0 表示资产市场达到了总体平衡,i_0 和 e_0 为此时的均衡利率和均衡汇率。M_0 线的斜率为正,B_0 线和 F_0 线的斜率为负。

我们来看看原因。对 M_0 线来说，在某一既定的资产组合水平下，如果汇率上升（本币贬值），则以本币表示的外国资产价值上升，财富总量 W 上升，W 上升将导致对国内货币和债券的需求上升。在货币供给不变的条件下，对货币的需求上升导致利率提高，国内货币市场得以均衡，故 M_0 线的斜率为正。对 B_0 线来说，当本国债券供给既定时，对本国债券的需求上升将导致本国债券价格上升，利率下降，故 B_0 线斜率为负。而对于 F_0 线，国内利率的上升意味着国内债券比国外债券更有吸引力，所以国内私人部门会抛售国外债券，购进本国债券，从而导致本国货币升值，即汇率降低直至重新恢复平衡，故 F_0 线的斜率为负。B_0 线之所以比 F_0 线要陡峭一些，是因为本国债券对国内利率的反应更灵敏一些，外国债券对汇率的反应更灵敏一些。在三个市场中，只要任意两个市场达到均衡，第三个市场也将处于均衡，也就是三条线交于一点，由此得出短期内的均衡利率 i_0 和均衡汇率 e_0。

以上我们分析了在短期内，当资产供给为既定时，通过对不同资产的调整，各个资产市场实现均衡，资产组合达到均衡，由此决定出一个均衡汇率。那么，当资产供给发生变化时，均衡汇率如何被决定呢？下面来分析一下资产供给总量变化对汇率的影响。

先来看看本国货币供给量增加的情况。如图 15.3 所示，当汇率给定时，本国货币供给量增加会使得利率下降，M_0 曲线向左平移。同时，货币供给量增加会使得财富总量增加，从而投资者将增加对本国债券和外国债券的需求（财富效应）。当汇率和本国债券供给给定时，对本国债券需求增加会使本国债券价格提高，利率下降，使得 B_0 线向左平移到 B_1。在利率给定时，对外国债券需求的增加使汇率水平提高（本币贬值），F_0 曲线向上平移到 F_1。最终，当资产组合重新达到平衡时，三条曲线交于 e_1，与原来的均衡点 e_0 相比，国内利率下降，汇率水平提高（本币贬值）。

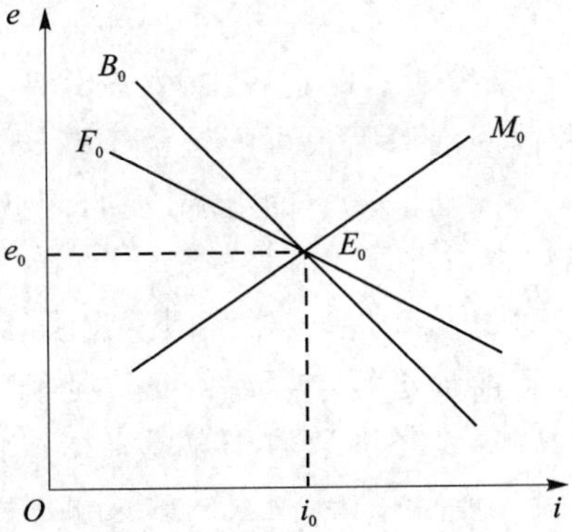

图 15.2　资产组合分析法图示

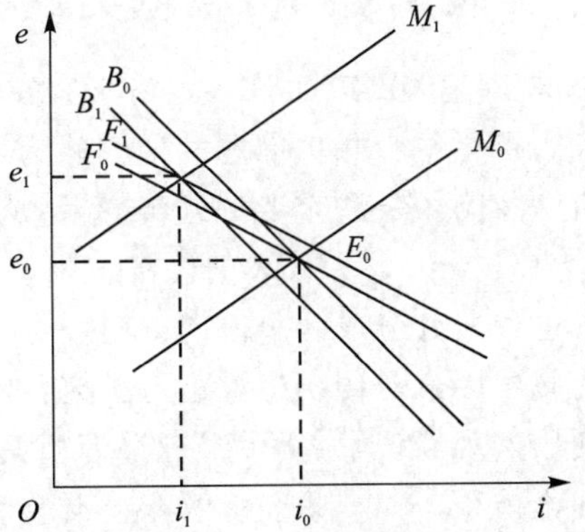

图 15.3　本国货币供给量增加对汇率的影响

刚才讨论的是资产供给总量变化对汇率的影响，可以分析一下资产存量结构变化的影响。如果央行在国内货币市场上用本币债券与本国货币互换，用本币买本国债券,结果会导致国内利率下降,汇率水平上升,也就是本币会贬值。

四、对资产组合分析法的评价

(1) 资产组合分析法视汇率为一种资产价格,考察资产市场均衡,而不局限于经常项目收支差额。

(2) 资产组合分析法是一般均衡分析,克服了传统理论局部均衡分析的局限性。

(3) 资产组合分析法第一次正式将存量分析方法引入到汇率决定理论中,同时结合流量分析方法,是对传统的单纯流量分析法的重大突破。

(4) 资产组合分析法带有强烈的政策特征,可直接为西方国家的宏观经济政策提供理论依据。

(5) 资产组合分析法中尽管存在不同分支,但它们在基本分析方法和基本理论思想上是一致的。

第五节　汇率决定理论发展的新趋势

以上简要介绍了几种有代表性的、比较成熟的汇率决定理论。实际上,正如前面所述,20 世纪 70 年代布雷顿森林体系崩溃后,汇率水平持续波动成为外汇市场的常态,而传统的汇率理论往往不能对汇率的易变性和波动性做出令人信服的解释。所以,为了更好地解释现实,汇率理论一直是国际经济学理论和实证研究中非常活跃的领域,处于不断发展和完善的状态。概括来说,汇率理论的最新发展趋势主要表现为以下几个方面:

一、突破传统的分析框架,引进新变量

20 世纪 80 年代,许多经济学家在检验资产市场分析法的过程中,发现其变量之间存在严重的自相关问题。他们认为,产生这种情况的原因很可能是由于资产市场分析法忽略了一些重要的经济变量,从而不能解释浮动汇率下的汇率波动,因此,以弗兰克(Frenkel)为代表的经济学家就试图在模型中引进新的解释变量。

这种研究分成两个方向。第一个方向是继续从传统的基本经济因素出发,寻找新的基本因素对传统模型进行扩充,或是对其假定前提进行质疑或修正。他们一般是利用宏观经济学、货币银行学等相关学科和一些边缘经济学的研究成果构建自己的理论体系。如一些经济学家将财政政策变量引入模型,研究国家的政策偏好和政策力度对汇率变动的影响(R. Macdonnld 和 M. Tayloe,1992)。第二个方向则突破了传统的基本因素的框架,引进了预期、信息等全新的非基本因素概念,甚至引进外汇市场上用于实际操作的基本分析和技术分析等手段,并试图将其进行量化。

二、新的汇率理论与实际更为贴近

为使汇率理论更贴近现实，新的汇率决定理论中更多地注重了对外汇市场参与者汇率预期的调查，同时，微观分析（包括外汇市场结构和外汇交易者的行为分析）成为汇率理论研究的重点。此外，由于汇率波动幅度和频率日益增加，尽管汇率均衡点的确定仍然是汇率理论的重要研究对象，但已有越来越多的学者将精力放在对汇率波动的解释上，并提出了许多政策建议。

三、大量使用计量经济学和统计学工具

许多经济学家认为，传统的汇率理论模型采用的是单一方程的简化形式，解释力不足。为此，现代汇率理论模型越来越多地引进联立方程，从而更好地体现了多种经济变量变动对汇率的影响，以及这些变量之间的相互作用，使模型的结果更加符合实际汇率水平的波动。同时，新的统计技术和计量技术对联立方程模型的构建提供了全新的手段（姜波克，2001）。

本章小结

本章主要介绍了一些有代表性的汇率决定理论。

铸币平价理论是指在金本位制度下，两种货币之间的比价可以用各自的含金量来折算，汇率决定的基础是铸币平价，其波动的幅度受制于黄金输送点。

购买力平价理论是汇率决定理论中最有影响力的理论之一，包括绝对购买力平价和相对购买力平价，并说明了某一段时间里汇率变动的原因。

利率平价理论从金融市场角度分析了汇率与利率所存在的关系，分为抛补的利率平价和无抛补的利率平价。

资产市场分析法更加强调资产市场的存量均衡对汇率的决定性作用。

20世纪70年代布雷顿森林体系崩溃后，汇率水平持续波动成为外汇市场的常态，而以上的传统汇率理论往往不能对汇率的易变性和波动性做出令人信服的解释。所以，为了更好地解释现实，汇率理论出现了许多新的发展趋势。

思考题

1. 假设英国的年通货膨胀率为10%，而美国只有2%。根据相对购买力平价，英镑对美元的汇率将如何变化？

2. 一个美国人现有＄100 000，英国市场利率为10%，美国市场利率为5%，英镑

兑美元即期汇率为£1＝＄2.00，12个月远期汇率为£1＝＄1.96。请问他会选择在哪个国家投资？

3. 请画图说明粘性价格货币模型中汇率超调现象。

4. 假定有下列信息：即期汇率£1＝＄1.60，180天远期汇率£1＝＄1.56，180天英国利率＝4％，180天美国利率＝3％。根据这些信息，美国投资者抛补套利可行吗？请解释说明。

5. 影响汇率变动的主要因素有哪些？

第十六章　国际收支调整理论

在经济全球化的今天，国际收支的均衡与否对一国经济有重要的影响，国际收支均衡越来越受到人们的关注。在现实中，国际收支失衡经常出现，而且在很多时候国际收支往往不能自动恢复平衡，需要借助外部干预来调整。开放宏观经济学讨论比较多的国际收支调整机制主要有以下两种：一是价格调节，如通过汇率和货币量的变动来影响商品、劳务以及金融资产的价格，恢复国际收支的均衡，这种机制下的政策工具被叫作支出转换政策。二是收入调节，如通过总支出或总产出的变动来调节国际收支，这种机制下的政策工具被叫作支出变动政策。国际收支调整的弹性分析法和货币分析法属于前一种调节机制；而国际收支调整的吸收分析法则属于后一种调节机制。

第一节　国际收支调整的弹性分析法

国际收支调整的弹性分析法（Elasticities Approach to the Balance of Payment）是指在收入不变的情况下，运用汇率与价格的变动对经常项目失衡进行调节。由于这一调整机制与进出口商品的供求弹性关系密切，所以被称作弹性分析法。这一理论最早由英国经济学家马歇尔（Marshall）提出，后来经过勒纳（Lerner）等人的进一步发展，成为国际收支调整理论的重要内容之一。它着重考虑货币贬值取得成功的条件及其对贸易收支和贸易条件的影响。

一、本币贬值的效应

弹性分析法主要研究的是本币贬值对国际收支的影响。首先我们要理解本币贬值的效应，包括本币贬值的价格效应、贸易量效应、出口收入效应和进口支出效应。

（1）本币贬值的价格效应：一国货币贬值后，在出口收入保持不变的前提下，该国出口商品的外币价格会下降，因此货币贬值能使一国的商品出口数量增加。

（2）本币贬值的贸易量效应：一国货币贬值后，进口商品的本币价格上涨，会导致该国进口商品数量减少。

（3）本币贬值的出口收入效应：本币贬值时，出口商品外币价格下降，当出口商品需求价格弹性等于零时，出口收入不变；当出口商品需求价格弹性大于零时，贬值后出口量将上升，以本币表示的出口收入有所增加。

(4) 本币贬值的进口支出效应：本币贬值时，以本币表示的进口商品价格上升，当进口需求弹性大于 1 时，进口数量减少的幅度就会大于进口价格上涨的幅度，进口支出将减少，从而有利于贸易收支的改善；当进口需求弹性小于 1 时，则进口数量减少的幅度小于进口价格上涨的幅度，进口支出将增加，从而不利于贸易收支的改善。

二、货币贬值对国际收支的影响：马歇尔-勒纳条件

接下来看看本币贬值在什么情况下能改善经常项目收支状况，也就是著名的马歇尔-勒纳条件(Marshall-Lerner Condition)。

(一) 马歇尔-勒纳条件的含义

马歇尔-勒纳条件认为货币贬值所产生的两个重要效应是价格效应和贸易量效应，结合在一起决定了经常项目收支的变化。在进出口商品的供给弹性趋于无穷大的前提下，如果进出口商品的需求价格弹性之和的绝对值大于 1，则货币贬值就能发挥其扭转贸易状况，改善国际收支的作用。

举例来说，假定中国为本国并出口鞋子，美国为外国，人民币从 \$1/￥7 贬值到 \$1/￥8，由此引起出口商品美元单价和出口数量变化的一组数据见表 16.1。

表 16.1　不同弹性条件下贬值对出口收入的影响

	出口商品的国内单价(￥)	汇率(￥/\$)	出口商品的外币单价(\$)	出口数量	出口的外币收入(\$)	美元升值率(%)	出口数量变动率(%)
0	7	7	1	10 000	10 000	—	—
1	7	8	0.875	11 000	9 625	14.29	10
2	7	8	0.875	12 000	10 500	14.29	20

从表中可以看到，在第一种情况下，美元升值了 14.29%$\left(\frac{8-7}{7}\times 10\%\right)$，与之相对应，人民币从 \$1/￥7 贬值到 \$1/￥8，共贬值了 12.5%$\left(\frac{8-7}{7}\times 10\%\right)$，美元升值人民币贬值后折算成美元的出口商品单价相应地从 1 美元下降到 0.875 美元。由于鞋子的美元价格下降，我们假定出口数量从 10 000 增加到 11 000，增加了 10% [(11 000−10 000)/10 000]。但是，出口的美元收入不但没有增加，反而从 10 000 美元下降到 9 625 美元，这是因为出口数量的增加幅度(10%)小于汇率变动的幅度。当出口数量从 10 000 增加到 12 000 时，即增加了 20%，出口的美元收入才从 10 000 美元增加到 10 500 美元。

这个例子说明，当出口数量的变动率小于汇率变动率时(出口需求弹性小于 1，第一种情况)，出口的美元收入不能增加；而当出口数量的变动率大于汇率变动率时

（出口需求弹性大于1，第二种情况），出口的美元收入才能增加。

表16.1只考虑了汇率变动对出口的影响，但汇率变动还会对进口产生影响。当出口商品的需求弹性和进口商品的需求弹性之和大于1时，贸易收支才能改善。

（二）马歇尔-勒纳条件的推导

首先假设：

（1）本国出口商品供给和外国出口商品供给都具有完全弹性，即供给弹性为无穷大，进出口供给曲线为水平线。两个国家的国内价格（以各自货币表示）保持不变。

（2）国内外收入水平不变，总体价格水平不变。

（3）无资本流动。

推导过程：

注意这里的汇率标价法是直接标价法。

$$\mathrm{CA}=P_X X-eP_M M \tag{16.1}$$

式中：CA表示经常账户贸易收支差额，P_X表示出口商品的本币价格，X表示本国出口量，e表示汇率，P_M表示进口商品的外币价格，M表示本国的进口量。

根据公式（16.1），只要$\frac{\mathrm{dCA}}{\mathrm{d}e}>0$，本币贬值就可以使贸易收支改善。下面用贸易收支差额对汇率求导，得到式（16.2）。

$$\frac{\mathrm{dCA}}{\mathrm{d}e}=P_X\frac{\mathrm{d}X}{\mathrm{d}e}+\frac{\mathrm{d}P_X}{\mathrm{d}e}X-\left(P_M M+eM\frac{\mathrm{d}P_M}{\mathrm{d}e}+eP_M\frac{\mathrm{d}M}{\mathrm{d}e}\right)>0 \tag{16.2}$$

由于假定以本币表示的出口商品价格和以外币表示的进口商品价格保持不变，即P_X和P_M为常数，所以上式可以简化成式（16.3）。

$$P_X\frac{\mathrm{d}X}{\mathrm{d}e}-\left(P_M M+eP_M\frac{\mathrm{d}M}{\mathrm{d}e}\right)>0 \tag{16.3}$$

式（16.3）两边同乘以$\frac{e}{P_X X}$然后进行整理，可得式（16.4）。

$$\frac{\mathrm{d}X}{\mathrm{d}e}\frac{e}{X}-\frac{eP_M M}{P_X X}\left(1+\frac{e}{M}\frac{\mathrm{d}M}{\mathrm{d}e}\right)>0 \tag{16.4}$$

定义出口产品需求价格弹性和进口产品需求价格弹性分别为

$$d_X=\frac{\mathrm{d}X/X}{\mathrm{d}P'_X/P'_X},\quad \mathrm{d}_M=\frac{\mathrm{d}M/M}{\mathrm{d}P'_M/P'_M} \tag{16.5}$$

P'_X和P'_M分别是出口产品的外币价格和进口产品的本币价格，则得到式（16.6）。

$$P'_X=P_X/e,\quad P'_M=eP_M \tag{16.6}$$

将式（16.6）代入式（16.5）并进行整理，可得式（16.7）。

$$d_X=-\frac{\mathrm{d}X/X}{\mathrm{d}e/e},\quad d_M=\frac{\mathrm{d}M/M}{\mathrm{d}e/e} \tag{16.7}$$

将式（16.7）代入式（16.4）并进行整理，可得式（16.8）。

$$-d_X-\frac{eP_MM}{P_XX}(1+d_M)>0 \tag{16.8}$$

假设本币贬值前贸易收支是平衡的,也就是 $P_XX=eP_MM$,则式(16.8)可简化为式(16.9)。

$$-d_X-(1+d_M)>0 \tag{16.9}$$

式(16.9)经整理,可以得到式(16.10)。

$$|d_X+d_M|>1 \tag{16.10}$$

式(16.10)就是所谓的马歇尔-勒纳条件。该条件表明,在进出口商品的供给弹性趋于无穷大的前提下,如果进出口商品的需求价格弹性之和的绝对值大于1,则货币贬值就能发挥其扭转贸易状况、改善国际收支的作用。

三、货币贬值的时滞效应及“J 曲线”

当一国的货币当局采取使本币贬值的调整政策以后,相关实际部门贸易量的调整不会同步进行,而是需要一个过程,从而在本国汇率变动的瞬间到实际部门进出口数量的调整与随之而来的国际收支均衡的恢复之间会产生一个时间上的延滞。贬值后贸易量调整存在的这种时滞效应可用著名的“J 曲线”来描述。即一国的货币贬值后,最初会使贸易收支状况进一步恶化,只有经过一段时间以后,才会使贸易收入增加,并改善贸易收支状况。

如果用横轴表示时间,用纵轴表示贸易收支的变动,那么贸易收支对货币贬值的反应轨迹如图16.1所示。该曲线形状类似英文大写字母J,因此被命名为“J 曲线”。

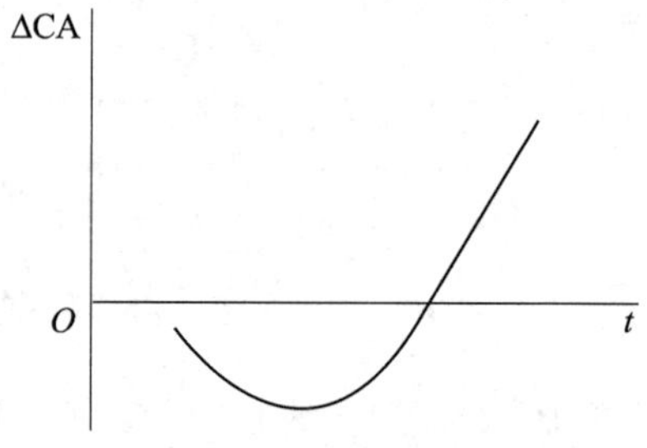

图 16.1 J 曲线

“J 曲线”出现的原因是在货币贬值和贸易收支状况改善之间,存在以下五种时滞:

(1) 货币贬值后,本国出口商品的新价格信息还不能立即为需求方所了解,即存在认识时滞;

(2) 供求双方都需要一定时间判断价格变化的重要性,即存在决策时滞;

(3) 供给方国内对商品和劳务的供应不能立即增加,即存在生产时滞;

(4) 供给方和需求方都需要一定时间处理以前的存货,即存在取代时滞;

(5) 把商品、劳务运往国际市场需要一段时间,即存在交货时滞。

因此,货币贬值初期,由于出口价格降低但出口数量没能同步增加,导致总的出口收入降低,从而使得贸易收支状况进一步恶化。只有经过一段时间,汇率贬值引起的出口价格降低使得出口数量更大幅度上升,出口国贸易收支状况才会逐步改善,收到汇率贬值改善贸易收支的效果。

四、弹性分析法的缺陷

(1) 弹性分析法假定本币贬值只改变贸易双方的相对价格，而不改变其国内的价格。但这种假定显然并不合理，因为在实际情况中，本币贬值必然会导致国内价格上涨，从而造成国内生产成本提高，出口竞争力则下降。

(2) 在一定条件下，国内汇率贬值可能会导致一定程度的通货膨胀。这一点从现实中的各国汇率贬值政策实施的直观观察中可以得到验证。如果某国采取货币贬值，但随之情况是上面所提到的国内价格上升，那么最终的结局是整个调整只会导致国内价格的提高，贸易收支得不到预期的改善。

第二节　国际收支调整的吸收分析法

国际收支调整的吸收分析法(Absorption Approach to the Balance of Payments)是西德尼·亚历山大(Sidney Alexander)于1952年任职于国际货币基金组织时提出的。该分析法指出，只有当一国商品、劳务产出的增加超过其吸收能力的增加时，该国的国际收支才能得以改善。这里“吸收”一词系指国内居民在商品和劳务上的总支出。这一方法实际上就是凯恩斯乘数理论与弹性分析法的综合，理论基础是凯恩斯的国民收入决定理论。

吸收分析法是一种收入调节机制，或者叫收入调节方法。它依靠逆差国或顺差国国民收入的变动来影响国际收支状况，是凯恩斯主义经济学在开放宏观经济学中的应用。它与依靠价格变动来调节国际收支的“古典”调节机制相区别，但它与弹性分析法一样，考察的都是经常项目顺差与逆差的调节。

一、开放经济乘数

(一) 开放经济条件下的国民收入均衡恒等式

$$Y=C+I+G+X-M \tag{16.11}$$

$$Y-(C+I+G)=X-M \tag{16.12}$$

令 $A=C+I+G$(A 表示本国居民支出，也叫国内吸收)，则

$$Y-A=X-M \tag{16.13}$$

由以上公式可以知道：在均衡时，收入 Y 与本国居民支出 A 之差等于出口 X 与进口 M 之差，即贸易差额。我们要知道 Y 与 A 之差取决于整个经济体系的运行，即由内生变量 C 和 M，加上外生变量 I、G 和 X 一起决定了 Y 和 A。

(二) 开放经济乘数

$$Y=C+I+G+X-M$$

假设 $C=C_a+cY$，$M=M_a+mY$，其中 C_a 为自主性消费，M_a 为自主性进口，C_a 与 M_a 是常数，不随国民收入变动而变动，c 为边际消费倾向，m 为边际进口倾向。我们知道这些变量的含义之后，可以把 Y 表示成：

$$Y=(C_a+cY)+I+G+X-(M_a+mY) \tag{16.14}$$

$$Y=\frac{1}{(1-c+m)}(C_a+I+G+X-M_a) \tag{16.15}$$

$$\text{开放经济乘数}=1/(1-c+m)=1/(s+m) \tag{16.16}$$

式中：s 代表边际储蓄倾向，$s=1-c$。

在一般情况下，$(1-c+m)<1$，因此开放经济乘数>1，这表明支出的增加在乘数的作用下会引起收入成倍增加，会提高收入与吸收之间的差额，从而改善经常项目；而支出的减少则会引起收入成倍减少，会降低收入与吸收之间的差额，从而恶化经常项目。

（三）国际收支的收入调整机制

假定价格一定，并且经济处于非充分就业的情况下，$Y-A=X-M$ 即为国民收入决定的均衡条件。根据此条件，国际收支的调整实际上是通过外生变量 I、G、X 的变动来影响国民收入的变化，进而影响进口及国际收支状况。具体表现为：

(1) 如果一国处于贸易顺差，则可通过增加政府开支 G 的办法来增加本国国民收入，进而增加进口量，从而抵消贸易顺差，使国际收支趋于均衡；如果一国处于贸易逆差，则可通过鼓励出口来增加收入并消除逆差。

(2) 这一机制必须在国民收入尚未达到充分就业水平的前提下方有效；否则，外生变量的改变只会影响价格和利率而不引起国民收入的变化，进而也就不可能调整国际收支。

(3) 一国贸易存在逆差时，也可以通过紧缩性财政政策来消除逆差；当存在贸易顺差时，也可减少出口来抵消顺差。但这两种情况都会导致国民收入的下降，失业压力将不可避免地上升，所以在政策上并不可取。

举例来说明：

① 根据开放经济乘数原理，假定边际储蓄倾向 s 为 0.2，边际进口倾向 m 为 0.1，当政府购买支出扩大 100 亿时，出口不变，求贸易差额的变动量为多少？

在开放经济中，开放经济乘数$=1/(s+m)=1/(0.2+0.1)=10/3$。当政府购买支出扩大 100 亿时，国民收入 Y 增加 $10/3\times100=333.33$ 亿。此时，该国进口增加 $0.1\times333.33=33.333$ 亿。由于出口不变，所以将会出现 33.333 亿的贸易逆差。

② 假设 s 为边际储蓄倾向，m 为边际进口倾向，$s=0.2$，$m=0.1$，假设出口增加 300 亿美元，求出口增加后国民收入增加多少？如果原来的贸易逆差为 200 亿美元，请问出口增加 300 亿美元后能否实现贸易平衡？

在开放经济中，开放经济乘数$=1/(s+m)=1/(0.2+0.1)=10/3$。如果出口增加 300 亿美元，国民收入 Y 增加 $10/3\times300=1\,000$ 亿美元。此时，该国进口增加

0.1×1 000＝100 亿美元。如果原来的贸易差额为 200 亿美元，在出口增加 300 亿美元，进口增加 100 亿美元之后，可以实现贸易平衡。

③ 假设一国的边际储蓄倾向为 0.3，边际进口倾向为 0.2，该国出口增加 100 万美元，将使国际收支出现多少美元的顺差？

在开放经济中，开放经济乘数＝$1/(s+m)=1/(0.3+0.2)=2$。该国出口增加 100 万美元，国民收入 Y 增加 2×100＝200 万美元。此时，该国进口增加 0.2×200＝40 万美元。国际收支顺差为 100－40＝60 万美元。

二、吸收分析法的主要内容

国际收支调整的弹性分析法存在的一个重大的缺点是它只考虑了货币贬值对贸易收支的直接影响。而事实上，货币贬值所引起的进出口的变化，不仅直接影响到贸易收支，而且影响国民收入，而国民收入的变化又会进一步影响到贸易收支。国际收支调整的吸收分析法就比较全面地考察了货币贬值对国民收入和贸易收支产生的综合影响。

国际收支吸收分析法的基本思想是：贸易收支顺差意味着国民收入大于国内吸收，逆差则相反。因此，当一国贸易收支处于失衡状态时，可通过改变国民收入或国内吸收的办法来加以调节。具体地说，若贸易收支出现逆差，增加国民收入或减少国内吸收可消除逆差，而出现顺差时恰好相反。

亚历山大认为，货币贬值缩小贸易收支差额的效果需要同时考察货币贬值对国民收入和贸易收支产生的综合影响，只有当满足以下两个条件时货币贬值才能改善贸易收支：一是贬值可以带来本国收入的增加；二是贬值可以使本国的实际支出（即吸收）减少。

为什么这么说呢？因为根据前面的凯恩斯宏观经济模型，贸易差额等于一国的国民收入与其吸收之间的差额，即

$$\mathrm{CA}=X-M=Y-A \tag{16.17}$$

对公式(16.17)两边进行微分可得

$$\mathrm{d(CA)}=\mathrm{d}Y-\mathrm{d}A \tag{16.18}$$

由式(16.18)可知，货币贬值对贸易差额的影响取决于其对国民收入和吸收这两部分影响的相对大小。其中货币贬值对吸收的影响可分解为两部分：一是贬值后收入变动对吸收的影响，即收入变动的“引致支出效应”，该效应可表示成 $a\mathrm{d}Y$，其中 a 为边际吸收倾向，等于边际消费倾向与边际投资倾向之和；二是除收入变动影响外的贬值对吸收的直接影响效应。该效应可表示为 dA_{d}。两种效应之和等于货币贬值对吸收的净影响效应，即

$$\mathrm{d}A=a\,\mathrm{d}Y+\mathrm{d}A_{\mathrm{d}} \tag{16.19}$$

将式(16.19)代入式(16.18)并进行整理，可得

$$\mathrm{d(CA)}=(1-a)\,\mathrm{d}Y-\mathrm{d}A_{\mathrm{d}} \tag{16.20}$$

由式(16.20)可知,贬值对贸易差额的影响包括两部分,即贬值产生的收入效应$(1-a)\mathrm{d}Y$及贬值对吸收的直接影响效应$\mathrm{d}A_{\mathrm{d}}$。只有当$(1-a)\mathrm{d}Y>\mathrm{d}A_{\mathrm{d}}$时,货币贬值才能使国际收支得到改善。

以下对这两种情况分别加以讨论:

(一) 货币贬值对国民收入的影响效应

1. 闲置资源效应或就业效应

当一国处于非充分就业、生产要素尚未被充分利用而存在闲置的生产能力时,由货币贬值引起的出口需求上升就可能进而引发产量和就业扩大,使国民收入增加。国民收入增加后能否改善贸易收支,要看收入效应$(1-a)\mathrm{d}Y$的正负,这又取决于边际吸收倾向。

若$a<1$,则$(1-a)\mathrm{d}Y>0$,国内吸收的增加小于国民收入的增加,贸易收支得到改善;若$a>1$,则$(1-a)\mathrm{d}Y<0$,国内吸收的增加大于国民收入的增加,于是贸易收支进一步恶化;若$a=1$,则$(1-a)\mathrm{d}Y=0$,货币贬值不产生收入效应,从而不影响贸易收支。

2. 贸易条件效应

一般而言,货币贬值会提高进口产品的本币价格,而出口产品的价格没有相应提高,因而往往会使贸易条件恶化,国民收入下降。但货币贬值能否改善贸易收支同样取决于边际吸收倾向的大小。

若$a<1$,则$(1-a)\mathrm{d}Y<0$,国内吸收的下降小于国民收入的下降,贸易收支恶化;若$a>1$,则$(1-a)\mathrm{d}Y>0$,国内吸收的下降大于国民收入的下降,于是贸易收支改善;若$a=1$,则$(1-a)\mathrm{d}Y=0$,货币贬值不产生收入效应,从而不影响贸易收支。

(二) 货币贬值对吸收的影响效应

1. 实际余额效应

一国采取货币贬值政策将导致本国出现通货膨胀,在货币供给量保持不变的情况下,价格上升使得消费者所拥有的实际货币余额减少,引起消费下降,导致国内吸收减少。

2. 利率效应

贬值政策导致本国通货膨胀现象,货币当局同时实行紧缩的货币政策,国内利率上升,国内投资随之下降。

3. 税收效应

当货币贬值、物价上涨时,人们的名义收入上升,税收随之上升,导致实际收入下降,消费减少,国内吸收下降,有助于改善国际收支。

此外还要考虑收入再分配效应、货币幻觉效应、预期效应等。

综合以上分析,国际收支调整的吸收分析法认为,货币贬值会通过多种渠道和机制对国民收入和吸收产生影响,而对国际收支的最终影响则取决于各种效应综合作用的结果。

三、吸收分析法的缺陷

(1) 吸收分析法是在接受充分就业作为经济政策目标以后出现的，它把弥补国际收支逆差的希望寄托在增加税收和减少国民收入上，这实际上等于在国内进行紧缩政策，而与充分就业的目标不相容。

(2) 这里所说的国际收支仍然指的是贸易差额，完全忽略了资本流动等在国际收支中的重要地位。

(3) 它和弹性论、乘数论一样，完全忽略了国内货币供应和信用创造对国际收支产生的影响。

第三节　国际收支的货币分析法

一、国际收支的货币分析法的主要内容

国际收支的货币分析法(Monetary Approach to the Balance of Payments)起源于英国古典学派大卫·休谟(David Hume)的价格-铸币流动机制(price specie flow mechanism)，它属于自动调节论。价格-铸币流动机制是金本位制度下通过货币或贵金属的流出/流入自动调节贸易收支的机制，通过货币供应量的增加与减少来调节贸易收支。逆差时，货币供应量减少，价格下降，出口增加，进口减少，贸易收支恢复平衡；顺差时，货币供应量增加，价格上升，出口减少，进口增加，贸易收支恢复平衡。

英国经济学家米德在 20 世纪 50 年代初期对国际收支的货币分析方法进行复兴。该方法在 70 年代发展成熟，它是国内货币主义学派的一个扩展，将货币主义运用到国际经济学，认为从长期看，一国货币供给的变动对于该国的国际收支调节起至关重要的作用。

该方法假定：名义货币余额需求与名义国民收入同比率变化，并且在长期中是稳定的。

货币需求函数可以写成

$$M_d = kPY \tag{16.21}$$

式中：M_d 是名义货币余额需求；k 是名义货币余额对名义国民收入的意愿比率，假定为一个常数；P 是本国价格水平；Y 是实际产出，PY 则为名义国民收入或总产值。M_d 是一个稳定的、随着本国价格水平和真实国民收入正向变化的函数。

货币供给表示为

$$M_s = m(D + R) \tag{16.22}$$

式中：M_s 为一国的货币总供给量；m 为货币乘数，假定为一个常数；D 为一国基础货

币的国内部分;R 为一国基础货币的国际部分。

假设最初的货币市场是均衡的,即 $M_s=M_d$,货币供给等于货币需求,国际收支平衡,由式(16.21)和(16.22)可得

$$M_s=M_d=kPY=m(D+R) \tag{16.23}$$

由于 k、P、Y 均不变,所以由上式可得出 $dR=-dD$。这就意味着,如果货币当局扩大国内信贷(提高 D),货币供给就会超过货币需求,为恢复货币市场均衡,R 就要减少,即国际储备减少,于是国际收支出现逆差;相反,如果货币当局减少国内信贷(降低 D),国际收支就会出现顺差;因此,如果货币主义者认为国际收支的盈余是由于国家基础货币中国内部分的增长不能满足货币的需求而产生的;国际收支逆差是由于货币的供给存量未被货币当局完全吸收,产生国家储备流出而形成的。任何来自货币市场的不均衡都完全反映在国际收支中。一国国际收支出现顺差是因为其国内货币供给低于货币需求;一国国际收支出现逆差是因为其国内货币供给超过了货币需求。

既然国际收支失衡的原因归结于国内货币市场的不平衡,那么恢复国际收支平衡的途径就在于恢复国内货币市场的平衡。

在固定汇率制下,国际收支失衡可通过货币供给的自动调整以适应货币需求这一过程加以恢复。

(1) 超额的货币需求导致国际收支盈余,国际储备增加,导致国内货币供给增加,以满足国内超额的货币需求。

(2) 超额的货币供给导致国际储备流出,国际收支逆差,国内货币供给量减少以适应货币需求,调整国际收支逆差。

在浮动汇率制下,国际收支的失衡会由汇率的自行变动而被及时修正,不存在任何货币或储备的国际流动。

(1) 超额货币供给→国际收支逆差→本币贬值→价格上升和对货币需求上升→吸收超额货币供给并消除国际收支逆差。

(2) 超额货币需求→国际收支盈余→本币升值→降低国内价格→消除货币的超额需求和抵销国际收支盈余。

二、对货币分析法的评价

(1) 货币分析法认为实际货币需求是收入和利率的稳定函数,但如果它不是稳定的,那么国际收支就不能仅仅从货币供应的变化中预测出来。另外,货币论假设货币供应对实物产量和收入没有影响,这并不符合实际。

(2) 货币分析法认为国际收支逆差的基本对策是紧缩性的货币政策,其后果是以国内实际货币余额或实际消费、投资、收入和经济增长来纠正国际逆差。这一点曾受到许多国家,尤其是发展中国家经济学家的严厉批评。

(3) 货币分析法的最重要贡献是从开放经济的角度把货币供应的来源区分为国

内部分和国外部分，从货币主义的角度为国际收支的分析提供了崭新的视角，从而为国际收支调节提供了一个新的可能选项。

本章小结

本章主要分析了开放宏观经济学讨论比较多的两种国际收支调整机制——价格调整机制和收入调整机制。

弹性分析法认为在进出口商品的供给弹性趋于无穷大的前提下，如果进出口商品的需求价格弹性之和的绝对值大于1(即满足马歇尔-勒纳条件)，则货币贬值就能发挥其扭转贸易状况，改善国际收支的作用。但在本国汇率变动到实际部门进出口数量调整与国际收支均衡恢复之间存在时滞时，可用“J曲线”来描述，即一国的货币贬值后，最初会使贸易收支状况进一步恶化，一段时间以后才会使贸易收入增加，并改善贸易收支状况。

吸收分析法将凯恩斯乘数理论与弹性分析法相综合，认为货币贬值会通过多种渠道和机制对国民收入和吸收产生影响，而对国际收支的最终影响则取决于各种效应综合作用的结果。当一国贸易收支处于失衡状态时，可通过改变国民收入或国内吸收的办法来加以调节。

货币分析法则认为，一国国际收支顺差是因为其国内货币供给低于货币需求；一国国际收支逆差是因为其国内货币供给超过了货币需求。因此，恢复国际收支平衡的途径就在于恢复国内货币市场的平衡。在固定汇率制下，国际收支失衡可通过货币供给的自动调整以适应货币需求这一过程加以恢复。在浮动汇率制下，国际收支的失衡会由汇率的自行变动而被及时修正，不存在任何货币或储备的国际流动。

思考题

1. 根据弹性分析法，贸易收支的调整过程如何进行？它在什么情况下有效？
2. 阐明弹性分析法的基本观点并作简要评论。
3. 简述吸收分析法的基本理论和政策主张。
4. 简述货币分析法的基本理论。
5. 试根据货币法分析货币贬值对一国国际收支的影响(假设国际收支原来是平衡的)。在此情形下，国际收支如何调整？
6. 假设某国的边际消费倾向为0.90，边际进口倾向为0.15，试问该国的对外贸易乘数是多少？
7. 假设进出口商品的供给弹性趋于无穷大，推导马歇尔-勒纳条件。

第十七章　内外均衡理论和开放条件下宏观经济政策效果

前面两章主要探讨了汇率决定和国际收支调整的问题。本章将外汇市场均衡或国际收支平衡与国内经济均衡综合在一起，讨论开放经济条件下宏观经济的内外均衡问题以及宏观经济政策的作用效果。此外，开放经济条件下一国宏观经济政策的作用效果会受到不同的汇率制度及资本流动程度的影响。我们将进一步利用开放条件下的宏观经济模型（IS－LM－BP 模型），讨论固定汇率制和浮动汇率制下货币政策和财政政策的作用效果。

第一节　内外均衡理论

一、开放经济条件下的宏观经济政策目标

开放经济条件下一国宏观经济政策的运用共有四个目标，分别是短期目标中的充分就业、物价稳定、国际收支平衡以及长期目标中的经济增长。充分就业是指社会消除了非自愿失业，只有摩擦性失业和结构性失业；物价稳定是指总体物价水平没有出现严重通胀或通缩；国际收支平衡是指国际收支大体相等，没有严重的失衡；经济增长是一国长期的经济发展目标。

以上四个宏观经济政策目标中，经济增长更多取决于一国的要素投入和技术进步。因此可以说，开放经济条件下一国政府在短期内宏观经济政策的运用是要实现内部均衡和外部均衡。内部均衡就是要消除失业和通货膨胀，实现充分就业；外部均衡是要消除国际收支失衡。

二、丁伯根法则

如何来实现政府的短期目标呢？需要多少政策工具呢？1952 年荷兰经济学家丁伯根提出了丁伯根法则（Tinbergen's rule）。该法则认为，要实现 N 种独立的政策目标，至少需要相互独立的 N 种有效的宏观政策工具。那在开放经济条件下短期内政府宏观经济政策有内部均衡和外部均衡两个目标，政府就至少需要两个政策工具进行配合才能同时实现。

三、米德的政策搭配理论

米德认为，假定在经济达到充分就业之前物价水平保持不变，同时贸易收支代表整个国际收支，不考虑资本流动的影响，则政府可以用支出增减型政策与支出转换型政策的搭配来实现内外同时均衡的目标。

支出增减型政策是指改变社会总需求或社会总支出的政策，对应的政策工具包括财政政策和货币政策。支出转换型政策是指不改变社会总需求和总支出而改变需求和支出方向的政策，主要包括汇率政策、补贴和关税政策以及直接管制。狭义的支出转换型政策专指汇率政策。

那具体如何搭配呢？

当经济状况处于失业和国际收支顺差并存时，可以考虑扩张性的财政政策和货币政策以扩大总支出，增加就业，减少失业；另外，通过本币升值减少出口，增加进口，从而消除顺差。其他三个区间的情况见表 17.1。

表 17.1　米德的政策搭配

区　间	经济状况	支出增减政策	支出转换政策
Ⅰ	通胀/国际收支逆差	紧缩	贬值
Ⅱ	失业/国际收支逆差	扩张	贬值
Ⅲ	失业/国际收支顺差	扩张	升值
Ⅳ	通胀/国际收支顺差	紧缩	升值

四、斯旺图示

米德提出的实现内外均衡的政策搭配组合可由斯旺图示(Swan diagram)予以说明。

图 17.1 中横轴代表国内支出，表示支出调整政策，扩张性支出调整政策会拉动国内支出水平沿横轴右移；纵轴代表直接标价法下的汇率，表示支出转换政策，汇率上升表示本币贬值，汇率下降表示本币升值。EB 线代表国内支出和汇率的各种组合下的外部均衡曲线。该曲线斜率为正，是因为扩张性支出调整政策使国内支出增加，从而进口增加，为维持外部均衡，需要汇率上升，本币贬值，从而刺激出口，抑制进口。IB 线代表国内支出和汇率的各种组合下的内部均衡曲线。该曲线的斜率为负，是因为汇率下降、本币升值会导致出口减少，进口增加，为维持内部平衡，必须增加国内支出。EB 和 IB 线的交点代表内部和外部同时均衡。

EB 线左侧代表外部顺差，右侧代表外部逆差。IB 线左侧代表内部存在失业，右侧代表内部存在通货膨胀。因此，两条线可以将平面分成四个区域，每个区域代表内部和外部不均衡的不同组合。政府可以通过不同政策组合实现内外同时均衡。例如，当经济存在失业和逆差时，可以采取扩张性支出调整政策和货币贬值的支出转换政策组合，使经济实现内外均衡。

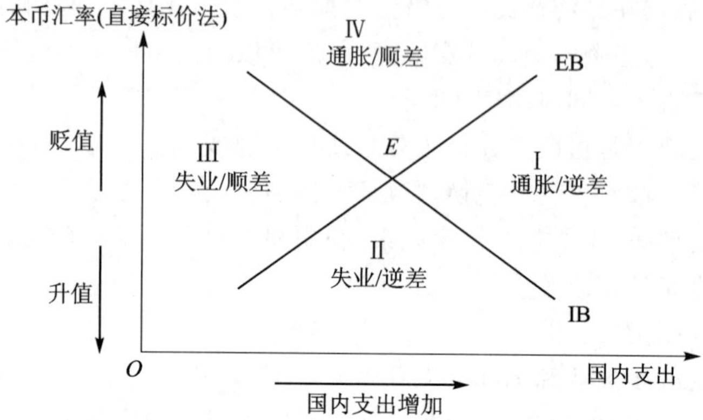

图 17.1　斯旺图示：支出转换政策与支出增减政策的搭配

五、米德冲突

詹姆斯·米德(J. Meade)认为，在固定汇率制度下，汇率的调整会受到制约，如果单纯采用支出调整政策来实现内部均衡和外部均衡两个目标，则可能会出现米德冲突(Meade's conflict)。米德冲突是指在某些情况下，单独使用支出调整政策，即财政政策与货币政策，实现内外部均衡，将会导致一国内部均衡与外部均衡之间的冲突。例如在失业与逆差并存情况下，采取扩张性政策可以消除失业，但会加重逆差；当通货膨胀和顺差并存时，单纯的支出调整政策也会在实现一个目标的同时使另一个目标恶化。

六、蒙代尔政策搭配法则

针对米德冲突，蒙代尔(Mundell)认为，如果考虑到资本流动的影响，一国财政政策和货币政策对内部均衡和外部均衡的作用程度和方向是不同的，财政政策和货币政策实际上是两个政策工具。

如果政府采取扩张性的财政政策，比如增加政府购买支出或减税，会导致社会总需求增加，进而在乘数的作用下引起产出和国民收入增加，就业增加，失业减少。而如果政府实行紧缩性的财政政策，则会导致社会总需求减少，进而引起国民收入水平下降，物价水平也随之降低。由此可见，财政政策对于一国内部均衡的影响效果比较明显，作用方向明确。而从对外部均衡的影响来看，当政府采取扩张性财政政策时，一方面由于需求增加引起国民收入增加，进而引起进口增加，从而导致经常项目收支恶化；另一方面由于扩张性财政政策会带来利率上升，进而吸引资本流入，国际收支资本和金融项目由此改善。综合考虑这两方面的影响，扩张性财政政策对于国际收支和外部均衡的影响方向不明确。同样，政府实施紧缩性财政政策一方面会导致国民收入下降和进口减少，从而有利于贸易收支的改善，但另一方面也会使得利率下降，导致资本流出，从而使国际收支资本和金融项目恶化。因而紧缩性财政政策对于国际收支和外部均衡的影响效果和方向也是不明确的。

货币政策对一国内部均衡和外部均衡的影响与财政政策不同。从对内部均衡的影响来看，如果一国采取扩张性货币政策，增加货币供给量，则利率会下降，进而刺激私人消费和投资支出增加，引起国民收入水平提高，增加就业，减少失业。而如果采取紧缩性货币政策，减少货币供给量，则利率会上升，进而抑制私人消费和投资支出，引起国民收入水平下降，物价水平也随之降低。从对外部均衡的影响来看，如果一国采取扩张性货币政策，则利率下降一方面会通过刺激私人消费和投资支出增加而引起国民收入水平提高，国民收入增加则会导致进口增加，从而使得贸易收支恶化；另一方面利率下降也会导致资本流出，从而使国际收支资本和金融项目恶化，因而扩张性货币政策会导致国际收支恶化。相反，如果采取紧缩性的货币政策会导致国际收支改善。由此可见，与财政政策不同，货币政策对于一国外部均衡的影响效果比较明显，作用方向明确。

因此，蒙代尔提出，当一国面临内外均衡两个任务时，应将稳定国内经济，使其在没有过度通货膨胀的情况下达到充分就业的任务分配给财政政策；而将稳定国际收支的任务分配给货币政策，如此搭配使用，才能收到良好的效果。这就是蒙代尔分配法则（Mundell's assignment principle），如图 17.2 所示。

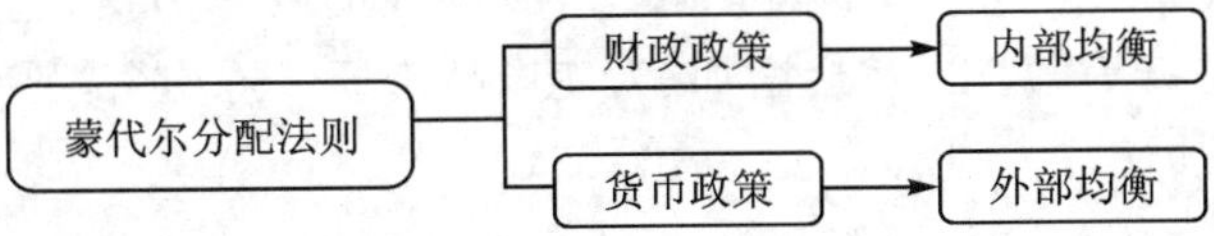

图 17.2　蒙代尔分配法则

为实现内部均衡和外部均衡的目标，财政政策和货币政策的具体搭配情况如表 17.2 所列。

表 17.2　蒙代尔政策搭配法则

经济状况	财政政策	货币政策
失业和顺差	扩张性	扩张性
失业和逆差	扩张性	紧缩性
通胀和顺差	紧缩性	扩张性
通胀和逆差	紧缩性	紧缩性

第二节　开放条件下的宏观经济模型

本节介绍开放宏观经济模型：IS－LM－BP 模型。这个模型可以用于分析开放宏观经济政策的效果，该模型包括三个市场，即产品市场、货币市场和国际市场，分别对应于 IS 曲线、LM 曲线和 BP 曲线。

一、开放条件下 IS 曲线的推导

首先来看开放条件下 IS 曲线的推导。在开放条件下，一国产品市场达到均衡需要满足下列关系：

$$S + M = I + G + X \tag{17.1}$$

式中：S、I、G、X、M 分别代表储蓄、投资、政府购买支出、出口和进口，有时等式的左右两边分别被称作“漏出量”(leakage)和“注入量”(injection)，即开放条件下当“漏出量”与“注入量”相等时，国民收入达到均衡。在式(17.1)中，G 是外生变量；X 取决于外国的收入；S、M 与本国收入水平正相关；I 与利率 i 负相关。

根据式(17.1)，我们可以用四象限法来推导出开放条件下的 IS 曲线，推导过程如图 17.3 所示。图 17.3(a)描述了储蓄与进口之和 $S+M$ 与国民收入 Y 之间的正相关关系，对应于收入水平 Y_1、Y_2，$S+M$ 分别为 L_1、L_2。根据图 17.3(b)中的 45°线，均衡时对应的“注入量”$I+G+X$ 应分别为 Z_1、Z_2。接着由图 17.3(c)中利率与“注入量”之间的关系线可确定均衡时的利率水平，应分别为 i_1、i_2，这样在图 17.3(d)中便可确定产品市场达到均衡时的两个点：(Y_1, i_1)、(Y_2, i_2)，连接两点的曲线就是所谓的 IS 曲线。由图 17.3(d)可以看出，IS 曲线的斜率为负，这是因为国民收入提高时，储蓄和进口等“漏出量”会增加，为使产品市场保持均衡，利率必须下降，以便通过刺激投资增加使“注入量”等于“漏出量”。

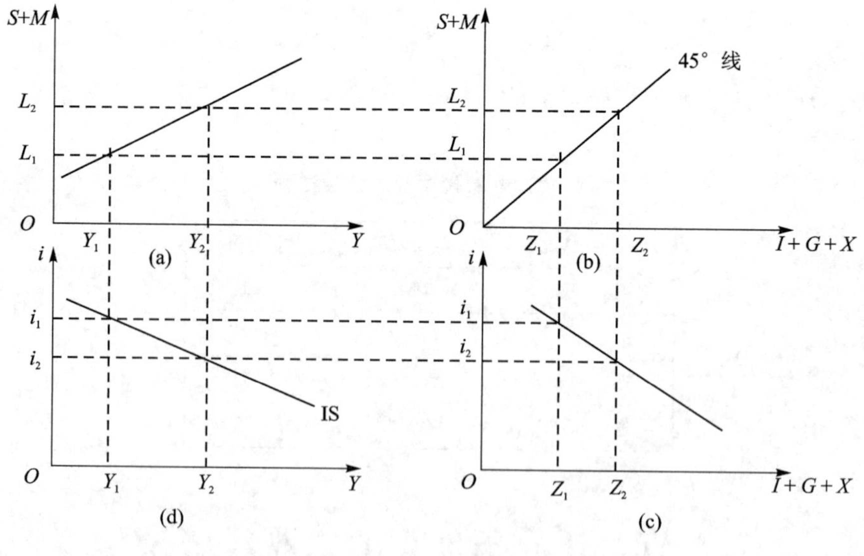

图 17.3　开放条件下 IS 曲线的推导

凡是影响“漏出量”与“注入量”的因素都会影响到 IS 曲线的位置。例如，国内投资、政府支出或出口增加，将导致 IS 曲线右移。这是因为在利率不变的前提下，“注入量”的任何增加要求国民收入也必须增加，只有这样才可以保证储蓄和进口的增加，以维持“漏出量”与“注入量”之间的平衡。另外，汇率的变化也会导致 IS 曲线的移动，例如，在马歇尔-勒纳条件成立的前提下，本币贬值将导致 IS 曲线右移，因为本币贬值后进口减少，出口增加，所以“注入量”超过“漏出量”，这样只有国民收入增加才能保证“漏出量”与“注入量”之间的平衡。相反，本币升值则会导致 IS 曲线左移。

二、开放条件下 LM 曲线的推导

下面来推导开放条件下 LM 曲线。LM 曲线是货币市场达到均衡时的国民收入和利率组合的轨迹，它的推导可以从货币市场均衡条件入手，即 $M_s = M_d$。

货币需求 M_d 可分为两部分：分别是交易需求(M_t)和投机需求(M_{sp})。交易需求取决于实际国民收入(正相关)，投机需求则取决于利率(负相关)。如图 17.4 所示，当国民收入水平由 Y_1 提高到 Y_2 时，由图 17.4(a)可知，交易需求由 M_{t1} 升至 M_{t2}；图 17.4(b)中的斜率为 −1 的直线表示货币市场均衡条件，对应于既定的货币供给 M_s 以及交易部分货币余额 M_{t1} 和 M_{t2}，均衡时的投机需求部分货币余额应分别为 M_{sp1}、M_{sp2}；而对应于 M_{sp1} 和 M_{sp2}，图 17.4(c)给出了满足货币市场均衡条件的利率水平，应分别为 i_1、i_2；最后根据所得到的两个组合(Y_1,i_1)(Y_2,i_2)，在图 17.4(d)中就可确定一条斜率为正的货币市场均衡曲线——LM 曲线。LM 曲线的斜率之所以为正是因为当国民收入水平提高时，货币的交易需求增加，为使货币需求继续

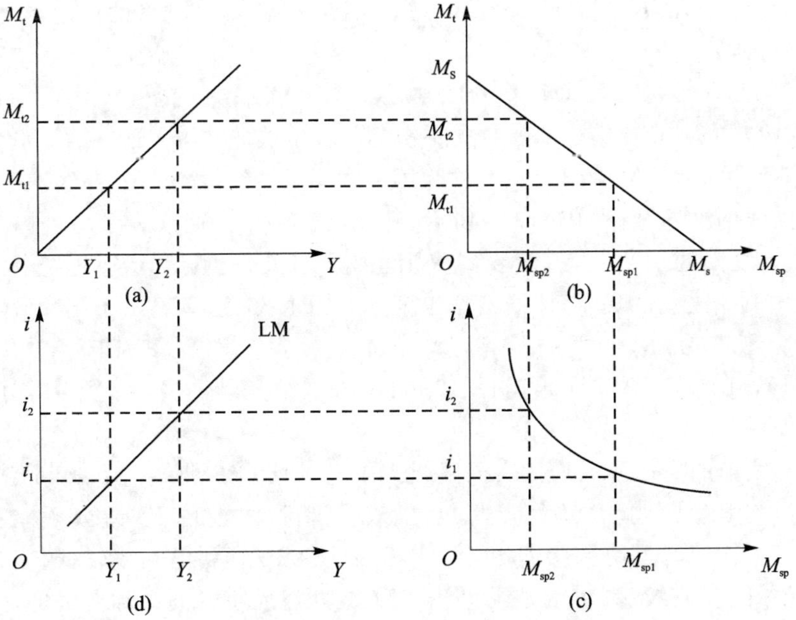

图 17.4　开放条件下 LM 曲线的推导

等于不变的货币供给,要求投机货币需求减少,也就是利率需要提高。

影响LM曲线位置的因素主要是国内货币供给量。当国内货币供给量增加时,LM曲线右移,这是因为对应于既定的利率水平,只有国民收入增加才能保证过剩的货币余额被吸收。相反,当国内货币供给量减少时,LM曲线将左移。

三、国际收支平衡线BP曲线的推导

最后来推导国际收支平衡线——BP曲线。我们知道国际收支达到平衡要求经常项目收支差额与资本项目收支差额之和为零,用公式表示:

$$\mathrm{BP}=(X-M)+(\mathrm{AX}-\mathrm{AM})=0$$

$$\text{或}\quad M-X=\mathrm{AX}-\mathrm{AM} \qquad (17.2)$$

式中:X表示出口;M表示进口;AX表示金融资产出口(asset export),即资本流入;AM表示金融资产进口(asset import),即资本流出;$M-X$为经常项目的净进口;AX$-$AM为资本项目的净流入。式(17.2)表明当贸易净进口等于资本净流入时国际收支达到平衡。

在汇率不变的情况下,进口量由本国实际国民收入来决定,即M是本国实际国民收入的递增函数,函数表达式可写成$M=M(Y)$;出口X则主要由外国实际收入决定,与本国收入水平无关,可以把它看成常数;资本项目受利率i的影响,i提高则资本的流入就越多,流出则越少,表示成函数形式即$\mathrm{AX}=\mathrm{AX}(i)$及$\mathrm{AM}=\mathrm{AM}(i)$。据此,我们可以得到经常项目的净进口函数$\mathrm{NM}=M(Y)-X$,是本国国民收入的递增函数;而资本项目的净流入$\mathrm{NF}=\mathrm{AX}(i)-\mathrm{AM}(i)$是本国利率的递增函数。于是,式(17.2)可改写成

$$M(Y)-X=\mathrm{AX}(i)-\mathrm{AM}(i) \qquad (17.3)$$

由式(17.3)可确定满足国际收支平衡的各种可能的i与Y的组合。我们将满足式(17.3)条件的i与Y的组合轨迹称为国际收支平衡线,简称BP曲线。

BP曲线的推导过程如图17.5所示。图17.5(a)中的曲线表示净进口NM与实际国民收入之间的函数关系,曲线斜率为正;图17.5(c)则表示金融资本的净流入NF与本国利率之间的关系,曲线斜率也为正。图17.5(b)则显示了国际收支的均衡条件:NM=NF,在45°线上的所有点均表示国际收支均衡,即BP=0。这样根据图17.5(a)、(b)、(c)即可推导出图17.5(d)中的国际收支均衡线——BP曲线的形状。

BP曲线上的任何一点均代表国际收支平衡;而在BP曲线以下或以上的区域内任何一点,与BP曲线上的均衡点相比,则表示国际收支处于逆差或顺差状态。例如,图中E'点表示,与均衡点E相比,实际国民收入相同,但利率较低,于是金融资产的净流入比E点要少,也就是说,金融资产的净流入小于商品和劳务的净进口,这意味着国际收支处于逆差;同样地,E''点代表国际收支处于顺差。

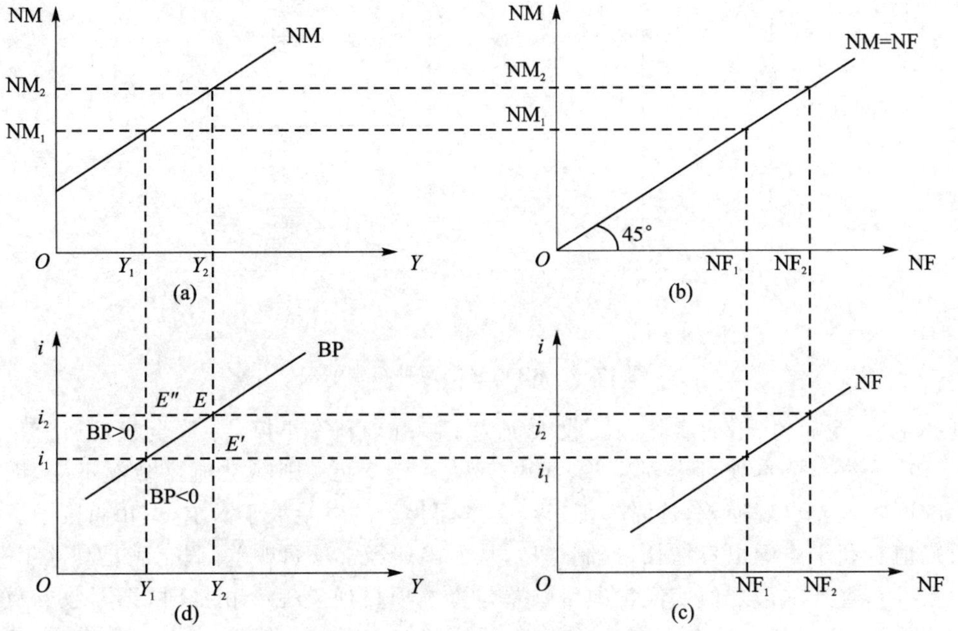

图 17.5　BP 曲线的推导

通常情况下 BP 曲线向右上方倾斜，即斜率为正，利率与实际国民收入同方向变动。原因是如果国内利率提高，会吸引更多的国外资本流入，从而使国际收支出现盈余。此时，只有通过增加净进口才能抵消资本净流入的增加，而净进口又取决于实际国民收入，所以只有在实际国民收入也提高的情况下，才能使进口增加，经常项目出现逆差，进而抵消资本项目的盈余，使国际收支重新恢复平衡。

但是 BP 曲线的形状存在两种极端情况。一种是在没有资本流动的情况下，利率变化对国际收支没有直接影响，也就是说资本流动对利率的弹性为零，这时 BP 线是一条位于某一收入水平上垂直于横轴的直线，如图 17.6(a)所示；另一种极端则对应于资本完全自由流动的情况，这时资本流动对于利率变动具有完全的弹性，即任何高于国外利率水平的国内利率都会导致巨额资本流入，使国际收支处于顺差；同样，任何低于国外利率水平的国内利率都会导致巨额资本流出，使得国际收支处于逆差。因此，BP 线为一条位于国际均衡利率水平上的水平直线，如图 17.6(b)所示。概括而言，BP 曲线的斜率应处于 0 与无穷大之间，资本流动程度越低，BP 曲线越陡峭；资本流动程度越高，BP 曲线越平坦。

还有，汇率作为一个重要的参数，对国际收支状况有实质性的影响，汇率的变化会引起 BP 曲线的移动，凡能影响汇率的因素(如利率、实际国民收入、价格水平等)都会使 BP 曲线移动。本币贬值，会使 BP 曲线右移；本币升值，会使 BP 曲线左移。以利率变动为例，如图 17.7 所示，假定最初外部均衡实现于 BP 曲线上的 A 点(Y_1，i_1)，由于外部已经达到均衡状态，所以必然有均衡汇率 e_1 与(Y_1，i_1)相一致。假定

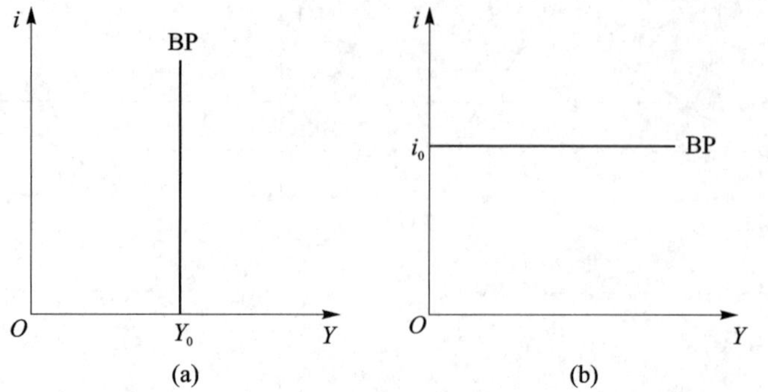

图 17.6 BP 曲线的两种极端情况

利率由 i_1 下降到 i_2，而实际国民收入仍为 Y_1，由于利率下降，导致金融资产流出增加，流入减少，资本项目出现逆差，而由于假定 Y_1 不变，则经常项目余额不变，因此总的国际收支出现逆差，这时外汇市场上本国货币的供给大于需求，本币将贬值。本币贬值有利于本国出口增长，抑制进口，从而出现经常项目顺差(假定满足马歇尔-勒纳条件)，直到本币贬值使经常项目顺差与资本项目逆差完全相抵时，国际收支重新实现均衡，这时新的均衡汇率 e_2 与已降低的利率 i_2 和 Y_1 的组合点 B 相对应，这就意味着 BP 曲线右移到 BP′；相反，如果利率上升，本币升值，则 BP 曲线会左移。

四、IS－LM－BP 模型

现在，将 BP 曲线引入到 IS－LM 模型中，即在描述产品市场与货币市场同时均衡的 IS－LM 模型中加入国际收支均衡曲线，便可构造一个开放条件下的宏观经济模型。开放经济均衡要求商品市场、货币市场和国际收支同时达到均衡。如图 17.8 所示，当 IS 曲线、LM 曲线和 BP 曲线恰好交于 E 点的时候，便会有唯一的一组利率 i_0、实际国民收入 Y_0 和汇率 e_0 使得产品市场、货币市场以及国际收支这三种均衡同时实现。

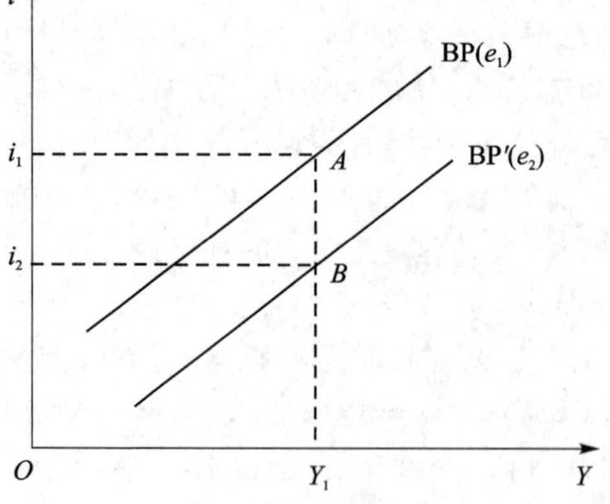

图 17.7 BP 曲线的移动

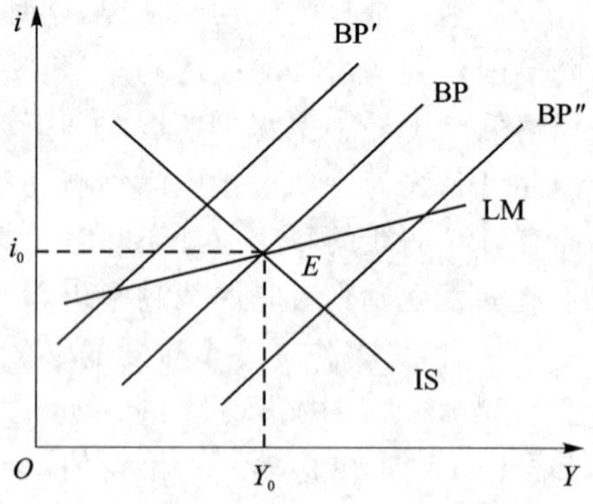

图 17.8 IS－LM－BP 模型的均衡

而 $Y-i$ 平面的其他任何点都是非三重均衡点。例如，如果 BP 曲线位于 IS 与 LM 的交点 E 的左方，如 BP' 所示，由于表示 i_0 与 Y_0 的组合点 E 位于 BP' 右边，根据前面对 BP 曲线的讨论，我们知道在产品市场与货币市场共同达到均衡时存在着国际收支逆差；如果 BP 曲线低于点 E，如 BP'' 所示，则意味着产品市场与货币市场同时达到均衡时存在着国际收支顺差。

下面利用 IS－LM－BP 模型来分析在不同汇率制度下宏观经济政策的作用效果。

第三节　固定汇率制下的宏观经济政策效果

一、固定汇率制下货币政策的作用效果

（一）固定汇率制下，资本不流动的扩张性货币政策效应

在资本不流动的条件下，BP 曲线是一条垂直于横轴的直线，如图 17.9 所示。假定最初 IS 曲线、LM 曲线和 BP 曲线交于 E_0 点，此时均衡的国民收入和利率分别为 Y_0 和 i_0，假设国内经济处于非充分就业状态（Y_0 小于充分就业时的国民收入水平）。如果货币当局为增加就业、提高国民收入而采取扩张性货币政策，则会使 LM 曲线右移至 LM′，LM′与 IS 曲线的交点位于 BP 曲线右方，意味着国际收支出现了逆差，本币面临贬值压力。本国货币当局为维持固定汇率制，需要对外汇市场进行干预，抛出外汇，收回本币，这会导致本国货币供给量减少，LM 曲线向左回移，直至回到原来位置，国际收支恢复平衡。由此可见，在固定汇率制和资本不流动的情况下，扩张性货币政策在短期内会提高一国的国民收入，而在长期内则对国民收入没有影响。

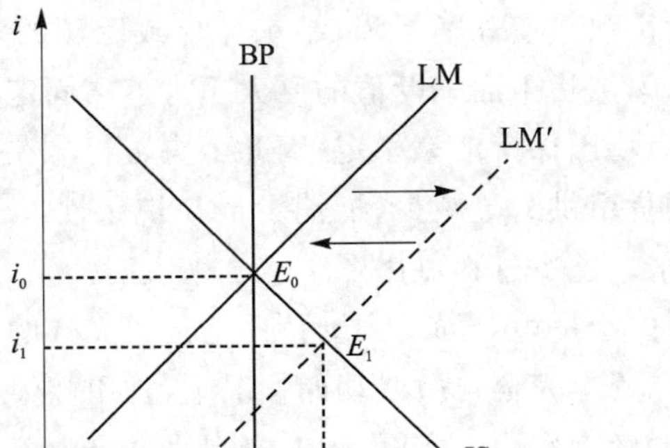

图 17.9　固定汇率制下资本不流动的扩张性货币政策效应

(二) 固定汇率制下,资本有限流动的扩张性货币政策效应

在资本有限流动的情况下,如图 17.10 所示,不论 BP 曲线比 LM 曲线更陡还是更平坦,扩张性货币政策都会使 LM 曲线右移至 LM′,LM′与 IS 曲线的交点都位于 BP 曲线右方,这意味着国际收支出现了逆差,本币面临贬值压力。本国货币当局为维持固定汇率制,需要在外汇市场上抛出外汇,收回本币,这会导致本国货币供给量减少,LM 曲线向左回移,直到最终三条曲线 IS、LM 和 BP 交于 E_0 点,经济重新恢复到均衡状态。由此可见,在固定汇率制和资本有限流动的情况下,扩张性货币政策在短期内会提高一国的国民收入,而在长期内则对国民收入没有影响。

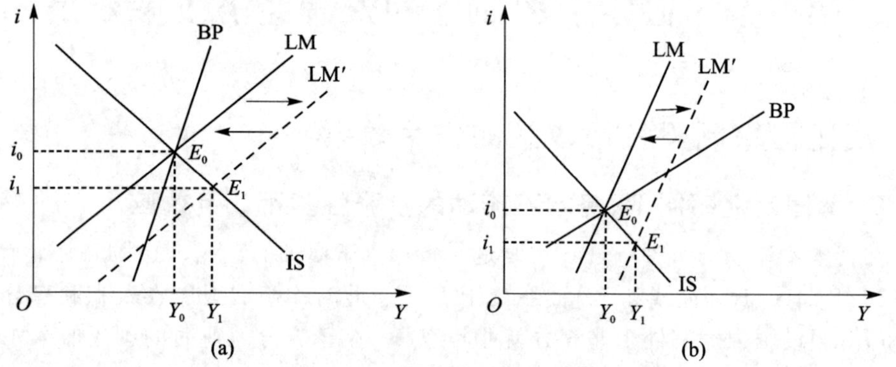

图 17.10 固定汇率制下资本有限流动的扩张性货币政策效应

(三) 固定汇率制下,资本完全自由流动的扩张性货币政策效应

在资本具有完全流动性的情况下,利率的微小变动都会引发资本的无限流动。在这种情况下,各国利率均与世界利率水平保持一致。在固定汇率制度下,任何国家的中央银行均不可能独立地实施货币政策,原因如下:假设一国货币当局希望降低利率,因而采取扩张性货币政策使利率下降,结果会导致巨额的资本流出,该国的国际收支会出现大量逆差,该国货币面临贬值的巨大压力。在固定汇率制度下,该国中央银行有责任干预外汇市场以保持汇率稳定,因此中央银行将在外汇市场上抛售外币、收回本币,结果使该国货币供给量减少,抵消了最初扩张性货币政策的影响,最终国内利率恢复到最初水平。这一过程可用图 17.11 来说明。

在固定汇率制下,由于货币当局受到维持固定汇率义务的限制,使得货币政策丧失了独立性。特别是在资本完全自由流动的情况下,货币政策在长期和短期都无效,不能发挥对国民收入的影响作用。实际上,在资本完全自由流动的情况下,扩张性货币政策根本不会导致 LM 曲线右移至 LM′,因为资本流动数量巨大且非常迅速,中央银行增加货币供给会被资本流出完全抵消,所以经济会始终处于均衡点 E_0。由此可见,在固定汇率制和资本完全自由流动的情况下,扩张性货币政策对于提高一国的均衡国民收入完全无效。

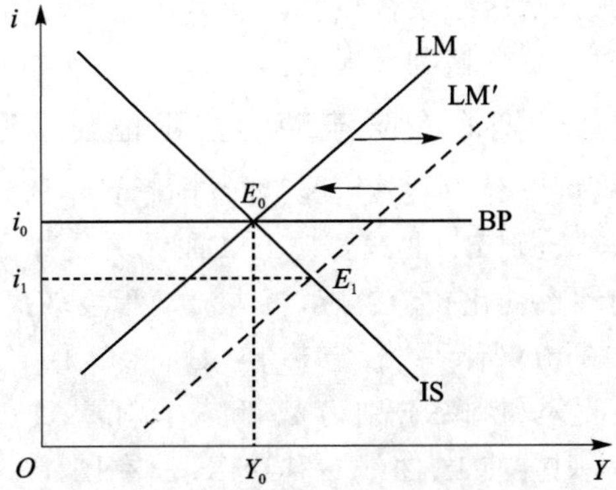

图 17.11　固定汇率制下资本完全自由流动的扩张性货币政策效应

(四) 固定汇率制下货币政策的作用效果总结

在固定汇率制下,由于一国货币当局受到维持固定汇率义务的限制,使得货币政策丧失了独立性。特别是在资本完全自由流动的情况下,货币政策在短期和长期都无效,不能发挥对国民收入的影响作用。

二、固定汇率制下财政政策的作用效果

(一) 固定汇率制下,资本不流动的扩张性财政政策效应

假定资本不流动,此时 BP 曲线是一条垂直于横轴的直线。如图 17.12 所示,假定最初 IS 曲线、LM 曲线和 BP 曲线交于 E_0 点,此时均衡的国民收入和利率分别为 Y_0 和 i_0。如果政府采取增加政府开支或减税的扩张性财政政策,则会使 IS 曲线右移至 IS′,IS′与 LM 曲线的交点位于 BP 曲线右方,意味着国际收支出现了逆差,本币面临贬值压力。本国货币当局为维持固定汇率制,需要对外汇市场进行干预,抛出外汇,收回本币。这会导致本国货币供给量减少,LM 曲线左移,直到最终三条曲线 IS′、LM′和 BP 交于 E_2 点,经济重新恢复到均衡状态。由此可见,在固定汇率制和资

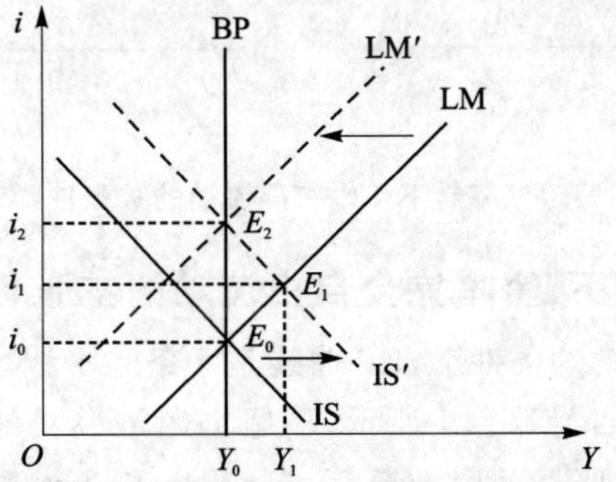

图 17.12　固定汇率制下资本不流动的扩张性财政政策效应

本不流动的情况下，扩张性财政政策在短期内会提高一国的国民收入，而在长期内则对国民收入没有影响，只会使均衡利率提高。

（二）固定汇率制下，资本有限流动的扩张性财政政策效应

假定资本有限流动，可以分为两种情况：如果国际资本流动对国内利率变化不是很敏感，资本流动程度较低，则 BP 曲线要比 LM 曲线更陡些，如图 17.13(a)所示；如果国际资本流动对国内利率变化较为敏感，资本流动程度较高，则 BP 曲线比 LM 曲线要平坦些，如图 17.13(b)所示。假定最初 IS 曲线、LM 曲线和 BP 曲线交于 E_0 点，此时均衡的国民收入和利率分别为 Y_0 和 i_0。如果政府采取增加政府开支或减税的扩张性财政政策，则会使 IS 曲线右移至 IS′。在图 17.13(a)中，IS′与 LM 曲线的交点位于 BP 曲线右方，意味着国际收支出现了逆差，本币面临贬值压力。本国货币当局为维持固定汇率制，需要对外汇市场进行干预，抛出外汇，收回本币，这会导致本国货币供给量减少，LM 曲线左移，直到最终三条曲线 IS′、LM′和 BP 交于 E_2 点，经济重新恢复到均衡状态。而在图 17.13(b)中，IS′与 LM 曲线的交点位于 BP 曲线左方，意味着国际收支出现了顺差，本币面临升值压力。本国货币当局为维持固定汇率制，需要对外汇市场进行干预，抛出本币，收回外汇，这会导致本国货币供给量增加，LM 曲线右移，直到最终三条曲线 IS′、LM′和 BP 交于 E_2 点，经济重新恢复到均衡状态。由此可见，在固定汇率制和资本有限流动的情况下，扩张性财政政策会提高一国的均衡国民收入和利率水平，资本流动程度越高，扩张性财政政策提高国民收入的效果越明显。

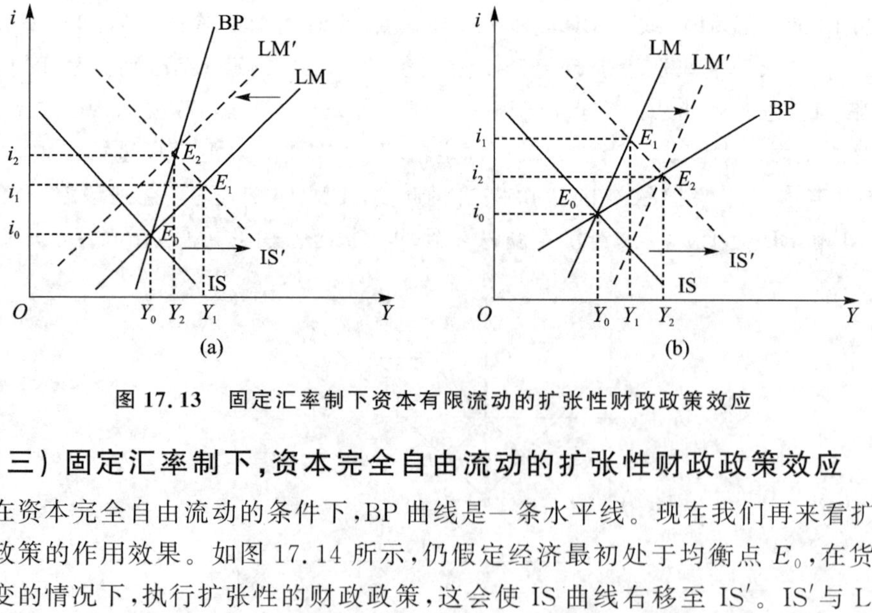

图 17.13　固定汇率制下资本有限流动的扩张性财政政策效应

（三）固定汇率制下，资本完全自由流动的扩张性财政政策效应

在资本完全自由流动的条件下，BP 曲线是一条水平线。现在我们再来看扩张性财政政策的作用效果。如图 17.14 所示，仍假定经济最初处于均衡点 E_0，在货币供给不变的情况下，执行扩张性的财政政策，这会使 IS 曲线右移至 IS′。IS′与 LM 曲线的交点所对应的利率高于国际均衡水平 i_0，会吸引大量国际资本流入本国，从而

造成巨额国际收支顺差，本币面临升值的压力。为保持固定汇率，中央银行必须在外汇市场上买进外汇，抛出本币，结果本国货币供给量增加，LM曲线发生右移，这一过程将一直持续到经济达到新的均衡点E_2点，使利率恢复到原来的水平，国际收支恢复平衡。由此可见，在固定汇率制和资本完全自由流动的情况下，扩张性财政政策会明显提高一国的均衡国民收入，此时的财政政策完全没有"挤出效应"。

综合以上分析可以看出，在固定汇率制下，除资本不流动的情况外，扩张性财政政策对于提高一国的国民收入水平是比较有效的，资本流动程度越高，扩张性财政政策提高国民收入的作用效果越明显。

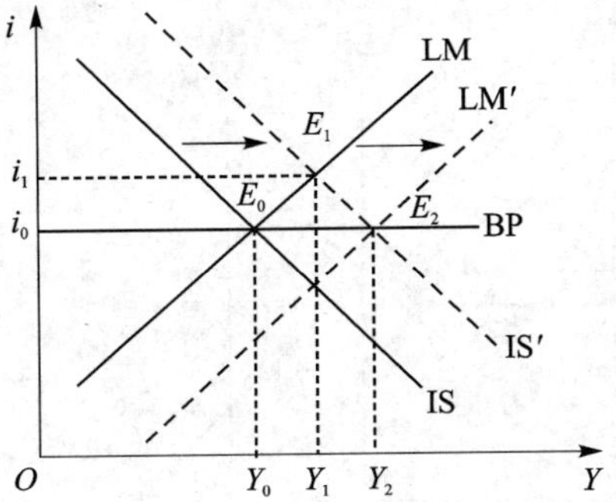

图 17.14 固定汇率制下资本完全自由流动的扩张性财政政策效应

（四）固定汇率制下财政政策的作用效果总结

在固定汇率制下，除资本不流动的情况外，扩张性财政政策对于提高一国的国民收入水平是比较有效的。资本流动程度越高，扩张性财政政策提高国民收入的作用越明显。

蒙代尔-弗莱明模型（The Mundell-Fleming Model）是以资本具有完全流动性为假设前提的开放经济模型，它是一类特殊的IS－LM－BP模型，其特殊性表现在BP曲线由于资本的完全流动性而成为一条水平线。

在固定汇率制下，如果资本具有完全流动性，则一国不可能执行独立的货币政策，任何扩张或紧缩货币供给的企图都将被资本的迅速、巨额流动及央行保持固定汇率的承诺相抵消；而同样由于上述原因财政政策却会使国际收支恢复均衡，对国民收入的影响也进一步扩大。

第四节 浮动汇率制下的宏观经济政策效果

一、浮动汇率制下货币政策的作用效果

（一）浮动汇率制下，资本不流动时扩张性货币政策效应

在资本不流动的条件下，BP曲线是一条垂直于横轴的直线。如图17.15所示，

假定最初IS曲线、LM曲线和BP曲线交于E_0点,此时均衡的国民收入和利率分别为Y_0和i_0。此时如果中央银行采取扩张性货币政策,则会使LM曲线右移至LM′,LM′与IS曲线的交点位于BP曲线右方,意味着国际收支出现了逆差。在浮动汇率制下,国际收支逆差会导致本币贬值。本币贬值一方面会使得BP曲线右移,另一方面也会由于净出口增加而使得IS曲线右移,直到最终三条曲线IS′、LM′和BP′交于E_1点,经济重新恢复到均衡状态,此时均衡国民收入增加为Y_1。由此可见,在浮动汇率制和资本不流动的情况下,扩张性货币政策对于提高一国的国民收入是比较有效的。

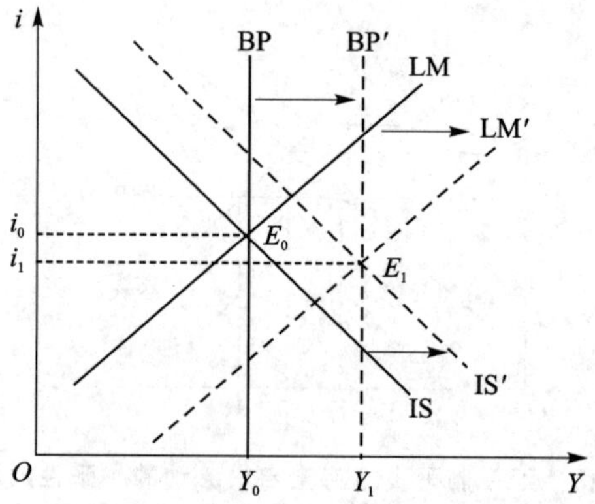

图17.15 浮动汇率制下资本不流动时扩张性货币政策效应

(二)浮动汇率制下,资本有限流动的扩张性货币政策效应

在资本有限流动的情况下,如图17.16所示,不论BP曲线比LM曲线更陡还是更平坦,扩张性货币政策都会使LM曲线右移至LM′,LM′与IS曲线的交点都位于BP曲线右方,这意味着国际收支出现了逆差。在浮动汇率制下,国际收支逆差会导致本币贬值。本币贬值一方面会使得BP曲线右移,另一方面也会由于净出口增加而使得IS曲线右移,直到最终三条曲线IS′、LM′和BP′交于E_1点,经济重新恢复到均衡状态,此时均衡国民收入都增加为Y_1。由此可见,在浮动汇率制和资本有限流动的情况下,扩张性货币政策对于提高一国的国民收入也是比较有效的。

(三)浮动汇率制下,资本完全自由流动的扩张性货币政策效应

在资本完全自由流动的条件下,BP曲线是一条水平线。如图17.17所示,假定经济最初处于均衡点E_0。中央银行实施扩张性的货币政策会使LM曲线右移至LM′。LM′与IS曲线的交点所对应的利率i_1低于国际均衡水平i_0,这会导致大量资本流出本国,从而造成巨额国际收支逆差。在浮动汇率制下,国际收支逆差导致本币贬值。本币贬值会使出口增加、进口减少,由此导致的净出口增加将使IS曲线右移,直至国际收支恢复平衡为止。最终经济均衡点移至E_1点。在这一点,国内收入水平提高为Y_1,利率与国际均衡利率相等。由此可见,在浮动汇率制和资本完全自由

流动的情况下，扩张性货币政策对于提高一国的国民收入非常有效。

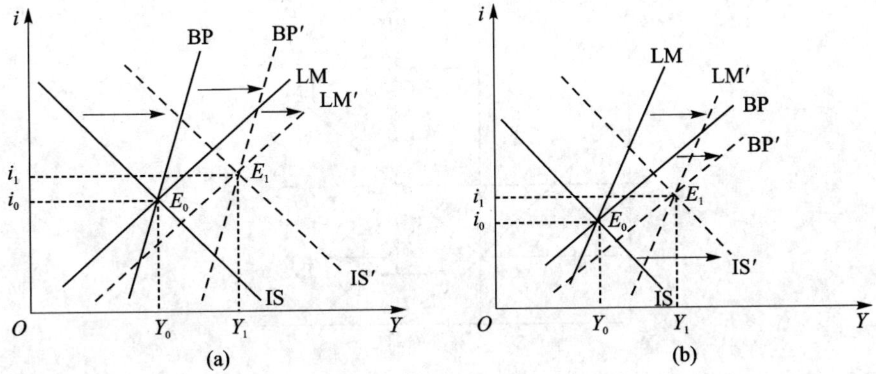

图 17.16 浮动汇率制下资本有限流动的扩张性货币政策效应

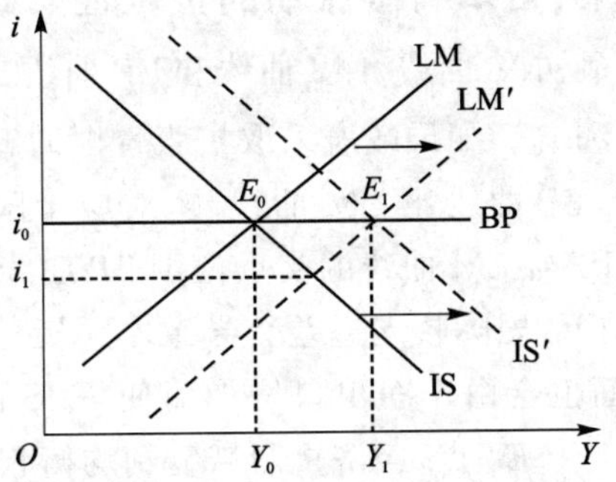

图 17.17 浮动汇率制下资本完全自由流动的扩张性货币政策效应

（四）浮动汇率下货币政策的作用效果总结

在浮动汇率制下，由于一国货币当局没有维持固定汇率的义务，不必干预外汇市场，从而可以控制货币供给量，使得货币政策能够有效发挥对国民收入的调节作用。

二、浮动汇率制下财政政策的作用效果

（一）浮动汇率制下，资本不流动的扩张性财政政策效应

在资本不流动的情况下，BP 曲线是一条垂直于横轴的直线。如图 17.18 所示，假定最初 IS 曲线、LM 曲线和 BP 曲线交于 E_0 点，此时均衡的国民收入和利率分别为 Y_0 和 i_0。如果政府采取扩张性财政政策，则会使 IS 曲线右移至 IS′，IS′与 LM 曲线的交点位于 BP 曲线右方，意味着国际收支出现了逆差。在浮动汇率制下，国际收支逆差会导致本币贬值。本币贬值一方面会使得 BP 曲线右移，另一方面也会由于净出口增加而使得 IS 曲线继续右移，直到最终三条曲线 IS″、LM 和 BP′交于 E_1 点，经济重新恢复到均衡状态，此时均衡国民收入增加为 Y_1。由此可见，在浮动汇率制

和资本不流动的情况下，扩张性财政政策对于提高一国的国民收入是比较有效的。

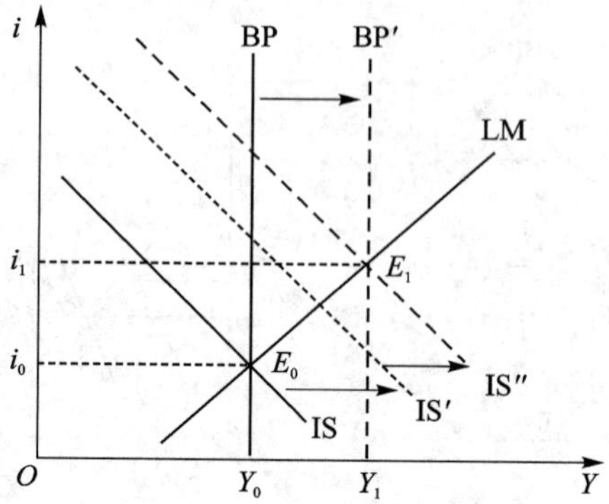

图 17.18　浮动汇率制下资本不流动的扩张性财政政策效应

(二) 浮动汇率制下，资本有限流动的扩张性财政政策效应

假定资本有限流动，最初 IS 曲线、LM 曲线和 BP 曲线交于 E_0 点，此时均衡的国民收入和利率分别为 Y_0 和 i_0。如果政府采取扩张性财政政策，则会使 IS 曲线右移至 IS′。在图 17.19(a)中，BP 曲线比 LM 曲线陡，对应于国际资本流动利率弹性相对较低。在这一情形下，IS′与 LM 曲线的交点位于 BP 曲线右方，意味着国际收支出现了逆差。在浮动汇率制下，国际收支逆差会导致本币贬值。本币贬值一方面会使得 BP 曲线右移，另一方面也会由于净出口增加而使得 IS 曲线继续右移，直到最终 IS″、LM 和 BP′三条曲线交于 E_1 点，经济重新恢复到均衡状态，此时均衡国民收入增加为 Y_1，均衡利率提高为 i_1。而在图 17.9(b)中，BP 曲线比 LM 曲线平坦，对应于国际资本流动利率弹性相对较高的情形。在这种情形下，IS′与 LM 曲线的交点位于 BP 曲线左方，意味着国际收支出现了顺差。在浮动汇率制下，国际收支顺差会导致本币升值。本币升值一方面会使得 BP 曲线左移，另一方面也会由于净出口减少而使得 IS 曲线向左回移，直到最终三条曲线 IS″、LM 和 BP′交于 E_1 点，经济重新恢复

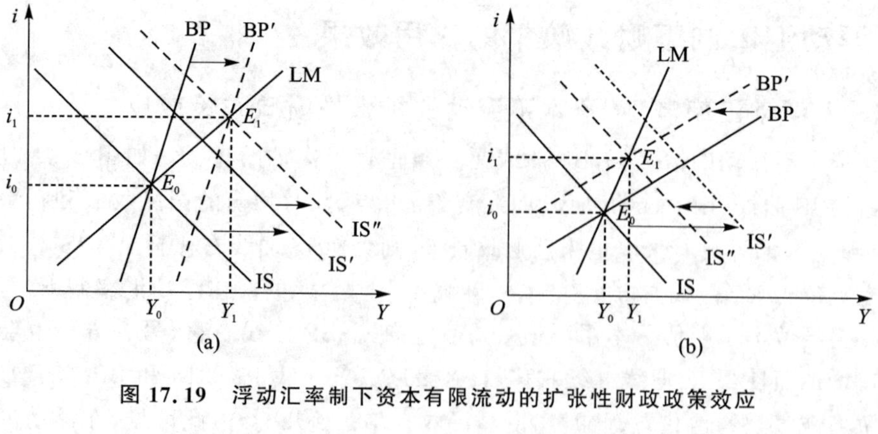

图 17.19　浮动汇率制下资本有限流动的扩张性财政政策效应

到均衡状态，此时均衡国民收入增加为 Y_1，均衡利率提高为 i_1。由此可见，在浮动汇率制和资本有限流动的情况下，扩张性财政政策会提高一国的均衡国民收入和利率水平，资本流动程度越高，扩张性财政政策提高国民收入的效果就越有限。

（三）浮动汇率制下，资本完全自由流动的扩张性财政政策效应

当资本完全自由流动时，浮动汇率制下财政政策在刺激国内经济作用方面，与固定汇率制下的效果大相径庭。如图 17.20 所示，假定政府采用扩张性财政政策，会导致 IS 曲线右移至 IS′。此时需求扩张，产量提高，对货币需求也因此增加，并导致利率上升。国内利率上升会造成资本大量流入国内，从而国际收支出现巨额顺差。在浮动汇率制下，国际收支顺差会导致本币升值。本币升值使得本国出口受到抑制，进口增加，由此导致的净出口减少将使 IS 曲线向左回移，直到净进口的增加抵消国际收支顺差为止。如图 17.20 所示，IS 曲线最终又回到原来的位置。事实上，由于汇率的自由浮动机制会对扩张性财政政策产生一个完全的挤出效应，可能 IS 曲线根本就不会向右移动，从而致使财政政策完全达不到降低失业、提高收入水平的目的。

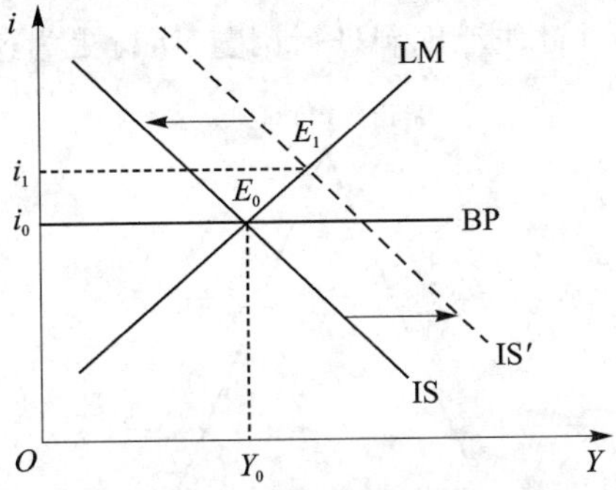

图 17.20　浮动汇率制下资本完全自由流动的扩张性财政政策效应

（四）浮动汇率制下财政政策的作用效果总结

在浮动汇率制下，随着资本流动程度的提高，扩张性财政政策对于提高一国国民收入的作用效果受到了限制，特别是当资本完全自由流动时，财政政策完全失效。

三、开放经济条件下政策选择的“三元悖论”

20 世纪 60 年代，罗伯特·蒙代尔（Robert A. Mundell）对开放经济条件下的宏观经济政策效果进行了分析，提出了著名的“不可能三角”（the Impossible Triangle）。后来，美国经济学家保罗·克鲁格曼（Paul Krugman）进一步将其概括为“三元悖论”（Trilemma of the Impossible Trinity），它是指一国货币政策的独立性、固定汇率制和资本的完全自由流动三者不能同时兼得，一国最多只能同时实现两个目标，而不得不放弃另外一个目标。

如图 17.21 所示，一国政府可以选择固定汇率制和货币政策独立性目标，但必须

放弃资本完全自由流动目标而实行资本管制，中国采取的政策比较接近这种模式。另外，一国政府可以选择货币政策独立性和资本自由流动目标，但必须放弃固定汇率制，美国和英国是这种模式的典型代表。它们可以通过调节利率来实现控制通胀和促进经济增长的目标，同时也允许资本自由进出，但放弃了实行固定汇率制的可能性。因为在这种情况下利率的上升和下降会引起资本的流入和流出，进而导致本国货币的升值和贬值，固定汇率制难以维持。当然，一国政府也可以选择固定汇率制和资本自由流动目标，但会丧失货币政策的独立性，中国香港是这种模式的典型代表。中国香港实行联系汇率制度，港币严格钉住美元，同时允许资本自由进出，在这种情况下，香港丧失了货币政策的独立性。如果美联储提高或降低利率，货币当局也不得不随之提高或降低利率，否则港币就会遭受严重的投机性攻击。

"三元悖论"对于发展中国家具有重要的现实指导意义。许多发展中国家实行钉住汇率制，在这种情况下，它们要保持货币政策的独立性就必须实行资本管制，而要实现资本自由流动就必须放弃货币政策的独立性。对于发展中国家来说，货币政策对于经济增长具有重要作用，同时资本项目逐步开放和自由也是大势所趋，在这种情况下，发展中国家就需要对钉住汇率制进行调整，实行更为灵活的汇率制度。

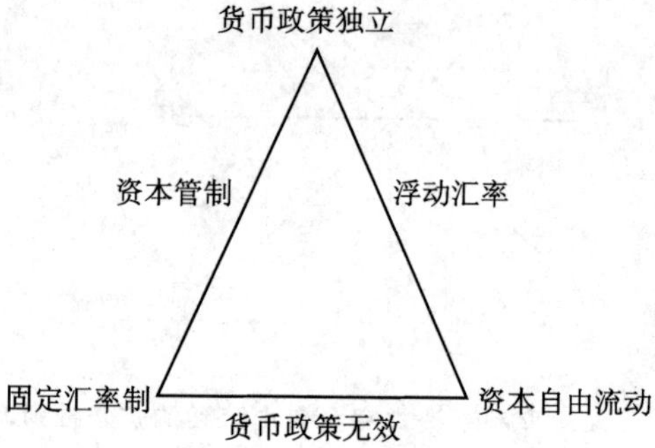

图 17.21　开放经济条件下政策选择的"三元悖论"

本章小结

本章首先阐述了开放经济条件下实现宏观经济内外均衡的理论。在开放经济中，一国的宏观经济政策需要兼顾内部均衡和外部均衡。根据丁伯根法则，在开放经济条件下短期内政府宏观经济政策有两个目标，就至少需要两个政策工具进行配合才能同时实现。米德提出政府可以运用支出调整政策和支出转换政策的组合来同时实现内外均衡目标。但在固定汇率制下，如果单纯采用支出调整政策，可能会出现米德冲突。

接下来本章利用开放条件下的宏观经济模型(IS－LM－BP 模型)讨论了固定汇

率制和浮动汇率制下货币政策和财政政策的作用效果。在固定汇率制下,由于一国货币当局受到维持固定汇率义务的限制,使得货币政策丧失了独立性;而除了资本不流动的情况外,扩张性财政政策对于提高一国的国民收入水平是比较有效的,资本流动程度越高,扩张性财政政策提高国民收入的作用越明显。在浮动汇率制下,由于一国货币当局不再有维持固定汇率的义务,从而可以控制货币供给量,使得货币政策在浮动汇率制下能够有效发挥对国民收入的影响作用;而随着资本流动程度的提高,扩张性财政政策对于提高一国国民收入水平的作用效果受到了限制,特别是当资本完全自由流动时,财政政策完全失效。

思考题

1. 作图说明固定汇率制下资本完全不流动时的财政、货币政策效果。
2. 作图说明固定汇率制下资本不完全流动时的财政、货币政策效果。
3. 作图说明浮动汇率制下资本完全流动时的财政、货币政策效果。
4. 开放经济条件下的宏观调控目标有哪些?它们之间的关系如何?
5. 开放经济条件下的宏观政策工具有哪些种类?
6. 简述开放经济条件下宏观调控政策协调的原理。
7. 简述开放经济条件下的 IS-LM-BP 模型。
8. 宏观经济政策国际协调的主要内容有哪些?为什么需要国际协调?
9. 请用 IS-LM-BP 模型画图并说明固定汇率制下财政政策与货币政策的效果(考虑资本完全流动、资本有限流动和无资本流动三种情况)。

第十八章 国际货币危机理论与国际货币体系

自20世纪70年代以来,随着英镑危机、美元危机的出现,有关货币危机的理论和实证文献数量急剧增加,1982年的国际债务危机推动了国际货币危机的讨论,1997—1998年的东南亚金融危机进一步使国际货币危机理论的重要性凸显,国际货币危机理论已经成为国际经济学的一个前沿内容。与此同时,关于国际货币体系的讨论也愈发引起理论界的高度重视。本章将讨论国际货币危机理论的发展以及国际货币体系的历史、现状和发展。

第一节 国际货币危机理论

一、第一代国际货币危机理论

第一代国际货币危机理论由美国经济学家克鲁格曼(Paul Krugman)于1979年提出。该理论假定政府为解决赤字问题会不顾外汇储备无限制地发行货币,央行为维持固定汇率制度会无限制地抛出外汇直至消耗殆尽。该理论认为当经济的内部均衡与外部均衡发生冲突时,政府为了维持内部均衡而采取的特定政策必然会导致外部均衡的丧失,持续的外部失衡将不断地消耗政府的外汇储备,投机者的冲击将导致货币危机爆发。

该理论认为一国内部均衡与外部均衡的矛盾,即一国固定汇率制面临的问题源于为弥补政府不断扩大的财政赤字而过度扩张的国内信贷。公共部门的赤字持续货币化,利率平价条件会诱使资本流出,导致本国外汇储备不断减少。当外汇储备减少到某一临界点时,投资者出于规避资本损失的考虑,会向该国货币发起投机冲击。由于一国货币是可耗尽的,政府所剩的外汇储备在极短的一段时间内将被投机者全部购入,政府被迫放弃固定汇率制的时间将早于政府主动放弃的时间,因此社会成本会更大。

第一代国际货币危机理论表明,投机冲击和汇率制度崩溃是微观投机者在经济基本面和汇率制度间存在矛盾时的理性选择的结果,并非所谓的非道德行为,因而这类模型也被称为理性冲击模型(Ration Attack Model)。该理论解释了20世纪70年代末 80 年代初的拉美式货币危机和 1998 年以来俄罗斯与巴西由财政问题引发的货币波动。

二、第二代国际货币危机理论

第一代国际货币危机理论假定，只有在经济基本面出现问题时，投机者才会对一国的货币发起攻击。第二代国际货币危机理论由奥伯斯特菲尔德(M. Obstfeld)等人推出，该理论认为投机者之所以对货币发起攻击，并不是因为经济基础的恶化，而是因为贬值预期的自我实现。

(1) 第二代国际货币危机理论的两个重要假定：

① 政府是主动的行为主体，最大化其目标函数，汇率制度的放弃是央行在维持和放弃之间权衡之后做出的选择，不一定是储备耗尽之后的结果。政府会出于一定的原因维护固定汇率制，也会因某种原因放弃固定汇率制。

② 引入博弈。在动态博弈过程中，中央银行和市场投资者的收益函数相互包含，双方均根据对方的行为或有关对方的信息不断修正自己的选择，而自身的这种修正又将影响对方的行为，因此经济可能存在一个循环的过程，出现“多重均衡”。其特点在于自我实现的危机存在的可能性，即一国经济基本面可能比较好，但是其中某些经济变量并不是很理想。由于种种原因，公众发生观点、理念、信心上的偏差，公众信心不足通过市场机制扩散，导致市场共振，危机自我实现，所以这种理论模型又称自我实现式危机模型。

(2) 以奥伯斯特费尔德为首的一些学者在模型中仍然注重经济基本面，除了这类主流理论外，另有少数学者认为货币危机可能根本不受经济基本面的影响。他们对货币危机的解释一般从两个角度出发，即羊群行为和传染效应。

① 羊群行为(herding behavior)提出由于市场参与者在信息不对称下行为的非理性而使金融市场不完全有效(这是该理论与第一代国际货币危机理论以及第二代国际货币危机的主流理论的区别所在，第一代国际货币危机理论与第二代国际货币危机的主流理论均假定市场参与者拥有完全信息，从而金融市场是有效的)，花车效应(bandwagon effect) 和市场的收益与惩罚的不对称容易造成羊群行为。

② 传染效应(contagion effect)主要从国家间的关联角度出发解释危机。由于全球一体化以及区域一体化的不断加强，特别是后者，因此区域内国家之间经济依存度逐渐增高，货币危机将首先在经济依存度高的国家之间扩散。

(3) 第二代国际货币危机理论注重危机的“自我实现”性质。该理论认为仅仅依靠稳健的国内经济政策是不足以抵御货币危机的，固定汇率的先天不足使其易受投机冲击，选择固定汇率制必须配之以资本管制或限制资本市场交易。

三、第三代国际货币危机理论

1997 年下半年爆发的东南亚货币危机引起了学术界的关注。克鲁格曼则认为这次货币危机在传染的广度与深度、转移及国际收支平衡等方面与以往的货币危机均有显著的区别，原有的国际货币危机理论解释力不足，第三代国际货币危机理论因此产生。

（1）克鲁格曼在第三代国际货币危机理论中强调以下几个方面：

① 金融过度（financial excess），主要是针对金融中介机构。在金融中介机构无法进入国际市场时，过度的投资需求并不导致大规模的过度投资，而是市场利率的升高；当金融机构可以自由进出国际金融市场时，金融中介机构的道德风险会转化成为证券金融资产和房地产的过度积累，这就是金融过度。金融过度加剧了一国金融体系的脆弱性，当外部条件合适时，将导致泡沫破裂，发生货币危机。

② 亲缘政治的存在增加了金融过度的程度。东南亚国家财政状况表面上是健康的，实际上有大量的隐含赤字存在，政府对与政客们有裙带关系的银行、企业提供各种隐性担保，增加了金融中介机构和企业道德风险的可能性，它们的不良资产就反映政府的隐性财政赤字。

③ 关键在于企业。由于销售疲软、利息升高和本币贬值，企业的资产负债表出现财务困难，这种困难限制了企业的投资行为。企业的资产负债表出现的财务困难包括了由前期资本流入所带来的实际汇率变化的影响，即在危机爆发前投资者的行为函数里可能已经包含了对这种变化的预期，这就加强了他们抛售本币的决心，这也是一种自我实现的现象。

④ 该模型表明存在三个均衡，中间均衡是不稳定的，另外两个均衡是本国回报率等于外国回报率的高水平均衡及低水平均衡。在低水平均衡上，贷款者不相信本国企业有任何担保，对它们不提供贷款，这一行为意味着实际汇率将可能贬值，实际汇率的不利影响意味着企业的破产，而这又对先前的悲观态度做出了佐证，形成一种恶性循环。

⑤ 保持汇率的稳定实际上是一个两难的选择。如果债务较大，杠杆效应较明显，维持实际汇率的成本就是产出的下降，而且这种下降是自我加强的。这仍然会给企业带来相同的不良后果。

（2）该理论模型分析所蕴含的政策建议：

① 预防措施。最好的方式是企业不持有任何期限的外币债务，因为对于金融体系不完善的国家来说，国际融资存在着外部不经济，它会放大实际汇率变动的负面冲击影响，从而导致经济衰退。

② 对付危机。克鲁格曼认为存在两种可能性，一种是紧急贷款条款，紧急贷款的额度必须足够大以加强投资者的信心；另一种是实施紧急资本管制，因为这样可以有效地、最大限度地避免资本外逃。

③ 危机后重建经济。克鲁格曼认为关键在于恢复企业和企业家的投资能力。为此，可以在私人部门实施一定的计划，以帮助本国的企业家或者培养新的企业家，或者两者同时实施，还可以通过 FDI 引进企业家。

四、三代国际货币危机理论的比较

(1) 三代国际货币危机理论都是在不同假定下展开的，研究的侧重面各有不同。第一代重点讨论经济基本面，第二代重点放在危机本身的性质、信息与公众的信心上，第三代国际货币危机理论的重点则是金融体系与私人部门，特别是企业。

(2) 三代国际货币危机理论从不同的角度回答了货币危机的发生、传导等问题。第一代国际货币危机理论认为，一国货币和汇率制度的崩溃是由于政府经济政策之间的冲突造成的；第二代国际货币危机理论认为，由于政府在固定汇率制上始终存在动机冲突，公众认识到政府的摇摆不定而逐渐丧失信心，加上金融市场并非天生有效的，存在种种缺陷，这时市场投机以及羊群行为会使固定汇率制崩溃，政府维持固定汇率制的代价会随着时间的推移而增大；第三代国际货币危机理论认为，企业、脆弱的金融体系以及亲缘政治是东南亚货币危机发生的原因所在。

(3) 三代国际货币危机理论对于资本管制下货币危机爆发的可能性、传导渠道等均未涉及。

第二节　现代国际货币体系

一、健全理想的国际货币体系

从宏观角度看，历史上健全的国际货币体系应具有以下的特点：

(1) 促使国际贸易在数量、结构、地理几个方面协调发展，促进国际资本较为自由地流动以使资源在全球能够更为有效地配置，让世界经济稳定地向前发展。

(2) 从金融角度看，为世界经济提供与其发展速度相匹配、行之有效的国际清偿能力。

(3) 具有较好的国际收支调节机制，即对国际收支失衡调节所付出的成本最低，且各国(国际收支顺差国及逆差国)认可自己所承担的调节责任。

(4) 使人们对国际金融局势保持乐观态度，不致出现因抛售某种资产、抢购另一种资产而造成的货币危机，或能将这种抢购控制在一定的范围和程度内。

(5) 对于相对落后国家的经济发展承担更多的义务，使它的运转与发展中国家经济的发展更为紧密地结合起来。

二、布雷顿森林体系

(一) 体系的建立

第二次世界大战以后，资本主义世界建立了以美元为中心的国际货币体系，即布雷顿森林体系。该体系因 1944 年 7 月在美国新罕布什尔州的布雷顿森林召开的联合国与联盟国家国际货币金融会议而得名。

(二) 体系的内容

(1) 国际货币基金组织是进行国际货币协商合作的永久性机构,是战后国际货币体系的核心。国际货币基金组织的宗旨是稳定汇率,促进国际贸易的发展,提高就业水平与国民收入的增长。基金的活动由成员国投票决定,每个成员国有基本票250票,缴纳基金份额则每10万特别提款权(SDR)增加1票,同时要根据其向基金组织的借贷情况进行调整。

(2) 国际收支失衡的问题,主要通过逆差国从国际货币基金组织取得短期资金融通来解决。国际货币基金组织规定,当成员国因国际收支失衡产生需要时,可用本币向基金组织按照规定的方法和程序购买一定数量的外汇,但所借入的外汇要在一定期限内偿还,其方式为用外汇或黄金购回最初用于购买外汇的本币。

(3) 以美元为中心的固定汇率制,即美元与黄金挂钩,其他货币与美元挂钩。同时实行可调整的固定汇率,国际货币基金协定规定各成员国货币与美元间的比价关系,只能在±1%(多数成员国定为±0.75%)范围内浮动。

(4) 关于外汇管制的废止。国际货币基金协定第八条款要求成员国不得实行针对国际收支经常项目的外汇管制,但可以实行针对资本流动的外汇管制;要求成员国实行货币的经常项目的可兑换性,承担这一义务的国家被称为“第八条款国”,对于条件不具备的国家,也可暂缓实行货币的可兑换性,这些国家被称为“第十四条款国”。

(三) 体系的崩溃

1. 布雷顿森林体系的内在矛盾

(1) 特里芬两难。在布雷顿森林体系下,由于美元与黄金按固定比例自由兑换,而黄金的产量和美国黄金储备的增长又跟不上世界经济和国际贸易的发展,于是美元便出现了一种进退两难的状况:为满足世界经济增长和国际贸易的发展,美元的供应必须不断增长;美元供应的不断增长,使美元同黄金的兑换性日益难以维持。美元的这种两难是美国耶鲁大学教授特里芬(R. Triffin)于20世纪50年代首先预见到的,故又被称为特里芬两难(Triffin Dilemma)。

(2) 其他国家维持固定汇率的两难。按照国际货币基金协定,当一国货币对美元的汇价浮动超过1%的幅度时,该国就需要进行干预。若美元汇率下降,该国就需在外汇市场购进美元,结果会使该国投放大量本币,从而激发通货膨胀。另外,该国收进的大量美元,也成了两难问题:向美国大量兑换黄金势必加大人们对美元的不信任,使美元的可兑换性承受压力;不兑换而持有美元,则该国会面临美元贬值而产生的损失。

(3) 该体系中各国协调合作难以顺利开展。在该体系下,美元持有越多,真实资产、资源向美国转移就越多,利益为美国所占有,体系的协调、合作就因利益的天平过分向美国倾斜而很难进行。

2. 美元危机

随着世界经济的发展,美国在西方世界中的经济地位逐渐下降,美国的国际收支状况从第二次世界大战后初期的盈余转变成了赤字,黄金不断外流,世界各国持有的美元却不断增加,人们对美元按固定比例兑换成黄金的承诺开始怀疑。

3. 布雷顿森林体系的瓦解

1960—1971 年爆发了三次美元危机,这就是对美元-黄金之间保持固定比例的可兑换性产生怀疑的集中反映。在几次美元危机中,美元都发生了贬值,并逐步中止和黄金的兑换,最终在 1973 年 2 月,双挂钩制度的布雷顿森林体系崩溃。

(四) 对布雷顿森林体系的评价

1. 意　义

布雷顿森林体系是历史的产物,在促进世界经济稳定和发展中发挥了重要作用。第二次世界大战后世界经济平稳发展了近 20 年,与国际货币领域中布雷顿森林体系的存在与运转机制产生的作用是分不开的。

(1) 该体系所实行的固定汇率制,使汇率相对稳定,易于在进出口、对外投资中匡算成本,为国际贸易和国际资金流动的增长创造了有利条件。

(2) 该体系所具有的国际收支调节机制,有利于成员国在一定范围内通过向基金组织借款、还款来调节本国的国际收支,并通过国际收支调节国内经济增长。

(3) 该体系规定储备资产以黄金为主,美元与黄金挂钩,有益于国际货币关系基础的稳定,使人们对世界经济发展抱有信心。

(4) 该体系是对第二次世界大战前无序国际货币关系的调整,是国际金本位的替代体系,使国际经济关系较为有序,有利于各国经济的平稳发展。

2. 局限性

(1) 以美元与黄金的挂钩关系为基础,以一国货币为中心,以固定汇率和短期融资为机制的体制,存在着内在的不稳定性。

(2) 该体系下美国能够以纸币获取其他国家真实资产,利益在发达国家与发展中国家之间甚至发达国家之间分配不均,体系自身难以协调。

第三节　当前的国际货币体系

一、布雷顿森林体系崩溃后国际货币领域存在的主要问题

(一) 汇率制度

布雷顿森林体系下的固定汇率制瓦解后,各国实行浮动汇率,致使汇率不稳定,经常造成国际金融动荡,各方最终达成了建立一个既需要追求汇率稳定又具有弹性

的汇率制度的共识。

(二) 国际储备

布雷顿森林体系崩溃后,应当实行什么样的货币本位,是美元本位、特别提款权本位抑或金本位等成为关键。因为各国利害关系不同,主张也就很不一样,但一个事实是黄金的货币作用被大大削弱,几个大国的货币在国际储备中的地位日益增强。

(三) 国际收支调节

造成一国国际收支出现巨额赤字的原因,既有国内需求过旺,进口过多,也有国际价格体系不合理,贸易条件恶性循环,还有一国产业竞争力出现问题等。各国追求顺差的动机很强,因而国际收支不平衡应由谁负责调节是一个极有争议的问题。同时,清偿力的创造问题也亟待解决。

二、《牙买加协定》及牙买加体系

(一)《牙买加协定》形成的过程

在布雷顿森林体系陷入极其困难的时候,1971 年 10 月 1 日国际货币基金组织的理事会开会决定委托各位执行理事研究国际货币体系改革的方案和做法。1972 年 7 月 20 日,国际货币基金组织为在其组织机构范围内进行国际货币体制改革,成立了"国际货币制度改革及有关问题委员会"。该委员会自 1972 年 9 月开始研讨,由于南北双方利益差别较大,争论分歧较多,因此一年后才形成所谓的"第一个改革提纲草案",又经过一年的讨论磋商,于 1974 年 6 月 14 日在美国华盛顿举行的会议上发表了"改革纲要",结束了国际货币改革最初阶段的工作。

1974 年 9 月,在国际货币基金组织年会上,国际货币基金组织决定成立"国际货币制度临时委员会",考虑修改《国际货币基金组织协定》。委员会中南北矛盾依然存在,双方在汇率体制与黄金问题上看法相左,尤其是在汇率体制问题上,美国等工业化国家强调汇率的弹性,而发展中国家则强调汇率体制的稳定性。临时委员会经多次协商,最后于 1976 年 1 月 8 日在牙买加首都金斯敦举行的第五次会议上达成了《牙买加协定》,为布雷顿森林体系之后的体系奠定了基础。

(二)《牙买加协定》的主要内容及特点

《牙买加协定》于 1978 年 4 月 1 日生效,标志着一个新的国际货币体系诞生了。牙买加体系的最主要特点是:黄金非货币化、储备货币多样化、汇率制度多样化。

1.《牙买加协定》的基本内容

(1) 确认浮动汇率的合法性,允许成员国自由选择汇率制度,但应受到国际货币基金组织的监督;

(2) 黄金非货币化,取消黄金官价,黄金不再是平价的基础;

(3) 提高特别提款权(SDRs,Special Drawing Rights)的国际储备地位;

(4) 扩大对发展中国家的资金融通;

(5) 增加会员国的基金份额，从 292 亿特别提款权提高到 390 亿特别提款权，且各成员国的份额比例也有所调整。

2. 牙买加体系的特点

(1) 国际储备资产多元化。美元地位虽然有所下降，但仍是世界的主要货币，日元、德国马克和特别提款权的地位加强，黄金的货币作用被进一步削弱，但仍未退出历史舞台。

(2) 实行以浮动汇率为中心的多种汇率制度。《牙买加协定》实施后，全部发达国家均实行了浮动汇率制，其他国家则实行多种汇率制度，主要有钉住单一货币，钉住特别提款权，钉住一篮子货币，按一组经济指标进行调整，有管理的浮动、单独浮动和联合浮动等 9 种。

(3) 国际收支的调节趋向多元化，用多因素、多轨并行的办法进行协调。

① 浮动汇率制提供了调整国际收支的机制。

② 利用各国间利率差异来调整国际收支失衡。

③ 国际货币基金组织贷款。

在牙买加体系下，除了贷款之外，国际货币基金组织更多地监督指导收支失衡国家所进行的调整，包括制定一系列调整政策并帮助落实，尽量使顺差、逆差双方均承担相应的义务，以避免对世界经济的不利冲击。

(三) 对牙买加体系的评价

(1) 牙买加体系的多种货币储备体系克服了“特里芬两难”。多种货币共同分担风险，在这种体制下，当世界经济高涨时，多种货币可以弥补清偿力不足；当衰退来临时，也不会因某几种货币出问题而造成整个世界经济的混乱。从这点出发牙买加体系是优于布雷顿森林体系的。

(2) 多种汇率制度并存可以适应 国、国家集团或世界经济的变化。

(3) 多因素的国际收支调节在一定程度上适应了世界经济发展的不平衡。由于各个国家所处的经济发展阶段的不同，产生国际收支失衡的原因不同，采取的发展战略、措施各异。

(4) 牙买加体系是对布雷顿森林体系后出现的一系列国际货币体系关系的事后承认，是对现实情况的一种适应，而不是对国际货币体系的改革。从运行机制方面看，这一体系灵活有余，稳定不够，多元化储备缺乏统一货币标准，汇率波动较难控制。同时，这一体系对于国际收支的调节尽管增大了适应性，但却明显缺乏制约能力，导致国际收支失衡现象无法解决，造成有些发达国家和发展中国家的国际收支失衡问题日趋严重。

三、东南亚金融危机

1997—1998 年东南亚金融危机爆发，给国际金融体系带来了巨大的冲击，对于危机爆发的原因存在着不同的分析，大约可以归纳为以下几种：

(一) 阴谋论

持这种看法的学者,大多为发展中国家和发达国家中的激进学派。他们认为发达国家先是大规模“抢滩”投资东南亚国家的市场,促使东南亚的经济繁荣,形成“虚肿”,在东南亚经济出现问题时,这些资本迅速撤出,使得东南亚经济陷入资金的极度缺乏,最终经济出现大倒退。这种说法将东南亚金融危机说成是发达国家有意识的“阴谋”行为的后果,目的在于减轻相对落后国家对于发达国家形成的竞争力威胁。

(二) 国际投机说

在 1980—1990 年间,国际金融领域出现了以投机获利为目标的对冲基金,如罗伯逊的“老虎基金”、索罗斯的“量子基金”便是世界上非常著名的投机基金。对冲基金在其运作中运用“杠杆”投机,即利用贷款(有时借入比重达 95%)从事超规模的全方位投机炒作,如狙击货币、股票、债券等。当对冲基金选择好市场或项目后,便可以在极短期内集中大量资金,从事低进高出、高出低补、各种互换的业务,很快就可以获利。

(三) 日元过度贬值说

日本在亚太地区的经济中一直是“领头雁”,是这一地区经济发展的资金、技术、设备、中间产品的重要来源地,同时也是东南亚国家产品的重要实现场所之一。日本经济在经历了 1970—1980 年的高速增长之后,90 年代一直处于经济不景气的状态中,这给已经形成了“雁行结构”模式的东南亚经济造成了很大的压力。日本在经济困难时,多次将日元对外贬值,形成日本本土产品对东南亚国家类似产品的竞争压力。

(四) 东南亚经济泡沫论

由于经济奇迹,各国的资金大量流入东南亚地区,为了能够更好地引进外资,甚至出现了印度尼西亚的国际收支经常账户没有开放,却先将资本账户开放的反常做法。大量外资涌入东南亚地区,而在加工产业吸收能力不足、回报率较低的情况下,资金过度向房地产投入,同时资金还盲目流入资本市场追求高回报,使东南亚地区股市飙升、房地产价格暴涨、投机之风盛行。然而,房地产价格超过本地中产阶级的购买力而导致销售不利、股市投机的盛行,最终造成银行的巨额呆账,金融机构陷入困境。金融的困境动摇了外资对于东南亚经济前景的信心,外资便大量撤出,使得东南亚经济困境进一步加深,最终形成了严重的经济危机。

(五) 短期资金长期投资说

短期资金在一个国家国际收支的资本账户开放的情况下,当经济、金融、政治、社会局势发生动荡时,会很快地从有问题的国家转移到另一个国家,从而造成对资金撤出国和资金涌入国的各种影响。东南亚国家通过本地银行将短期资金用作长期投资,银行通过短期外债筹资,向本国企业发放贷款,如果负债企业无力偿债,则放贷的金融机构便会陷入困境，呆账比例上升，造成金融困境。

（六）“裙带资本主义”说

在东南亚的一些国家，政府与商界的关系紧密，形成经济利益的关系网。这样做的直接后果是许多经商者具有特权，可以从国家所有、国家控股的银行拿到甚至是无担保的贷款，盲目、无效率地乱上项目，而且浪费严重，最终造成金融机构的呆账大幅度增加，导致金融危机。

（七）中国因素论

一些东南亚国家认为，1994 年中国人民币汇率并轨，人民币实际对外贬值近 40%，同时对于过热的经济进行“软着陆”的宏观调控，人民币对美元的大幅度贬值，造成中国出口商品的外币价格下降以及进口商品本币价格上升，从而促进了出口的增长，抑制了进口的增长。由于中国与东南亚多数国家在产品结构、市场分布上有着一定的重叠，因此一些观点认为中国的汇率并轨增强了中国产品的价格竞争力，中国的出口迅速增长对东南亚一些国家的出口形成了威胁，甚至在一定程度上将 1997—1998 年经济危机的发生归咎于中国的外汇政策。另外，一些东南亚国家还认为，由于中国人民币对外贬值，在中国单位外币投资所能够购买的资源增加，因此外资大量流入中国，调整了世界在引进外资方面的格局。出于相对落后国家之间存在的竞争关系，以及世界可供长期建设资源的有限性，在一定程度上引起了一些东南亚国家的不满。

四、国际货币体系改革的方向和矛盾

（一）国际货币体系改革的方向和问题

（1）建立能够稳定汇率、缩小汇率波动的浮动汇率体制；

（2）国际货币基础的确定问题；

（3）基金份额尤其是特别提款权的分配问题；

（4）国际收支失衡是应该由赤字方单独来调整，还是应该由双方共同协调调整的问题。

（二）国际货币体系改革中的南北矛盾

美国对于国际货币体系改革的意见为：汇率体制应自主浮动，国际收支调节应由黑字、赤字双方共同承担，在巨额逆差情况下，反对强制性资产结算，反对将特别提款权的创设和分配与发展援助联系起来。

日本、欧盟则希望汇率制度成为一种可调整、稳定的体制，对美元的泛滥表示关注，在特别提款权与发展援助的联系上表现得较为灵活。

发展中国家大多赞同汇率应较稳定，发展中国家在国际货币体系中应有更大的发言权，新的国际货币体系应更为关心经济发展问题，主张将特别提款权与经济发展援助紧密联系起来，希望建立国际货币新秩序。

本章小结

第一代货币危机理论认为货币危机的发生是由于宏观经济政策与固定汇率制度的不一致,持续的扩张政策所导致的基本经济恶化是货币危机发生的根本原因。第二代货币危机理论认为,即使宏观经济基础没有进一步的恶化,由于市场预期的突然改变,会使人们普遍形成贬值预期,也可能引发货币危机,货币危机的发生可能是预期贬值自我实现的结果。第三代货币危机理论认为脆弱的金融体系以及亲缘政治是导致东南亚货币危机的原因所在。

健全理想的国际货币体系应该具有以下特点:能够使国际贸易在数量、结构、地理几个方面协调发展,能够促进国际资本较为自由的流动,使资源在全球得到更为有效的配置,让世界经济稳定向前发展。从金融角度看,它应该能够为世界经济提供与其发展速度相匹配、行之有效的国际清偿力,既要避免这种清偿力的不足而使世界经济陷入衰退,同时又因具有较好的国际收支调节机制而使各国对国际收支失衡调节所付出的成本最低,而且不会发生关于谁承担更多国际收支调节责任的争吵。另外,健全的国际货币体系应该能够使人们对于国际金融趋势保持乐观态度。一个理想的国际货币体系,应该能够对相对落后国家的经济发展承担更多的义务,使它的运转与发展中国家经济的发展更为紧密地结合起来。

布雷顿森林体系实际上是指第二次世界大战后以美元为中心的固定汇率制度,布雷顿森林体系的建立促进了第二次世界大战后资本主义世界经济的恢复和发展。因美元危机与美国经济危机的频繁爆发,以及制度本身不可解脱的矛盾性,该体系于1971 年结束,取而代之的是牙买加体系。牙买加体系的主要特点是黄金非货币化、浮动汇率合法化、国际储备资产多元化、IMF 的各会员国缴纳的基金份额增加、对发展中国家的资金融通增加。

现行国际货币体系改革的核心问题是国际储备货币问题、汇率制度问题和各国在国际金融机构话语权问题。

思考题

1. 试述货币危机理论。
2. 试对三代货币危机理论作出评价。
3. 什么是健全理想的国际货币体系?
4. 分析布雷顿森林体系崩溃的原因。
5. 试述牙买加体系的主要内容及其特点。

第十九章　国际经济政策协调

在开放经济条件下，各国经济既相互依赖，又相互影响。在这种情况下，一国（尤其是大国）的经济政策自然也会对他国经济产生影响。各国在制定宏观经济政策时，不仅要考虑国内经济目标，而且需考虑其国际影响。于是，各国的宏观经济政策也就产生了协调的必要。本章首先阐述进行国际经济政策协调的必要性和收益，然后分析国际经济政策协调的具体内容，最后介绍国际经济政策协调的实践。

第一节　国际经济政策协调的必要性和收益

一、国际经济政策协调的必要性

由前一章我们了解到，在浮动汇率和资本高度流动的情形下，财政政策无效，而货币政策是比较有效的，但这一结论是在不考虑别国的影响情况下得出的。如果考虑别国经济政策的影响，那么一国的货币政策能否达到目标就值得怀疑了。例如，当本国经济面临有效需求不足时，政府应该采取扩张性的货币政策（如扩大货币供给量），可是如果与本国经济密切相关的国家采取紧缩性的货币政策从而使得利率提高，本国增加的货币资金将会大量外流，结果一方面使本国扩张性货币政策的效果因为资金的流出而被抵消，另一方面对方国家紧缩性的货币政策也会因为资金的流入而变得难以发挥作用。相反，当一国采取紧缩性的货币政策时其效果又会由于与之经济密切相关的国家采取扩张性的货币政策而被抵消。因为当一国经济紧缩时，本国利率上升或货币供应量的减少将由于资金的大量流入被抵消掉。由此可见，各国宏观经济及其政策的相互联系和相互影响将使各国经济政策的效果大打折扣（在各国采取不一致，尤其是相反的经济政策时），甚至在一国的资本完全自由流动的条件下，政府所实施的经济政策可能会完全失去它应有的作用。因此，各国为保持其经济政策的有效性而需要进行国际经济政策的协调。另外，为避免“以邻为壑”（beggar-the-neighbor）政策的出现也需要各国间经济政策的合作和协调。如图 19.1(a)所示，本国实施扩张性货币政策，使得 LM 曲线右移至 LM_1。这一扩张性货币政策一方面会推动本国利率下降，利率的下降进而使得本国的产出增加，经济均衡点由 A 移至 B。另一方面，本国产出的增加会通过进口的拉动作用使得外国的产出增加、外国利率提高，在图 19.1(b)中表现为外国的 IS 曲线由 IS^* 右移至 IS_1^*，经济均衡点由 D 变为 E。但是，此时本国和外国的均衡点 B 和 E 都不是最终的，会继续进行经济调整。这是因为，随着本国利率的下降，本国资本外流，B 点会出现国际收支逆差，在浮动汇率制下会导致本币贬值，而同时外国由于国际收支顺差而会出现货币升值。本国货币贬值会刺激出口、抑制进口，从而使得产出进一步增加，IS 曲线右移至 IS_1；由于本国货币贬值和两国相对价格的变化，本国和外国居民都会用本国产品替代外国产品，从而导致外国产出下降，图 19.1(b)中表现为 IS_1^* 左移至 IS_2^*。由于汇率的变动导致本国和外国的最终均衡点分别为 C 和 F，本国的扩张性货币政策最终导致外国产出下降。这通常被看作是“以邻为壑”政策的一个典型例证，本国产出的增加是以外国产出的下降为代价的。为避免这种“以邻为壑”政策的出现，客观上也要求各国间加强经济政策制定和实施的国际协调。

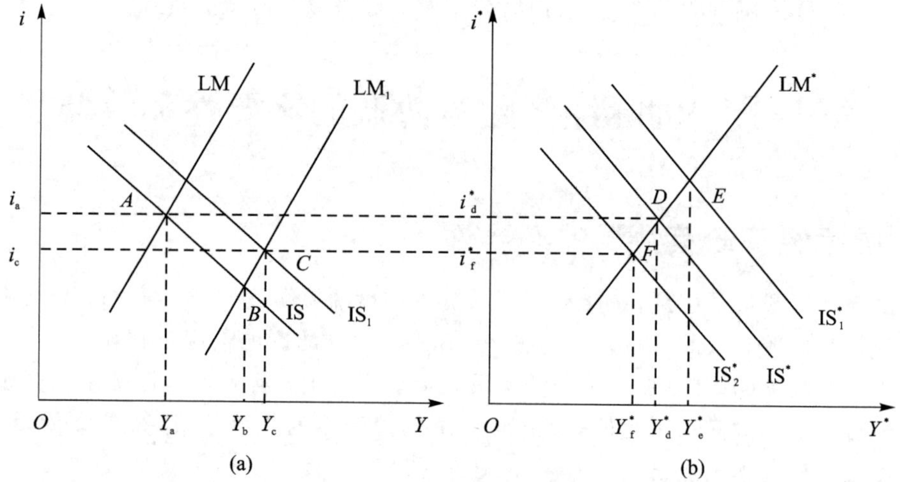

图 19.1 “以邻为壑”政策图示

另外，为维护各国间汇率的稳定也需要进行国际经济政策的合作和协调。很多学者强调汇率稳定有非常重要的意义。如麦金农(Ronald I. Mckinnon)认为，将汇率稳定在一个固定的水平或限制在狭窄的“目标区”(Target Zones)内波动，有助于降低国际贸易和国际投资的波动性。在实行浮动汇率制和资本完全自由流动的条件下，货币政策会引发汇率的波动：扩张性货币政策会导致本国货币贬值，而紧缩性货币政策则会导致本国货币升值。例如，如果美国相对于日本和英国实行相对扩张性的货币政策，那么美元对日元和英镑就有贬值的趋势。如果日本和英国的货币当局也采取扩张性的货币政策，在外汇市场上抛出本币，购进美元，那么这种联合行动就可以阻止美元的贬值，维持美元汇率的稳定。由此可见，即使在浮动汇率制下，各国通过对货币政策的协调和配合也可以实现汇率的相对稳定，从而为国际贸易和国际投资的顺利进行提供良好的环境条件。

二、国际经济政策协调的收益

我们可以从博弈的角度来分析国际经济政策协调可能产生的潜在收益，从一个侧面来进一步论证对国际经济政策进行协调的理由。

利用经典的“囚徒困境”(Prisoner's Dilemma)博弈模型，可以很好地说明进行国际经济政策协调的必要性和收益。假设有“本国”和“外国”两个国家，两国实行的是浮动汇率制。每一国都试图针对通货膨胀的冲击确定其最优货币政策。用失业率与通货膨胀率之和——“痛苦指数”(Misery Index)来衡量两国相应的货币政策的效果。图 19.2 为本国和外国货币政策战略选择博弈，图中支付矩阵分为 4 个方格，分别表示本国与外国货币政策不同组合条件下的两国“痛苦指数”的数值。例如，方格Ⅱ中的数字表明当本国实施紧缩性的货币政策、外国实施宽松的货币政策时，本国“痛苦指数”为－7，而外国为－10。两国制定货币政策的目标是使“痛苦指数”最小，即每一方格中“痛苦指数”的绝对值越小则越理想。

		外　国	
		宽松货币	紧缩货币
本　国	宽松货币	−8，−8(Ⅰ)	−10，−7(Ⅲ)
	紧缩货币	−7，−10(Ⅱ)	−9，−9(Ⅳ)

图 19.2　本国与外国货币政策战略选择的“囚徒困境”博弈矩阵

在封闭条件下，两国决策者只需根据通货膨胀和失业之间的短期替代关系就可以确定本国货币政策的效果。而在相互依赖的开放条件下，一国在制定货币政策时还必须考虑到货币政策的溢出效应。如果每个国家都奉行使自己的“痛苦指数”最小的货币政策，同时假定另一国的货币政策保持不变，那么，在图 19.2 所假定的支付矩阵条件下，对于本国来说，无论外国是采取宽松的还是紧缩的货币政策，本国采取紧缩的货币政策都是最优的，因为这使得本国在每一种情况下的“痛苦指数”(即损失)都最小(分别为－7 和－9)，所以选择紧缩性货币政策是本国的占优策略(Dominated Strategy)。同理，根据对称性原则，外国选择紧缩性货币政策也是其占优策略。因而最终博弈的均衡就处于方格Ⅳ，即两国都选择紧缩性货币政策，两国的“痛苦指数”都为－9。这一均衡解是唯一的，是该博弈的纳什均衡。

但是对于两国来说，方格Ⅳ的结果并不是最优的。如果两国能够得到方格Ⅰ的结果，则可以实现帕累托改进(Pareto Improvement)。假如两国制定货币政策时能够进行合作和协调，比如都实行宽松的货币政策，就会达到方格Ⅰ，两国的“痛苦指数”均为－8，比不合作时的结果都有所改善，这实际上就是两国进行货币政策协调的收益。当然，要使方格Ⅰ成为长期的或持久的均衡，两国就必须做出约束性承诺，制定严格的监督机制，对违反约定的行为实施严厉的惩罚，否则两国都会有欺骗对方的动机（因在本国采取紧缩性货币政策而对方采取扩张性货币政策的情况下，本国的“痛苦指数”将由－8 降为－7）。

由此可见，在经济完全开放的条件下，一国经济必然会受到其他国家经济政策溢出效应的影响。如果各国在制定经济政策时不进行协调，而是各行其是，则最终的结果可能对这些国家来说都不是最优的；而如果各国进行经济政策的合作和协调，则可能会带来共同利益，从而提高各国的福利水平。

第二节　国际经济政策协调的内容

随着经济全球化趋势的发展，一些国家提出了双边或多边的经济政策协调方式。这些协调主要包括货币政策协调、财政政策协调和汇率政策协调三个方面。

一、货币政策的协调

各国货币政策的协调主要包括有关国家利率的协调，这种协调主要针对利率调整方向。一旦一国希望通过利率的调整来干预经济，以达到控制经济过热或经济衰退时，该国不仅要确定一个利率调整的方向，还要同有关国家协商，协调它们之间利率调整的基本方向。因为在资本高度流动的情况下，如果各国利率调整的方向大相径庭，那么其中任何一个国家的政策目标都不能顺利实现。各国不仅要协调它们之间的利率变动方向，而且还要协调各国利率调整的幅度。在前面的论述中已经看到，各国利率水平之间的差异将带来资金在各国之间的流动，这种流动将一直持续到各国间的利率差被完全消除为止。

在一些经济学家看来，政府与其控制利率，不如控制货币的增长量，因此各国货币政策的协调还可以采取协调货币供应增长率的方式。一般而言，货币主义经济学家主张通过控制货币供应量来调节经济，甚至在他们看来，在确定了稳定的货币供应增长率之后就不必干预经济的增长过程了（即政府应实行单一货币规则）。总之，无论一国是控制货币供应量，还是控制利率，都需要与其他国家进行协调，特别是与和本国有密切经济联系的国家协调货币政策。

二、财政政策的协调

实际上，在经济关系比较密切的国家之间，不仅要协调它们的货币政策，还要协调它们的财政政策，因为货币政策协调的效果在很大程度上还依赖于财政政策的协调。如果一国的财政支出过度，政府就需要通过货币政策加以配合（如财政赤字的货币化），这种配合意味着货币发行量的增加，或者物价上涨率比较高，这将导致一国货币供应增长率的上升，从而会出现因没有协调财政政策而使各国之间货币政策的协调难以持续的现象。因此成功的货币政策的协调常常伴随着财政政策的协调，或者说，各国之间只有同时协调它们的货币政策和财政政策，一国经济政策的目标才能顺利实现。

三、汇率政策的协调

在各国将内部均衡和外部均衡作为经济干预的最佳目标时，它们之间不仅要协调货币政策和财政政策，还要协调汇率政策。在开放经济条件下，尽管一国可以采取完全浮动的汇率制度，从而政府只需要顾及自己的内部均衡，但是各国为了维持本国经济的稳定发展，特别是减少对外贸易的风险，还是趋向于采用有管理的浮动汇率制。这意味着一国不仅要顾及本国的内部均衡，还要照顾外部均衡。我们知道，一国在干预经济以维持自身经济的稳定和增长时，不仅可以采用货币和财政政策工具，还可以通过汇率政策加以调整。当一国经济中的有效需求不足时，政府可以采取货币贬值的政策，以便刺激出口、限制进口，但是如果各国政府都这样做，就会出现各国竞相采取货币贬值政策的现象，结果是各国货币之间的兑换率可能回到原来的出发点，如果任何一国的货币贬值幅度超过其他国家，各国之间的贸易风险也就随之增大。如果一些国家采取货币贬值或预期货币贬值政策，而其他国家采取货币升值或预期升值政策，这些国家货币的汇率就会发生变化，从而引起投机和资金的转移。这种单纯由于汇率变动引起的资金转移不利于各有关国家经济的稳定和正常的增长。

实际上，各国货币和财政政策，进而是汇率政策，协调的最高阶段是统一各国的货币，用一种货币代替各国自行使用的本国货币。当各国使用统一货币时，各国不能自行增加或减少货币供应，也不能提高或降低本国的利率。同样，统一货币意味着各国必须有协调一致的财政政策，否则，统一货币之下，不可能给财政政策的实施提供条件。因为扩张性财政政策的有效实施有赖于信用的扩张，否则，在货币供应量不变的情况下，政府支出的增加将引起利率的上升，从而产生“挤出效应”，同样会抵消财政政策的作用。当然，统一各国的货币以后，汇率协调将不复存在。因此统一货币是各国经济政策协调的最高级形式。

然而，由于各国经济发展情况的差异，特别是各国经济波动的程度有差异，造成在协调经济政策方面有许多困难。而且，各国偏好的差异、政策协调利益的分配以及不愿放弃政策自主独立性等因素也使得各国在协调经济政策方面难以达成一致意见。因此，在多边协调中，各国一般选择比较松散的协调方式，除非它们之间经济关系已达到十分密切的程度。

四、国际经济政策协调的层次

（1）信息交换。信息交换包括各国政府间相互交流本国为实现经济内外均衡而采取的宏观调控的政策目标范围、政策目标的侧重点、政策工具种类、政策搭配原则等信息，但仍在独立分散的基础上进行本国的决策。

（2）危机管理。危机管理是指针对世界经济中出现的突发性的、后果特别严重的事件，各国进行共同的政策协调以缓解并度过危机。

（3）避免共享目标变量的冲突。共享目标变量的冲突是指两国面对同一目标采取的政策冲突，国家间的竞争性贬值就是典型的形式。

（4）合作协调中介目标。两国国内一些变量的变动会通过国家间的经济联系而形成一国对另一国的溢出效应，因此各国有必要对这些中介目标进行合作协调。

（5）部分协调。这是指不同国家就国内经济的某一部分目标或工具进行的协调。

（6）全面协调。全面协调是指将不同国家的所有政策目标或工具都纳入协调范围，从而最大限度地获取政策协调的收益。经济政策的国际协调有两种：第一种是指充分考虑国际经济联系，有意以互利的方式调整各自的经济政策的过程，它包括了从相当有限的目标协调到宏观经济政策的一系列协调形式，如 20 国集团所采取的联合行动。第二种是指在有关国家解决失业和通货膨胀的目标选择不一致时，在相互让步的基础上，就这些国家的货币政策和财政政策进行国际协调，并达成某种妥协或临时默契，共同选择一个符合参与协调整体利益最大化的均衡点。第二种经济政策的国际协调相对第一种经济政策的国际协调较为深入，不仅对一国的微观经济效益产生影响，而且对一国的宏观经济变量如经济增长、通货膨胀、利率等产生直接影响，进而影响一国的经济结构。

五、国际经济政策协调的实践

在实践中，国际经济政策协调有全球性和区域性两种。前者主要是由国际货币基金组织以及西方一些主要发达国家参与进行的，后者是在一些区域经济一体化组织内部间进行的。政策协调比较成功且协调水平比较高的区域组织是欧洲联盟。

第二次世界大战以后，美国和英国为了避免类似战前的国际金融秩序的混乱，积极倡导建立新的国际金融秩序。1945 年 12 月 27 日国际货币基金组织正式成立。

在汇率制度方面，在布雷顿森林体系发挥作用的时期，各国的汇率不能随意调整。

从 20 世纪 80 年代中期开始，美国、德国、日本、法国、英国、加拿大和意大利这七个主要工业国家每年定期召开七国的财政部长会议，以加强发达国家之间的经济政策协调。

1985 年世界五个主要工业国家美国、日本、德国、法国和英国的财长和央行行长一起召开了著名的“广场会议”，提出协调各国经济政策，促进汇率稳定的改革建议，并实现美元对日元贬值。

在区域化协调方面，欧洲联盟的前身——欧洲经济共同体在 20 世纪 70 年代初期，针对当时出现的国际货币制度的崩溃采取了协调各成员国汇率的政策。

1979 年 3 月欧洲经济共同体又在汇率协调的基础上试图将这种内部协调的机

制规范化、制度化，提出并正式启动了“欧洲货币体系”。自1999年1月1日起，欧洲统一货币开始启动，2002年欧洲联盟发行“欧元”并正式流通，以代替各成员国的货币。为了实现统一货币的目标，欧洲联盟要求各成员国要协调它们的财政和货币政策。

第三节　最优货币区理论与实践

前面提到，统一货币是各国经济政策协调的最高级形式。最优货币区理论认为，成员国参加单一货币区所应当具备的若干条件：价格与工资弹性，要素市场、金融市场、商品市场高度融合，宏观经济和政治政策融合。该理论还认为，采用浮动汇率制或固定汇率制是存在市场摩擦条件下的次优选择，如果产出市场、生产要素及金融资产可以在全世界范围内完全融合，相对价格和实际工资对于供求变化有充分弹性，市场上也不存在对贸易、资本流动及外汇交易的人为限制，那么最优货币区的范围应是整个世界。

一、单一货币区理论研究

（一）成员国加入单一货币区的成本-收益分析

1. 加入单一货币区的成本

加入单一货币区，成员国便丧失了独立制定货币政策的权力，这是成员国加入单一货币区的最大成本。此外，为了保持单一货币区要求的固定汇率，成员国可能要被迫牺牲对内均衡。一般而言，一个货币区内各成员国的情况越贴近成立单一货币区的条件，加入单一货币区的成本就越小。

2. 加入单一货币区的收益

参加单一货币区最大的收益在于货币的有用性将随着使用范围的扩大而提高。单一货币将消除汇率波动的风险，使交易和分工的收益得以实现，从而提高了资源配置的效率。

加入单一货币区意味着成员国的币值将与整个货币区的代表性商品联系起来。因此，金融状况不稳、币值波动较大、通货膨胀率较高的国家将会因为加入一个执行谨慎货币政策的货币区而享受到价格稳定、货币流动性增强的收益。同时，金融市场高度一体化提供了风险分摊机制。区内各地区间的收支失衡可立即由金融交易来弥补，由于成员国可以减少国际储备的持有，从而降低资源闲置的成本。

（二）最优货币区的基本概念

（1）最优货币区是指采用单一货币或几种货币之间汇率永久固定、对外统一浮动的经济区域。“最优”是从宏观经济目标，即经济的内外均衡来衡量的。内部均衡是指经济增长、物价和就业之间的均衡关系,外部均衡是指国际收支平衡。

(2) 货币一体化是指采用单一货币的最优货币区,区域内流通单一货币,建立超国家的统一的中央银行执行货币政策职能。

(三) 最优货币区条件分析

最优货币区理论最初是在关于固定汇率制与浮动汇率制优劣的讨论中诞生和发展的。20 世纪 50 年代,以米尔顿·弗里德曼为代表的浮动汇率制拥护者提出,一个国家如果价格和工资具有很强的刚性,那么保持宏观经济内外均衡的汇率制度应采用浮动汇率制。

1. 价格与工资弹性

价格和工资缺乏弹性的假定是弗里德曼建立浮动汇率制的理论基础。假设由一组国家或地区组成的区域内价格与工资是完全刚性的,区域内各地区间国际收支不平衡的调整过程,将会使一个地区失业或另一个地区通货膨胀。在这种条件下,各地区间汇率的浮动,可以部分具备真实经济调整过程中工资和价格具有弹性时所起的作用。但蒙代尔等最优货币区理论的开创者则提出只要符合一定的条件,即使工资和价格无弹性,采用固定汇率制,也可达到经济的内外均衡。

2. 要素市场融合

蒙代尔关于最优货币区的定义是:内部要素充分流动(包括地区间和产业间劳动力、资本的流动),对外则生产要素完全不流动的区域,可以采用单一货币或固定汇率来组成最优货币区。蒙代尔的论述是:组成货币区的两国在面对需求转移引致的收支失衡时,除了汇率政策外也还有其他的平衡机制——只要生产要素完全流动,汇率便无需调整,真实经济的最终均衡可部分由生产要素的流动来达到。

3. 金融市场融合

国际收支理论认为,除了长期实际收益率的差异引发的资本流动外,一般来讲,金融资本的转移不能无限维持因结构失衡导致的国际收支赤字。但是,资本流入弥补贸易赤字的做法却可以延长经济结构调整的时间。货币区内金融市场的融合可以降低通过汇率改变贸易条件从而消除区域内国际收支失衡的必要性。

4. 商品市场高度融合

一个成功的货币区应该具有高度的内部开放性,即区域内产品的广泛交易。

(1) 一个高度对外开放的地区,采用对外币值调整(比如说对外贬值)来纠正对外收支失衡时,会引起进口商品的国内价格上升,从而引起国内价格水平的全面波动。这时,如果要限制非贸易商品国内价格上升,就必然带来需求紧缩和失业。

(2) 由于开放经济中人们缺少"货币幻觉",本国货币贬值后,人们会明显地感到消费支出的增加和实际收入的减少,所以人们会要求相应地增加工资。这会引起生产成本的提高,抵消汇率变动对贸易条件的改善。

(3) 开放经济的消费对进口依赖很大,所以需求弹性较低。这样为纠正某一水平的对外失衡所需汇率变动的幅度也就相对较大。因此该地区对外实行共同浮动的汇率制，对于宏观经济目标的实现可能更为有利。

5. 宏观经济协调和政治融合

除上述几个适于组成货币区的标准外，生产多样化程度较高的国家，对需求转移造成的外部冲击更具抵抗力，因而可对外实行固定汇率制。而生产多样化程度较低的国家，则应联合起来，组成货币区，对外实行浮动汇率。

对于各成员国之间汇率完全固定的货币区来讲，货币制度运转良好的关键在于公众对于固定汇率的信心，这要求各国货币当局放弃货币主权，甚至成立超国家的中央银行。除了货币政策的配合外，货币区的运转还需要财政政策和税收政策的协调。

二、单一货币区的成本分析及评价

通常的观点认为，一国加入单一货币区后最重要的损失在于丧失了独立的货币政策和外汇政策手段，从而遇到区内来自供求的非对称性冲击时，将缺乏行之有效的经济手段平抑经济失衡，使国内经济遭受损失，这是单一货币区成本分析的核心内容。

(一) 缺乏需求变化时的调节手段

汇率政策是调整一国经济非均衡的重要工具，尤其是在工资和劳动力弹性较小，调节作用较弱时，这一手段尤显重要。然而一旦建立货币联盟，实行单一货币，就意味着成员国将永久地放弃这一政策工具，既不能用它来调节失业和贸易赤字的压力，也不能用它来减轻面临通货膨胀的压力，这是形成单一货币的成本之一。

(二) 改变国内非均衡偏好的成本

不同的国家有着不同的通货膨胀和失业偏好，一些国家对通货膨胀敏感，而另一些国家对失业敏感，这就可能为建立单一货币区带来成本，使本国的通胀失业均衡搭配失调。建立单一货币区后，由于要求经济趋同，则两国将存在几乎相同的通货膨胀率，一些成员将不得不接受更多的通货膨胀，而另一些成员将不得不接受更多的失业，各国的国内均衡均遭到破坏，这也是单一货币给成员国带来的成本。

(三) 劳动力市场结构差异造成的成本

各国有着不同的劳动力市场结构，在一些国家里，劳工组织的工资谈判集中度较高，而在另一些国家里，集中程度较低。这种劳动力市场结构不同的国家组成单一货币区，容易造成较大的成本，因为不同的市场结构使成员国在面临相同的供给冲击时工资的变化不一致，从而使两国经济出现非均衡。

当一国的工资谈判集中度较高时，统一的劳工组织会考虑到工资增长的通货膨胀效应，不会提出过高的工资要求，因为他们知道过高的工资要求只会增加名义工资，而实际工资不会改变；当工资谈判集中度较低时，情况则相反。

单个独立的劳工组织都认为自身名义工资的上涨不会对全国整体价格水平产生影响，因为他们仅仅是整个劳动力市场的一部分，所以，他们趋向于要求更高的名义工资。其结果是,每个劳工组织都竞相要求提高工资,以避免在整体物价水平上涨时自己的实际工资下降。这种非合作博弈的均衡解就是所有工人的名义工资上升,整体物价水平上扬。在单一货币下,这种非均衡因缺乏汇率工具而变得较难调整。

(四) 单一货币下财政体制不同的成本

财税制度不发达的国家倾向于以通货膨胀税为财政融资,因为在国内通过增税方式融资的成本较高;财税制度较完善的国家倾向于通过提高税收为其赤字提供融资,因为健全的财税制度使融资成本降低。一旦两国组成单一货币区,为了保证与其他成员国相似的通货膨胀率,财税制度不完善的国家将被迫放弃通货膨胀融资方式而转向增加税收(假定政府开支不变),对于该国,税收融资的边际成本高于通货膨胀融资的边际成本,不符合帕累托最优,是一种社会福利的净损失。

(五) 国家间经济增长率不同导致贸易不平衡

以两国为例,假设初始状态下两国经济规模相同,A 国的经济增长率高于 B 国,A 国的收入进口弹性等于 B 国的收入进口弹性,则 A 国从 B 国增加的进口大于 B 国从 A 国增加的进口,这将导致 A 国的贸易逆差。

为了消除经常项目的长期逆差,A 国只有改变两种产品的相对价格,以使其产品比 B 国产品更具竞争力。为达到目标,通常有两种途径,一是 A 国货币贬值;二是紧缩国内经济,降低国内吸收水平。但是,在单一货币下,只能选择第二条途径,即采取紧缩性经济政策以降低国内价格水平,但其负面作用是抑制了经济增长。这是单一货币给经济发展较快的国家带来的损失。

以上讨论分析了单一货币的成本,其核心在于说明,加入单一货币后,面对非均衡冲击(来自需求或供给),在汇率调节手段消失的情况下,成员国缺乏有效的政策手段来调整经济,恢复均衡,这无疑是单一货币的最大成本。

决定单一货币成本的因素主要有两个:一是单一货币区内成员国之间发生非对称冲击的可能性;二是汇率工具对于调节经济非均衡的效果。理论分析表明,货币联盟内,随着要素流动的日益充分,经济的均质趋向将得到加强,在经济开放度较大的情况下,汇率政策工具在长期内趋于无效,在短期内效应也相当有限。所以,总的来说,建立货币联盟,实行单一货币的成本不应该很高。

三、单一货币区的收益分析及其评价

(一) 消除交易成本的收益

(1) 直接收益是指成立了货币联盟后,货币区内流通完全相同的货币,消除了成员国货币之间的兑换成本,这是单一货币最直接的收益。

(2) 间接收益是指在市场被分割的情况下,由于汇兑成本、管理成本以及税收差异等原因,价格歧视普遍存在。在单一货币区内,交易成本的消除将减少区内各成员国市场的价格歧视,使同款产品在不同的市场上价格趋于一致,且汇兑成本的消除便于消费者比较不同国家市场上同种商品的价格,并选择最便宜的市场购买自己所需要的产品,从而提高了消费者的福利。

(二) 消除汇率不确定性所带来的收益

在国际贸易和跨国投资中,汇率变动的不确定性影响了人们的信心,加大了贸易和投资的风险。对于"风险厌恶者",汇率风险减少他们从事生产经营的动力,从而降低社会福利。单一货币消除了汇率的变化,使未来收益更加确定,将刺激投资者扩大经济行为,增加产出。这是传统最优货币区理论关于单一货币收益的最重要的观点。

单一货币的出现,消除了汇率波动产生的原因,实际上为各国货币提供了无成本的、无限制的保值。换句话说,多种货币的消失,意味着汇率不确定性的消失。

(三) 形成更健全的价格机制和降低实际利率水平

价格是引导生产者和消费者行为的重要信号。如果汇率不稳定,将导致商品和劳务价格的波动,进而影响经济主体进行经济决策的质量,提高调整成本。而单一货币的引入,可以消除因汇率因素造成的价格波动,使价格机制更有效地指导市场行为,降低调整成本。单一货币消除了市场忧虑的根源——多种货币的共存,从而实现利率均等化,资金使用成本的降低有助于投资的发展。

(四) 信用延伸收益

当两个通货膨胀率差异较大的国家建成货币联盟,实行单一货币后,控制通货膨胀信用较差的国家将从控制通货膨胀信用较好的国家获得信用,从而降低其通货膨胀,促进社会福利的改善。

当然,要取得这种收益,有一个很重要的前提,即统一的中央银行必须和各国中央银行一样执行严厉的反通胀货币政策;否则,不但社会福利得不到改进,而且将受到损失(在现实的欧洲货币联盟中,德国之所以坚持欧洲央行必须执行偏紧的货币政策,原因即在于此)。

(五) 稳健的政府财政

在现行的经济一体化中,欧洲货币联盟是一个拥有统一中央银行、单一货币,而财政政策仍分散在各成员国手中的货币区,单一货币对各成员国的财政必然会产生影响。

1. 财政自律的重要性

政府预算的可持续性是货币政策不得不考虑的一个问题。长期来看,两者是相互依存的,持续的财政赤字将导致政府债务规模逐渐增大,还本付息占预算支出的比例越来越大,从而导致政府预算难以维系。这种情况的出现,只能以两种方式加以解决:或是债务的货币化,或是政府破产。在第一种情况下,中央银行为了拯救本国政府不得不放弃独立性;在第二种情况下,央行忠于自己反通货膨胀目标而不对政府伸出援助之手,迫使政府拒付部分或全部债务,这将意味着金融危机乃至政治动荡。

如果成员国缺乏财政自律,将为单一货币的稳定留下后患。正是基于这种考虑,现实中欧盟对各国的财政状况均作了严格约束。欧盟某一成员国财政预算出现过量赤字,将会对独立的欧洲中央银行和其他成员国产生以下三方面的影响:要求本国中央银行放松银根的压力加大;当某国面临财政困难时,将影响整个欧元区的稳定;某国财政困难加大了其他欧洲货币联盟成员国解救它的压力。

2. 欧盟有关财政约束的实践

《马斯特里赫特条约》(简称《马约》)规定了建设欧洲经济货币联盟的三个阶段,第三阶段就是启动欧元,实施统一的货币政策。《马约》关于政府财政状况的规定如下:

(1) 欧盟成员国在加入欧元区前一年的财政赤字不得超过当年 GDP 的 3%,除非出现以下两种情况:一是该比例(虽超过了 3%)正持续和大幅缩减到参照值;二是该比例(虽超过了 3%)仅是例外和暂时的情况,过去一直低于参照值。

(2) 公债占 GDP 的比重不得超过 60%,除非该比例正明显地下降或迅速地接近参照值。

本章小结

在开放经济条件下,一国的宏观经济政策难以单独充分发挥作用。实际上,当一国采取某种宏观经济政策时,其效果常常被其他国家相反的政策所抵消。而且,为避免"以邻为壑"政策的出现和稳定汇率,也需要加强各国经济政策的协调和配合。各国经济政策的有效协调,可以为各国带来潜在收益,提高各国的福利水平。国际经济政策协调的内容主要包括各国货币政策、财政政策和汇率政策的协调和配合。在当今世界经济中,国际货币基金组织以及西方的一些主要国家在国际政策协调中扮演了比较重要的角色,而欧洲联盟各成员国经济政策的协调是目前比较高级别的国际经济政策协调。

思考题

1. 举例说明何为"以邻为壑"的经济政策。
2. 试用传统的"囚徒困境"博弈模型说明进行国际经济政策协调的必要性。
3. 国际经济政策协调的内容有哪些?
4. 试述欧盟进行经济政策协调的实践。

第二十章　开放型世界经济建设中的经济全球化变局

在今天的经济全球化下，各国相互联系和依存日益加深，世界经济正在经历新一轮的调整、变革和发展。各国之间的联系日益密切，人类命运共同体在许多基本问题上越来越成为现实。与此同时，人类社会继续进步面临的问题与挑战也日益彰显，经济全球化进步的一面，不断遭遇逆全球化说法的抹黑，经济民粹主义抬头，世界经济增长的周期因素和非周期因素造成的不稳定性、不确定性风险有增无减，经济全球化前行的方向成为被讨论的热点。但总体来看，经济全球化是人类社会发展的客观历史进程和固有的内在规律，有起有伏很正常，毕竟是新时代的世界潮流。

经济史学家通常将1846年视为经济全球化的起始年代，那一年英国议会废除了《谷物法》，单方面、主动地实行了自由贸易政策。他们认为，170多年来经济全球化经历了三次高潮。第一波经济全球化高潮发生于1870—1914年，在第一次工业革命发生后，由于蒸汽机替代帆船、铁路的大规模建设、大机器生产普及等，提高了主要工业化国家的劳动生产率，促进了交通运输系统的发展，国与国之间的经济联系日益紧密，彼此的经济活动相互影响，国际经济关系已经成为工业国家经济增长的重要因素。因此，各国通过谈判降低关税壁垒，增加商品、资本和劳动诸要素的全球流动，使得第一次经济全球化得以迅速展开。第二波经济全球化出现于1950—1970年，第三次科技革命进一步推动了国际分工的深化，在国际货币基金组织和关贸总协定框架下，美元成为世界经济的计价与结算货币，世界贸易量大幅增长，资本的跨国流动促进了生产的国际化，以美欧日等发达国家为主开展了多边贸易自由化和投资便利化的谈判，进一步促进了国际贸易、生产的跨国化以及技术和产业的转移。第三波经济全球化发轫于20世纪80年代末，随着计算机和网络技术的发展，国与国之间出现了从未有过的紧密的经济联系，世界经济得到了快速的发展，贸易、金融、投资、技术、人员、服务在全世界流动频繁，不仅发达国家，发展中国家也纷纷参与或被卷入了国际经济分工，全球化势头得到了前所未有的扩张。虽然有着今天很多人谈及的"逆全球化"现象，但迄今全球化仍在逐步变革和发展之中。正如习近平2016年11月19日在亚太经合组织工商领导人峰会所述："总体而言，经济全球化符合经济规律，符合各方利益。同时，经济全球化是一把双刃剑，既为全球发展提供强劲动能，也带来一些新情况新挑战，需要认真面对。新一轮科技和产业革命正孕育兴起，国际分工体系加速演变，全球价值链深度重塑，这些都给经济全球化赋予新的内涵。"

第一节　经济全球化的概念与定义

1983 年,美国学者西奥多尔·莱维特(Theodre Levitt)在他的题为《市场全球化》(*The Globalization of Markets*)的文章中,首次提出了"全球化"的概念,认为全球化已然来临,不久之后全球性公司将在世界的每一个角落以同样的方式销售它们的商品与服务。随即这一术语在国际经济学、国际政治学和国际文化学中得到了普遍使用。

经济全球化迄今被认为有三次高潮,它是客观的历史过程。从马克思主义经济学角度来看,经济全球化的渐进发展过程,是世界经济中的一个非常重要的趋势,是社会生产力发展到一定水平,生产社会化和生产关系的自我调节,表现为社会在生产、分配、交换、消费各个环节的自我演进和扬弃,各种生产过程、生产关系和资本形态跨越国界的运动、运营。因此,经济全球化的本质是生产社会化和经济关系扩展化发展的客观趋势。

目前的经济全球化在曲折进展中发生着转型,为不同的全球化参与者提供着新的经济增长机会。在经济全球化的发展过程中,商品和生产要素的跨国流动是物质基础,最初是商品,然后是资本和劳动力的跨国流动,目前是各种要素的全面跨国流动。在经济全球化的进展中,科技、管理和数据要素的流动是非常重要的,在流动过程中促成了全球生产网络的形成和价值链、供应链的布局。因此,生产要素世界范围的流动,寻求最佳配置的过程是经济全球化含义的重要组成之一。随着经济全球化重要性的加强,世界贸易组织 1995 年报告指出:"对全球化的定义和描述,首先应着重'质'而不是'量'";1996 年联合国贸发会议召开一次题为"全球化与自由化"的讨论,会上对经济全球化定义如下:全球化是世界各国在经济上跨国界联系和相互依存日益加强的过程,运输、通讯和信息技术的迅速进步有力地促进了这一过程;1997 年联合国贸发会议报告指出:"全球化的概念即指货物和资源日益加强的跨国界流动,也指一套管理不断扩大的国际经济活动和交易网络的组织结构的出现","但今天的世界经济与超国家范式相距还很远,对现状较为恰当的描述是全球在经济上的相互依存,市场、生产和金融活动的跨国界联系已加强到如此地步,以至任何一国的经济都不能不受到国界以外的政策和经济发展的影响。"国际货币基金组织给经济全球化下的"权威"定义是:跨国商品、服务贸易及国际资本流动规模和形式的增加,以及技术广泛迅速传播使世界各国经济的相互依赖性增强。

至今,关于经济全球化的主流定义基本有三种:第一种是把经济全球化描述成生产要素在各国之间流动加快的趋势,以及各国经济联系日益紧密、相互依存和影响不断加深的过程。第二种是把经济全球化看成是由美国为首的西方发达资本主义国家主导的、对世界经济的支配和控制的过程,其本质是资本主义生产方式在全球的扩张。第三种观点认为，经济全球化的标志是在世界范围内建立共同遵守的经济规则，最突出的表现是市场经济规则在全球绝大多数国家得到推广。

我们认为，在考虑经济全球化定义时，由于世界经济不断发展，应该将它看成是一个动态的过程，强调参与国家的互相依存性与竞争性，而不应该将其认定为一种结果、一种制度或体系，这样可以为未来分析国际经济活动预留足够的理论空间。人们可以从三个方面来认识经济全球化的内涵：一是世界各国经贸投资联系的加强和相互依赖程度的日益提高，形成了全球价值链的分布；二是随着国际市场的形成和扩大，各国国内经济游戏规则逐渐趋于一致；三是国际经济协调机制强化，即各种多边或区域组织对世界经济的协调和约束作用越来越显现出来。经济全球化是各国在经济上相互依存不断加深、但竞争也在不断深化的历史过程；其突出表现为商品、资本、技术等要素的国际多边流动日益加强；其主要因素是信息革命以及贸易和金融的自由化，即技术创新与制度变革的深刻过程。

第二节　经济全球化的主要动因

一个国家经济运行的效率总会受到本国要素、资源种类以及它们的质量、数量以及市场规模与潜力的限制。但是要素、资源和市场供求形成全球化，便能使单一经济体在当前条件下最大限度摆脱要素、资源和市场对进一步发展的限制和约束。经济全球化，理论上可以实现生产在最适宜的地方、以最有利的条件展开，销售可以在最有利的市场来进行，达到世界经济中要素的最优配置和最终产品、服务的最优实现，提高经济效率、效益，使商品更符合消费者的需要。

世界经济的发展有其内在规律，经济全球化发展的动因大体被归结为以下几个方面：各国经济发展的客观要求是经济全球化的根本推动力；科学技术的进步，尤其是第三次工业革命为经济全球化提供了全新的物质基础；各经济体市场化经济体制改革大潮为经济全球化发展扫清了体制上的障碍，并为经济全球化的发展提供了基于市场经济相对一致的游戏规则环境；微观经济主体，主要是跨国公司的趋利动机，是推动经济全球化发展的基本动力；国际经济与其他方面的协调机制不断加强，成为经济全球化发展的重要条件；冷战后两极格局的结束为当时经济全球化的发展消除了人为障碍。随着世界经济格局的变化，新的经济全球化进一步前行，有了与过去不同的新动力。

一、各国经济发展的客观要求是经济全球化的根本推动力

马克思曾经指出："不断扩大产品销路的需要，驱使资本主义奔走于全球各地。它必须到处落户，到处开发，到处建立联系。"(见《共产党宣言》，人民出版社，1992 年 3 月第 2 版第 29 页)。客观上，在那个时代，各国都程度不同地存在着自然资源、资

本、劳动力、技术、市场等不足的矛盾，需要通过要素的跨国界流动实现资源的最优配置，通过国际分工和国际交换实现成本最小化生产，最终实现利润的最大化。在现实的世界经济中，生产的社会化不断扩大，能够提供的产品日益丰富，而人们的恩格尔系数却随着经济的发展，会出现逐步下降的趋势，这是一般的经济规律：人类追求美好生活是没有止境的，当满足基本刚性生活需求之后，必然在物质生活上有更高的多样化需求；当有形物质需求得到进一步满足之后，无形的、多元的服务需求便会提上人们追求生活质量的日程。在当代经济生活中，活在后工业化时代的人们，生活方式进行着革命，需求正在发生着全面的变化。随着新的一轮科技革命与工业革命的到来，社会生产力水平快速提升，人们消费需求加速升级，如果单纯依赖国内生产，不仅越来越受到国内资源和市场的限制，而且无法满足消费者日益多元化的物质及无形服务的需求。解决这些矛盾和问题，必须充分利用国际市场和资源，利用世界经济多元化的特点，这必然导致各国经济继续增长，在质、量、结构上的相互依赖性大大增强。

二、科技进步和工业革命为经济全球化提供深厚物质基础

人类发展历史上，每次科技革命的发生都带来了生产力发展的大飞跃和经济社会结构的剧烈变革。第一次工业革命之前，西方商业资本推动了大航海时代航线的发现，开始了各国经济的交往，世界经济渐渐出现了雏形。第一次工业革命，使得蒸汽机成为动力，形成了火车运输和轮船航海，海底电缆的铺设，促进了商业的跨大洲来往，世界经济终于成形。第二次工业革命，内燃机的大规模使用，无线电的问世，以及飞机的应用，掀起了全球化的一波高潮，世界经济得到了长足的发展。当前的经济全球化，就是 20 世纪后期以计算机技术进步、网络技术革命为核心的科技革命和第三次工业革命推动下的产物。据统计，1930—1990 年，国际空运的平均成本从每英里 68 美分降至 11 美分，纽约至伦敦 3 分钟的电话费从 244 美元降到 3 美元，目前仅要几个美分。而随着移动通信在全世界的迅速普及，通过互联网进行通信的成本对个人近乎为零。运输和通信成本的大幅度下降使得各种物质和信息在全球范围内的流动和交换成为可能，大大缩短了人与人之间绝对与相对的距离，促进了国际贸易和国际金融的发展。第三次工业革命将产业在全世界形成价值链、供应链和生产链，生产在最适合自己展开的地方最有效地运行，金融资本在资源配置中起到了极其巨大的作用，社会福利普遍得到提升，发展的可持续性得到了极大的重视。人类面临着第六次科技革命和第四次工业革命，生产力在这次革命中将会发生根本性变革，对于经济全球化必将会产生巨大的推动作用。第四次工业革命，将根本改变人在时间、空间中的地位，或是根本改变人类生存的时间、空间的绝对和相对状况，极大地降低交易成本，扩大交往范围，便利商品和资本的国际流动，促进各国经济的联系，从而加快经济全球化的进程。新工业革命已经能够看到的在新能源、新材料、人工智能、新交通、5G 应用、物联网、虚拟现实、远程医疗、金融运作等方面的进步，都会对经济进步和全

球化的进步产生作用和影响。例如,2020年春天在我国湖北出现COVID-19疫情,当世界卫生组织(WHO)的专家们到该省基层医疗单位考察,询问医生如何对患者进行诊断时,看到的是通过5G实时与外地三甲医院高级专家组共同诊断,新的科技成果正在全方位显现出它的作用。北京在疫情期间形成的互联网+的求医问诊、快递送药也发挥了应有的作用。这些科技革命的巨大进步和应用,都会为将来经济全球化朝着全新的方向演进提供新的物质基础。

三、世界各经济体市场化改革为经济全球化提供了制度基础

经济全球化宏观上有利于资源和生产要素在全球的流动与合理配置,是市场化的经济规律作用的必然结果。各国经济的发展,需要市场的微观主体——企业,进行符合经济规律的真正自主经营,根据自身经营和发展的需要,按最有利的条件生产、在最有利的地方销售。这必然要求各国政府尽量避免对宏观经济活动的人为限制,减少对企业经营活动的行政干预,为企业发展创造宽松的营商环境。20世纪70年代从东欧国家开始,各国都相继不同程度地走上了市场化改革的道路,更多的国家对国内市场开放和全球贸易投资自由化持积极态度。中国始自1978年的改革开放,大规模地掀起了市场取向的经济浪潮;此后在90年代后期,中国逐渐走上工业化的快速路,很快成为世界工厂,并促成了全球价值链的形成和发展。经济全球化促进着贸易、投资、金融、生产等活动在世界展开,它客观要求生产要素在全球范围内得到最佳配置,从根源上说是生产力和国际分工的高度发展,使生产、分配、交换、消费活动进一步跨越民族和国家疆界。这要求在经济运行时,规则应该大同小异,逐步趋同。20世纪80年代以来,传统的计划经济国家大多放弃计划经济体制,向市场配置资源、市场决定价格的经济体制过渡。发达国家也逐步摆脱了凯恩斯主义干预经济带来的滞胀局面,从而有了减弱国家对经济干预控制的条件,强调市场机制"看不见的手"的自发调节作用,在世界范围内,奠定了市场在经济中的主导地位。随着关贸总协定向世界贸易组织的转变,国际金融资本作用的大大加强,贸易金融自由化和投资自由化的进程不断加快,这些为国际资本的自由流动、国际贸易的空前扩大、国际生产的大规模进行提供了适宜、趋同的制度环境和政策条件,促进了一波经济全球化的大发展。

另外,20世纪90年代初,国际政治格局的急剧变迁是第三波经济全球化得以大发展的重要前提。苏联解体,苏联东欧军事联盟(华约组织)崩溃,经济联盟(经互会)解散,世界经济两个平行市场完结。冷战结束,两个阵营激烈的政治、军事对抗终结,国际政治发生了深刻的变化,朝着所谓"一超多强"和多极化趋势发展,追求和平与发展成为时代的潮流,世界关注的焦点开始放在满足需求和经济发展方面。与此同时,人们认识到经济安全、社会安定、生态环境已日益成为世界安全具有共性的重要问题,各国只有进行经济合作、寻求共同问题的解决,争取共享式发展,才能真正使得本国经济利益最大化。另外,发达国家与发展中国家对共谋和平与发展逐渐形成共识,

国与国之间经济的相互依存和相互渗透的程度不断加深，这为世界经济的发展提供了前提条件，也为经济全球化的发展提供了前所未有的环境。

我们认为，作为世界生产力发展、科技革命的产物和资源市场配置、经济规则趋同的结果，经济全球化具有客观必然性，是历史的潮流。但也应看到，全球化的进程总是伴随着国家利益与国家利益之间的矛盾、局部利益和整体利益的冲突等，这些矛盾和冲突经常会干扰整个经济全球化的进程，甚至在一定阶段出现所谓"逆全球化"也在所难免。从一定的理论和实践角度来看，"全球化"从经济理论分析，促进了利润在全球区域平均化的分配，降低了发达国家在获取全球化利益中一枝独大的地位，触动了资本的核心利益，是对资本争取最大经济利益回报的现实挑战。发达国家在全球化中不愿与世界其他国家分享更多的利益，也不愿承担应有的责任，希望对现有的经济全球化重塑新规则，通过有利于自己的游戏规则谋取更多好处。2008—2009 年由美国的次贷危机引发的金融风暴席卷全球，世界各国经济遭到重创，经济衰退使世界经济发展放缓，由此引发了金融、生态、政治危机，世界经济出现纷争状态。与此同时，也出现了全球化进程导致的全球化赢家与输家的民粹性提法。如果把全球化看作一个动态的进程，如果存在着"现代化输家"，那应该是指在经济、社会、文化与政治持续变迁过程中出现的，不适应现代化进程，原有地位和声誉受到影响并遭受社会排斥的群体和传统既有经济受益的群体，这些群体表现出反全球化的态度。今天，世界经济领域确实存在的全球增长动能不足、全球经济治理滞后、全球发展失衡、增长的经济利益分配不公、世界的资源生态无以为继等突出矛盾，并且一直由于方方面面的矛盾，没有办法得到根本解决，但我们认为，逆全球化的存在是对现有全球化进程的反思，经济全球化在曲折中继续前进的趋势是不会发生根本性改变的。

第三节　经济全球化运行的主要内容与特点

从历史到今天，经济全球化可以从商品、资本、生产、技术、服务的跨国快速流动和扩散，以及跨国公司实力的极度强化等内容进行分析探讨。它的主要内容包括：国际贸易数量和结构的迅猛发展和变化，国际贸易是世界经济发展的重要动力；国际金融的跨国天量交易，其数量大大超过了传统经济的总规模；来源和去向多元化的国际直接、间接投资迅速增长，格局特点已经完全不同于过去；生产国际化，使得跨国公司的设立遍及世界各地，成为世界经济运行的主导力量，跨国的贸易、投资行为已经越来越多地成为跨国公司内部的运营过程；为协调国际经济正常有序的运行，在发达国家主导下，国际经济组织，尤其是国际货币基金组织（IMF）、世界银行（World Bank）和世界贸易组织（WTO）的建立，力图使世界经济体系和制度按照发达国家的安排运行，也是经济全球化得以发展的重要因素。

一、国际贸易数量和结构的迅猛发展和变化

国际贸易是各国经济联系中一个古老和最基本的纽带。当社会分工发展，生产的各个环节实行的劳动分工和产品分工向国际范围扩展时，便会产生国际分工，国际分工是国际贸易和世界市场的基础。基于当代国际分工迅速发展，国际贸易高速增长，1980—2016 年，世界商品贸易的平均增长速度为 4.7%，规模日益扩大，结构发生巨大变化，在各国经济发展中的作用越来越重要，成为拉动世界经济增长的重要因素。

据世贸组织统计，经过多个回合的谈判，WTO 成员的平均关税由 1948 年的 40%降至世贸组织成立后 1997 年的 4%(发达国家的平均关税税率不得超过 5%，发展中国家的平均关税税率为 11%)，发展中国家的贸易依存度已从 1970 年的不足 20%达到 1998 年的 38%。2016 年从出口角度计算的世界贸易总额达 20.77 万亿美元，相当于 1980 年的 8.5 倍。2006—2016 年，世界商品贸易的增长为 32%，服务贸易则增长了 64%。从大趋势来分析，第三次工业革命以来，世界贸易的增长速度在正常情况下是超过世界生产总产值增长速度的，服务贸易的增长速度又超过商品贸易的增长速度。世界贸易的商品结构发生着重要的变化，新商品大量涌现，制成品、半制成品，特别是机器和运输设备及其零部件、中间产品的贸易增长速度加快，占比加大；在制成品贸易中，非耐用品的比重下降，而资本货物、高科技办公用品所占的比重上升。世界石油以外的初级产品在国际贸易中所占的比重下降，但军火贸易增长迅速。

随着科技的发展，国际间交易的产品已经从传统的有形商品扩展到技术、专利、Know-how、金融服务等无形贸易领域。近几年，出现了 EDI(电子数据交换)、e-business(电子商务)等便利快捷的网络化国际贸易手段和平台，促进贸易顺利开展的贸易便利化措施，以及更顺畅的贸易结算过程，这些都对国际贸易的方方面面产生了根本性影响。

近年来，尤其是 2008—2009 年美国次贷危机引发的世界经济持续下行和低位徘徊，贸易紧张局势加剧，各国经济增长增速放缓压力和凸显的消极因素交织，全球贸易陷入疲软态势。在单边主义和保护主义抬头、中美贸易摩擦升级、世界贸易组织陷入改革纷争、英国脱欧后不确定性凸显、非关税壁垒措施激增、大宗商品依赖度加重、数字经济发展不均衡、地缘政治局势紧张和气候、环境危机迫近等复杂多变的形势下，国际贸易负重前行，国际贸易纠纷随着全球化进程速度的放缓和逆全球化的出现，国家之间的贸易摩擦愈加频繁，增长承压。2020 年春，随着 COVID-19 疫情在全世界的蔓延，表明世界仍然是有难同当的命运共同体，但是世界贸易的增长受到了巨大的压力，再次呈现出负增长的现实可能性。

二、生产全球化的展开与跨国公司大发展

生产的全球化是指大规模的跨国直接投资导致资源在世界范围进行配置，全球生产分工体系的形成，生产在最适合的地方进行，达到成本低、流通好的状态。与当代国际贸易相比，国际直接投资的发展更为迅猛。据联合国贸发会议统计，在20世纪末，2000年时国际直接投资流入量为1.27万亿美元，是1980年的22倍，国际直接投资(FDI)占世界各国同期国内投资的比重由2.3%提高到22%。2016年，国际直接投资额达到1.75万亿美元，存量为26.7万亿美元。

跨国公司是国际直接投资和生产全球化的主要载体，它通过构建全球生产网络，将研发、生产、采购、销售和服务等活动配置到全球。2017年，全球约10余万家跨国公司，86万多家分支，占据着全球生产总量的一半以上、全球商品出口总量的近一半、全球跨国投资的九成、全球技术交易总量的八成多。许多国际贸易和投资实际是跨国公司设在不同国家的分公司之间的贸易和投资。跨国公司是世界经济全球化的主要微观载体，作为当今世界经济中集生产、贸易、投资、金融、技术开发和转移于一体的经营实体，是世界经济全球化的主要体现者。近20年来，伴随着第三波经济全球化的展开，跨国公司迅猛发展。以全球战略为出发点的跨国公司，以利润最大化为目的，以争夺全球市场份额为目标，以在世界各地展开生产经营活动为手段，带动了商品、资本、技术和服务在各国间的流动，极大地促进了生产和资本的国际化。特别是近几年，跨国公司大量从事兼并与收购，建立了多种形式的跨国公司战略联盟，再加上交易内部化保护知识产权，以及跨国公司本地化经营战略，有力地推动了经济全球化的发展。在第四次工业革命的条件下，跨国公司在生产活动、产业链的构建、供应链的掌控、全球布局等方面的新动态，非常值得关注。

三、金融全球化迅速推进贸易和投资的全球化

金融全球化迅速推进贸易和投资的全球化，进而推动了经济全球化的大发展。

金融全球化是经济全球化的重要组成部分，主要表现为金融市场全球化、金融交易全球化、金融机构布局全球化和金融监管的国际化。第二次、第三次工业革命使得金融资本依靠游戏规则统一了世界经济，将世界经济活动提升到了前所未有的水平。计算机和通信技术的进步，提供了即时、低成本处理大规模金融交易的技术手段，特别是网络技术革命，使得国际市场之金融信息传递的物理距离几乎为零，世界范围的资金调动和交易结算瞬间即可完成，而KYC(Know Your Customer)平台使得金融机构对于客户和其业务有了透明的了解，为金融国际化提供了强大的技术基础。值得一提的是，中国的互联网金融交易规模目前居世界第一位。从20世纪80年代初开始，主要工业化国家相继放松金融管制，实施金融自由化措施，在利率市场化、放宽市场准入和营业限制方面进行改革，并进行了各种的金融创新。发展中国家也在一定程度上推进金融深化，开放金融，引入新的金融工具。各经济体金融市场化、自由

化取向的改革，使得各国金融监管体系和制度发生了根本变化，形成了金融走向全球化所需要的新游戏规则，为金融全球化提供了相应的制度基础。20 世纪 60 年代末，世界掀起金融创新浪潮，使得新型金融机构、新型的有形与无形金融市场、新的金融交易工具层出不穷。例如，跨国银行、离岸市场以及各种金融衍生工具等不断涌现，成为金融国际化不同于传统金融工具的新的有效载体。

在这样的情况下，世界的跨国贷款、跨国证券发行、跨国金融交易、跨国债务交易以及跨国衍生品业务等跨国金融业务大幅度增长，世界金融机构的并购也得到了长足发展。随着金融全球化的进展，世界级金融中心不断涌现，其中“纽伦港”居于绝对领军地位，纽伦港是“纽约、伦敦和香港”的合称，是全球最重要的三座金融城市。《时代》周刊首次提出这个名词时曾写道，“纽伦港”的金融网足以主导全球经济。

四、科技全球化与全球科技资源大流动

科技全球化是指科技研发资源在世界范围内的优化配置，研发活动全球布局，全球管理，研发成果能够广泛共享，这是近年来经济全球化中最新的发展领域。首先是研发能力的大规模跨国布局、转移和交易。据联合国统计，20 世纪 70 年代中期世界技术贸易总额只有 110 亿美元，到了 90 年代中期骤增到 4 000 亿美元，而 2016 年涉及技术的并购就达到 8 000 亿美元，尽管金额数字并不说明一切，但却可以从一个侧面反映出科技跨界展开的情况。其次是跨国界联合研发广泛存在。例如，欧盟著名的尤里卡计划自 1985 年提出后，到 2000 年先后有 25 个欧洲国家的 4 000 多家企业和科研单位参加，目前该计划已扩大到巴西等发展中国家。再次是外部技术来源对企业的重要性增加，在 1992—2001 年的 10 年间，美国、日本和欧洲跨国公司高度依赖外部技术资源的企业的比重，从平均不到 20%迅速上升到 80%以上，同时正在逐步扩大海外研发的比重。

此外，各国技术标准越来越趋同，甚至由世界相关的协会统一制定，特别是信息技术产业表现得最明显。在全球生产网络和价值链上，研发与生产巨头通过技术标准和专利的使用，控制和左右着行业的发展，获取大量的利润进而反哺科技研发，推进标准专利进步，真可谓体现了“得标准者得天下”的道理。

世界专利制度的统一和知识产权的保护也有力地促进了科学技术全球化的进程。发达国家积极推进知识产权保护和专利制度普及，例如，2001 年的“专利合作协议”制度改革；2004 年对专利法条约（PLT）与实质性专利法（SPLT）进行协调，统一各国专利制度内容，并在世界贸易组织中强力推行知识产权保护；专利制度国际一体化授权的制度协调，加之知识产权的强力保护，最终可能会出现全球专利制度的统一规则。

我们认为，无处不在的科技合作全球化首先是人类发展的共同需要和产物。今天人类在经济社会发展中需要共同面对生态承载力（如资源枯竭、气候变暖、生物多样性丧失等）的挑战，世界也需要共同应对重大疾病（如 COVID－19）、粮食安全等威

胁。越来越多并且日趋严峻的全球重大问题正在给人类的生存、发展、追求美好生活提出严峻挑战，这些无法躲避的挑战只能由全人类共同面对，共同探讨解决的办法。

五、国际经济协调机制的不断强化

为解决各国经济联系日益密切过程中产生的复杂矛盾和摩擦，国际经济协调机制也逐步建立和完善起来。国际经济协调是指在各个国际组织或国家之间，就宏观经济政策，如财政政策、货币政策、产业政策、贸易政策、投资政策等开展协调，共同进行逆周期调整，平抑经济风险，实现世界经济和各国经济的稳定增长。世界经济协调机制包括的范围更广泛，目前主要包括全球多边和区域两个层面，既包括了全球范围的多边经济行为协调，也包括区域经济活动的协调；既包括由世界性经济机构所进行的国际经济协调，如国际货币基金组织、世界贸易组织安排的多边协调，也包括由主要国家和地区进行的国际经济协调，如西方发达国家政府首脑和部长定期举行的对全球经济有重大影响的协调行动，等等。

目前多边经济治理结构中起主要作用的世界贸易组织、国际货币基金组织和世界银行，它们被称为当代世界经济的“三大支柱”。世界贸易组织和国际货币基金组织分别是世界贸易和世界金融领域的多边协调机构，而世界银行的主要职能则是促进发展中国家的经济发展和协调南北经济关系。

从经济全球化的维度看，国际经济协调机制，是在以下几个方面促进经济全球化发展的：一是通过协调鼓励世界范围内各个经济体进行市场化取向的改革，促成世界范围内市场机制的广泛建立，为经济全球化的推进创造制度条件；二是通过协调促进了世界范围的科技进步和生产力水平的提高，为经济全球化提供根本的动力；三是通过协调推进了国际金融的发展，国际金融机构、金融交易、金融工具等更加现代化，使得经济全球化深入发展具有了强有力的催化剂；四是通过协调使得跨国公司蓬勃发展，成为推动经济全球化的微观主体，它们的全球性经营活动，带动了贸易、资本、科技等的进一步国际化；五是通过协调为经济全球化创造有利的国际政治和社会环境，和平与发展成为时代的主题。

第四节　经济全球化格局下的中国与其他国家的定位

在经济全球化下，一个国家或地区的经济，总是在一定的内部条件和外部环境的基础上建立、发展起来的，外部经济环境的演变及其结果的传导，不仅左右着一个国家或地区的经济发展战略的制定，在很大程度上也决定着一个国家与地区未来的经济发展结果。一个经济体融入经济全球化可以获得经济利益，但同时也有可能因此付出相应的代价。由于世界经济发展的不平衡性，以及国际经济关系的基础是参与者之间的利益平衡，因此，判别参与世界经济和开放程度的标准应该是，参与世界经济并进行开放获得的利益必须大于不参与或少参与，若参与世界经济和进行开放客观存在着必然的负面影响的话，则参与世界经济或进行开放造成的损失必须小于不参与或少参与，否则便不是经济上的“合乎理性”。

在经济全球化的现实大环境中，有的国家或地区从它们的内部条件和实际情况出发，只能是国际政治经济事件的单纯接受者；有的国家或地区从其内部条件、世界情况和对外联系出发，则除了具有接受者的身份外，还具有国际政治经济事件的制造者和引领者的身份。因此在国际经济环境中这类国家和地区除了被动参与一面之外，更具有主动参与引领的一面，它们在国际经济中的地位与表现、行为与反应、动机与结果，就需要从被动参与和主动参与引领两个方面进行探讨。世界的若干经济大国由于其所具备的各种内部条件以及基于利益的与外部的各种联系，显然属于应予以探讨的后者。

经济全球化演进到 21 世纪，人们发现自己所处的世界发生了巨大的翻转。美国成了世界唯一的超级大国，虚张声势的星球大战计划和倾尽全力支持的新思维搞垮了最大的对手苏联，在新科学技术的基础上建立了美国自己的所谓新经济的结构，海湾战争的胜利确立了美国在世界上的政治霸权地位，而东南亚金融风暴又使得它盆满钵满赚到手软，同时确立了在世界经济中的绝对控制地位。伴随着高科技在美国的进展，这一经济地位在 21 世纪前 10 年，尽管有“9・11”事件发生，并没有受到来自其他国家的根本挑战。

苏联的解体使俄罗斯得以恢复，内部种种矛盾的爆发，使得这一昔日的超级大国在经济发展上的转型举步维艰，已经从过去的一流强国沦落为具有巨大潜力的大国，对于世界经济的影响明显下降。“给我 20 年，还你一个强大的俄罗斯”，总统普京的话言犹在耳，但迅速复兴并不容易，当然作为世界科技、军事、资源的强国，俄罗斯确实具有再次复兴的机会与再次强大的可能。

日本从 20 世纪 80 年代的经济顶峰急剧下滑，由于房地产泡沫作怪，90 年代陷入困境，金融领域问题频出，经济结构进行着调整，面对经济全球化的浪潮，安倍“三支箭”的改革开始迈出了步伐，取得了一些成效。

中国继续保持人口超级大国的地位，与此同时，中国在改革开放的 40 年间维持了高速经济增长率（年均增长速度达到 9.4%），已经成为经济总量世界第二位、制造业附加价值第一位、进出口额第一位的经济大国。按照中共十九大部署的三个发展时间节点，目前已经完成 2020 年全面建成小康社会目标，通过第十四个五年规划，为 2035 年基本实现社会主义现代化打下坚实基础。

欧洲经济一体化的巨大发展，是近 20 年来世界经济一个具有划时代的大事件，经济一体化发展到了经济货币联盟阶段。但是欧盟自美国次贷危机引发的世界金融危机之后，经济复苏乏力，竞争力相对下降，南欧“欧猪”主权债务危机、乌克兰的政治危机、英国彻底脱欧、民粹主义风起、难民危机、俄罗斯的安全挑战以及美国对传统盟友体系的有意破坏等，2020 年春出现的 COVID - 19 疫情，更是对欧洲经济一体化施加了重大压力。这些矛盾既对欧洲经济一体化继续向前发展的基础及一体化机制造成了严峻挑战，同时也触动、改变甚至破坏了欧盟已有的对外经贸关系的地缘格局。尽管存在着种种矛盾和困难，但如今欧盟仍然继续保持着世界经济中举足轻重的地位，而且对于多边化的开放有着较为坚定的立场。

考虑到世界经济史上一波一波的全球化高潮之间，存在着各个国家经济地位的相对变化，也存在着世界经济滑向低谷的必然，各国经济和全球化应该是波浪式前进的，会随着经济周期出现潮起潮落，很难说在世界经济滑向谷底，就一定是全球化的根本逆转。某些国家的相对败落，应该是在进行相应的调整，使之更符合世界经济发展的客观要求，可以被看成是在积蓄下一次发展的力量，等待下一次发力的时机。目前经济全球化的进程事实上并没有出现根本逆转，而只是表现形式与过去有所不同。在新的科技革命下，经济全球化的重要表现之一是由商品和资本等有形资产的国际流动逐步转向技术、信息、服务等无形要素的国际多边流动，而且趋势日益加强，如果再考虑到承载这些诸多要素的平台的出现、全球价值链的伸展、游戏规则的深刻变化（如在无形网络中的知识产权的传导），对于全球化的全然迥异的看法，就需要通过更为全面的分析才能够找出具有规律性的联系来。

第五节　开放世界经济中经济全球化发展的新动向

始于20世纪80年代的这一轮经济全球化，学者大多总结为具有科技进步推动、跨国公司先行、美国主导以及发达国家引领、新兴经济体参与的特点。它塑造了过去半个多世纪的开放世界经济格局。然而，随着世界经济动力从供给到需求的弱化，至今并无新亮点的事实，这一轮全球化增长势头已经逐渐减弱，尤其是2008—2009年由美国次贷危机引发的世界金融危机，世界经济进入新常态，加速了全球化进程进入相对的低谷时期。

在当今的世界中，贸易保护主义抬头，金融的全球监管在各国趋紧，区域经济一体化机制出现裂隙和离心化（最显著的例子是英国脱欧和欧盟成员国中的民粹主义抬头）。英国前首相布朗撰文称，全球化机遇已经成为“全球化危机”，“全球化幻想已经破灭”，出现了“逆全球化的过程”。各种争论的出现，使人们认识到世界经济发生了变化，经济全球化出现了新的演进，并酝酿着不同于过去的转型，新的演进和转型主要表现在以下几个方面。

(1) 促成经济全球化的动力没有发生逆转，但却产生了不同于过去的变化。

首先，开放条件下的世界经济供求关系在改变。在全球化发端的时代，各国程度不同地存在着自然资源、资本、劳动力、技术不足的矛盾，这种量的不足，需要通过要素的跨国界流动实现资源的最优配置，通过国际分工和国际交换实现成本最小化生产，最终实现利润的最大化。在面临着新科技革命和工业革命的当代经济生活中，生产力和消费需求多元化水平空前提高，仅仅依赖国内生产，不仅越来越受到国内资源结构和要素市场层次的限制，也无法满足消费者更加多样性的需求。解决这些矛盾和问题，必须更进一步地充分利用国际市场和资源，这必然导致各国经济的相互依赖性大大增强。这一客观进程并没有发生逆转，世界开展互联互通的要求没有逆转，只是矛盾的主导从供给不足(量)，转变为供给与需求结构的(质和结构)错位，不均衡不充分。

其次，正在酝酿的科学技术跃升式进步，将为经济全球化提供不同于过去的物质基础和新动能。近代人类发展的历史上，科技革命、工业革命的发生都会带来世界经济的巨变。目前，人们公认世界处在第六次科技革命、第四次工业革命的前夕，酝酿着生产力的巨大跃升。可以预见，以移动互联网、大数据、云计算、量子计算、量子通讯、物联网、网络金融、区块链等新技术、新经济模式，尤其是未来以人工智能、生命科学、新能源革命、储能进步、新材料为主要方向的新工业革命，将把世界经济更加紧密地联系在一起，科技创新与进步，倒逼世界经济必须互通互联，你中有我、我中有你的趋势无法改变。交通的进步、信息的互通、各种网络已经把世界变成为地球村，环球同此凉热，面对着人们所说的第六次科技革命、第四次工业革命的来临，未来的科技革命将取得突破性进展，人类自身将成为科技革命的对象，与生存的时空的关系会发生革命性变革，经济全球化也会随之产生新的进程和特点。

再次，全球价值链的发展为经济全球化提供着新的生产和市场基础。经济全球化的微观主体——跨国企业，根据自身经营和发展的需要，按最有效的方法在全球配置资源、从事生产、进行销售，这形成了全球价值链。全球价值链促进了资本和企业进一步的跨国流动，生产在世界范围的布局，世界市场的扩张，也必然客观要求各国政府尽量为各个国家在自家国土上发展的企业创造宽松的发展环境，使得各国经济运行原则普遍趋同。另外，全球服务贸易的长足发展，其自由化的客观推进，服务于世界经济的新商业模式的出现，区块链形成的新信用体系，数字货币的通行等等，都为经济全球化的纵深进展和横向拓宽构建了新的载体，开辟了新的视角。经济全球化将会具有发展的新物质基础。

(2) 随着经济全球化的发展，人们对于它所带来的影响与作用的体会在逐渐深化，这使得世界对于经济全球化从质到结构的层面出现了一些新的认识。

首先，人们对于全球化的可持续性产生了新的认识，这可以综合为全球范围经济发展的可持续性、社会发展的可持续性和环境可持续性。在 20 世纪 80 年代末，伴随着经济全球化的浪潮，世界经济转轨在许多国家并行展开，经济活动迅速脱实入虚，使得金融全球化在发达国家得到了迅猛发展，实体“硬”经济纷纷转移到了其他新兴的国家和经济体。进入 21 世纪，尤其是美国次贷危机后，世界经济在反思中再次转轨，发达国家均在强调“再工业化”，全球出现了脱虚入实的新趋势。伴随着新的技术进步在不同国家的运用，带来了传统就业一定程度的相对减少，“铁领”和所谓“红脖子”工人的岗位出现实质性的减少，人们误认为这些现象都是全球化带来的后果。次贷危机后，全球范围内资本和劳动的收益差距不断扩大，又使得人们认为这种差距扩大是经济全球化在收入分配中的倾向性作用使然。世界金融资本的全球化运作给世界经济稳定带来巨大风险，全球的社会与环境赤字越来越严重。与此同时，尽管新兴经济体和发展中国家连续数年成为世界经济增量的主要贡献者，2016 年新兴市场和发展中国家对世界经济的新增长贡献超过四分之三，例如中国对于世界经济新增长的贡献率一直在三成左右，但它们在世界利益的分配格局和治理结构中仍处于弱势群体的地位，世界经济的天平；并没有向这种经济增量贡献倾斜，形成了人们对于现行经济全球化国际格局，尤其是收入分配和话语权的格局产生了巨大的质疑。正是在这样的情况下，随着经济全球化理论和实践的发展，人们开始在各个层面更加注重全球化的深层次影响，经济全球化必须能够使世界经济发展可持续，各国的社会发展可持续，以及世界的环境可持续，逐渐成为共识，这些将在未来的全球化发展中，成为新的趋势，逐渐取代过去全球化被诟病的造成世界贫富差距的加大，世界环境的破坏，以及收益与受损的失衡。

其次，经济全球化造成了世界各个国家在世界经济中定位的变化，人们对于经济全球化的格局有了新的认识与理解。中国对于经济全球化所倡导的共商、共建、共享及合作、发展、共赢正在逐步成为新时代经济全球化的重要方向，在维持原有的世界经济传统供求平衡循环的同时，正在逐步形成在新的物质基础上的供求平衡循环。现代化大生产超越国界，造成世界范围内的新的分工、交换，产生要素的流动和配置，并以此为基础扩大了国际贸易、国际金融、投资和生产，形成了全球产业链和价值链，进而形成了由科技进步推动、金融资本主导、跨国公司先行、美国及发达国家引领、新型经济体快速发展的经济全球化的利益格局。随着第四次工业革命的来临和经济全球化的进一步发展，上述格局将会产生变化，过去那种新兴经济体低成本创新，大规模生产，低利润追求与世界市场份额扩大并举的变化过程，以及中国制造、美欧消费的供求平衡循环，造成了世界经济的失衡，产生了诸多矛盾：一些发达国家和新兴市场经济国家（尤其是中国）之间巨额的贸易差额和服务贸易差额之间的失衡，使得一些主要经济体的经常账户存在着不可持续性，贸易保护主义抬头；世界经济失衡的另一个重要表现也日益明显，那就是伴随欧美国家国际收支逆差的加大，发达国家出现了私人债务国家化，国家债务国际化，利用其在国际金融领域中的强势，将国家债务向发展中国家转移。全球化的进程中出现了国内民众不同群体之间的利益矛盾、国与国之间各方面利益的矛盾、民族国家经济利益和世界经济整体利益的矛盾。这催生了人们对于经济全球化的再思考：全球化趋势将会以一种什么样的新特征继续下去，这种新特征的主要表现是什么，如何在加强全球化的同时，注意世界经济格局的动态变化，在利益分配上有所改进，不同国家将立足本国实际，在经济主权与经济发展之间重新做出权衡，并付诸行动。

第六节 世界价值链格局变化的全球化意义

马克思曾经说过，生产工具的变革是划分生产力不同发展阶段的标志。从生产力的角度分析，人类历史上具有标识性的里程碑，总是和生产力的变革结合在一起的，四大发明不仅是古代中国繁荣昌盛的骄傲，而且是全人类的文明进步；国际互联网的建立，则使得美国人从“汽车轮子上的民族”跃进为“网络上的民族”，进而借助经济全球化过程，意在将世界“一网打尽”。发达国家与发展中国家经济结构存在着的差异确定了它们各自在经济全球化中的位置，在这样的情况下，形成了全球价值链的分布与不同国家在经济全球化中分工格局和利益格局中的不同地位，任何国家或经济体要想彻底改变在世界生产链、供应链、价值链的地位，就必须能够将先进生产力引入到自己的生产体系中。

在经济结构转换的分析中，经济结构的差异决定着不同国家和地区在经济全球化中的位置，高一个层次的产业结构几乎可以完全控制低一个层次的产业结构，或主导世界经济的方向，这就如同 19 世纪资本主义的大英帝国可以打败封建主义的中华帝国，20 世纪帝国主义的英国可以打败民族主义的阿根廷（这两次战争时代不同，但两次战争都是为数有限的远征军打败坐守本土的国家），美国的计算机、网络、金融创新、人工智能的出现一样具有这样的作用和影响。在现实的经济运行中，低一个层次结构中的机械设备，在高一个层次的产业结构的眼中，大抵只能属于废铁和原料。产业结构从原始的采摘开始，到加工，再到加工他人原料，继而提供加工的标准、工艺、市场规则，最后是出售人的想法，如电影、软件。人们一直都在讲，美国发明了半导体的生产，但却在规模生产上败给了日本人甚至韩国人，市场也让给了日本人或者韩国人，并认定这是美国在产业上的失败与悲剧。但却很少有人换一个逆向角度来分析：在高技术时代，半导体仅仅是一种原料和中间产品，完全受到高技术发展趋势的左右，美国人有什么理由不去让日本人、韩国人生产这种投资大、产品率低的“原料”，而自己集中全力去发展 IT 产业，以向芯片中凝结高智力产品，以金融运作为武器，居高临下地控制后者的产成品在市场中的实现，同时去发展更具方向意义的人工智能呢？2018 年开始的中美贸易战，美方对中兴实行制裁，所谓“一剑封喉”就体现了这一点。从某个角度看，中兴在产业链上仍然是一个打工者的身份，而美国则掌握着产业链的命运。另外，由于产品生命周期过程的加速，产品的无形损耗日益加大，加工出来的产品很可能在短时间内就已经成为过时的压库负担了，计算机从 386、486、586 到奔 3、奔 4 的迅速发展，到今天的超薄本、iPad，直至智能 G4、G5 手机，非常有力地说明了这一进程，谁生产这些硬件产品，无形损耗便由谁承担，美国则脱身去做其他更有“意义”的生产，至少目前，在苹果手机、网络、AI 控制上，仍然没有国家能够与之争锋。见微知著，是否可以认为，今天全球价值链有这样一种趋势：高技术的微型(如芯片)无形(软件)产业最终将控制有形的标准化的规模制造产业,具有了研发、制定游戏规则的权力,在产业链上就是“链主(Chain Governor or Leader)”。以知识为基础的经济体现在AI(人工智能)、IT(信息技术)、BT(生命科学)、MT(材料技术)、AT(空间技术)、OT(海洋技术)、金融创新(FI)及新能源技术中。它们左右着世界经济的发展方向,而美国及发达国家在这方面则体现着先行的特点,中国等新兴经济体具有后发的特点,使得它们在经济全球化中的地位发生变化,也可以从上述的探讨中得到部分的说明。

日本曾经是东亚地区技术的重要供给者,这也是它在本地区强大的基础,但是在20世纪90年代,它自身失去了调整的方向,已经不是世界原创技术的重要来源地,近年来随着经济的转型,情况有所好转,但却失去了对于世界技术要素流动方向的控制,加之它很少能大量吸纳亚太本地区的产出,于是日本经济地位在亚太本地区的相对下降便成为定局。美国和中国的情况正好相反,美国是当今世界经济中唯一从根本上既可以控制生产要素流动方向,又可以控制经济产出流动方向的国家,加上前面提到的强大的创新能力,奠定了它在世界经济中的地位。中国以世界第二的经济总量,大量吸纳世界的要素和产出,加工能力和地位也在不断提升,对于世界要素与产出流向的影响力在日益增强。

20世纪90年代以来,东欧、北非、中东的动荡,造成大量资金流入美国,为美国提供了廉价的货币资本,又因为美国良好的基础设施和科研设备,大量的代表着科技、经济未来的高技术人才也纷纷流向美国,美国实际是在利用世界的资金、他人的头脑,形成科技领先,获取全面的利益。另外,在今天的世界贸易中,从贸易盈余和赤字出发来进行分析,世界主要贸易国家,如日本、中国、欧盟、拉美贸易均是盈余,只有美国是赤字。换一个角度人们可以认为,美国是世界上商品的最后实现者和吸纳者,在经济学中,只有贸易逆差才真正占有他人的资源(请读者从这个角度想想美国对全世界发起的贸易保护行为),正是在这样的意义上,美国在世界范围内控制着要素(尤其是高科技人才)的流动方向,也控制着商品实现的流动方向。国外高质量要素的流入,一方面提高了美国的科技竞争力,压低了原本高昂的要素成本,另一方面,世界产出的大规模流入则进一步增强了竞争,刺激了技术的进步,而廉价商品的流入又能够进一步压低要素的成本压力,提高美国产业的全球竞争力。

在世界经济中有能力控制要素和产出的流向,事实上就有可能控制住他人经济的发展方向,甚至是社会发展的方向。试想美国如果不再吸纳东亚生产的商品,将会导致东亚商品的大量过剩,如果不能自我消化,这将引发经济之外的社会问题,如严重的失业和收入下降。在经济上控制要素的流向,可能会导致更加严重的后果。如果将问题仅仅局限于经济运转,可以看到的是,每年大量的其他国家的学者、留学生从世界各地流向美国,不仅带去了凝结在这些学者、留学生身上各国已经支付的人力资本,而且带去了未来美国产业创新的生力军,这是经济增长和结构转换最根本的要素,是未来新生产力的创造者,控制了这种要素的流动方向,也就控制了未来经济创新的机会、方向与可能，左右了未来世界经济方向的根本趋势。应该承认的是，美国在上述这些方面的控制力量到目前为止，即便是欧盟或某些方面具优势的中国，均无法与之匹敌。这也是它至今仍然非常强大的又一个重要原因。

总之，美国今天仍然是经济全球化中方向的主导者，它以高新技术创新为基础，以控制世界资源的流向和经济产出的流向为手段，以游戏规则的制定者保证自己在世界经济中的根本利益，因而与美国反经济全球化人士说的相反，它是已有全球化进程最大的利益获得者。

我们认为，在现行的世界经济中，国际经济关系的有序总比无序要好得多，新国际经济秩序的基础是旧秩序，二者的转换与替代将是明显的改良过程的累积，是一个渐进的量变到质变的过程，而转换绝非人们善良意志的使然，它是利益与实力妥协的结果。高新技术的开发与使用，第四次工业革命的来临，需要有强大的研发能力和经济实力作为后盾，因此发达国家在新科技革命、新工业革命的诞生和应用中占据着绝对的、先手的垄断地位。伴随这一现象而来的是，高新技术所需要的规则、标准、协议暂时仍然由发达国家制定，发展中国家只能是这些规则、标准、协议的接受者，而非制定甚至不是参与者。从根本上讲，对于规则、标准、协议的控制，是更高层次的控制，不仅控制了今天的生产过程，而且控制了明天，控制了未来发展的趋势。在高科技领域中发展中国家的从属地位本来就极其明显，规则、标准和协议由发达国家制定，使得技术的层次愈高，这种从属性就愈强，从属的持续时间也愈长，因之丧失的利益就愈多，这种“中心-外围”结构的后果，对于发展中国家经济发展的影响是非常大、非常重要的，甚至在未来也是极其关键的。美国今天的制造业，很大程度上不是造硬件产品，而是在创新、制造标准、制定规则，是全过程的服务商，以其强大的创新能力、标准制定、品牌优势，让新兴工业化国家加工、组装美国品牌的产品（IBM、CISCO 都是这样运营的），标准、品牌是美国的资源，他人按照美国的标准从事生产和提供服务，是美国当今“推销”标准、规则这种无形“产品”的表现，是经济力量的表现之一。

发展中国家在确定自己经济目标时，自觉不自觉地总是把“发达国家的今天作为自己的明天”来奋斗，事实上，发达国家过去那种以人的生活舒适为中心，以资源大规模耗费为基础，以破坏自然为代价的生活方式，实在不是广大发展中国家所应该、所能够仿效的。发展中国家，或者说人类在 21 世纪，应该对于经济发展的目标和我们梦寐以求的生活方式进行反思，尝试着为自己，为后代摸索出新的可持续的经济发展目标和战略，尝试着创造出一种舒适但可持续的生活方式来。在现实中，生活方式对于社会生活潜移默化的影响，是深远而且超越意识形态的（这是内心追求与外界灌输的差异），它所具有的不可逆性，很可能给一国的社会经济发展进程带来出乎人们意料的影响。如果承认这一点，应该说发达国家的今天，不应该成为发展中国家的明天，在谈论高新技术的作用时，发展中国家对于这点实在是需要注意的，未来的生活方式一定要在社会福利普遍提高的基础上，具有可持续性。这是经济全球化共商、共建、共享，朝着更加开放、包容、普惠、平衡、共赢的方向发展的必需。

美国诺贝尔经济学奖获得者、哥伦比亚大学教授、世界银行前副行长约·斯蒂格利兹也一再提出,高新科技与高质量、低报酬劳动力的结合将是中国未来强大的一个重要的基础,这种结合在世界上只有中国能够做到。2000 年诺贝尔经济学奖获得者、美国哥伦比亚大学教授罗伯特·蒙代尔教授,在中国人民大学授予他名誉博士学位的演讲中,非常强调中国必须在看到地区经济合作的同时,作为世界性的国家,需要更加重视世界经济全局性的动态。应该讲,中国在未来世界经济中只有、也只能这样定位才符合中国经济发展的根本目标。国际货币基金组织、亚洲开发银行的多位经济学家反复强调,在经济全球化的条件下,中国和美国的地位是很特殊的,必须合作才能够使世界受益。根据经济全球化、世界产业结构转移的一般状况进行分析,到 21 世纪中叶,中国完成社会主义现代化强国的建设后,将真正成为世界的研发中心、世界最大的产品供给者之一、世界最大的消费国家,并成为拉动世界经济最重要的火车头,也将承担起经济全球化正常运行中应该承担的责任,与全世界同舟共济,促进贸易和投资自由化、便利化,推动经济全球化朝着更加开放、包容、普惠、平衡、共赢的方向发展。

本章小结

经济全球化是人类社会发展的客观历史过程和固有的内在规律,是各国在经济上相互依存不断加深,竞争不断深化的历史过程。各国经济发展的客观要求是经济全球化的动力,各国科学技术进步和工业革命为经济全球化提供了最深厚的物质基础,各经济体市场化取向的改革为经济全球化提供了制度基础。经济全球化运行的主要特点:一是国际贸易数量和结构的迅猛发展和变化;二是生产全球化的展开;三是跨国公司的大发展;四是金融全球化迅速推进贸易和投资的全球化,进而推动了经济全球化的大发展;五是科技全球化与全球科技资源大流动;六是国际经济协调机制的不断强化。经济全球化中美国确立了它在世界经济中的绝对控制地位,俄罗斯对世界经济的影响力明显下降,日本经济问题比较多,中国成为全球第二大经济体。目前促成经济全球化的动力没有发生逆转,但产生了不同于过去的变化。

随着经济全球化的发展,人们对于它带来的影响和作用的体会在逐渐深化,这使得世界对经济全球化出现了一些新的认识。在经济全球化中,发达国家与发展中国家经济结构存在差异,确定了他们各自在经济全球化中的位置。在这样的情况下,形成了全球价值链的分布与不同国家在经济全球化分工格局和利益格局中的不同地位。任何国家或经济体想要彻底改变在世界生产链、供应链、价值链中的地位,就必须将先进的生产力引入到自己的生产体系中。

思考题

1. 经济全球化的主要特征是什么？
2. 简述经济全球化的主要动因。
3. 简述经济全球化运行的主要特点。
4. 当今经济全球化的新动向是什么？
5. 简述经济全球化下的全球价值链分工特点。

参考文献

[1] (美)多米尼克·萨尔瓦多. 国际经济学:第 12 版[M]. 北京:清华大学出版社,2019.

[2] (美)保罗·R·克鲁格曼,茅瑞斯·奥伯斯法尔德. 国际经济学:理论与政策:第 11 版[M]. 北京:中国人民大学出版,2016.

[3] 李坤望. 国际经济学:第 4 版[M]. 北京:高等教育出版社,2017.

[4] 黄卫平,彭刚. 国际经济学教程:第 3 版[M]. 北京:中国人民大学出版社,2019.

[5] 海闻,P·林德特,王新奎. 国际贸易[M]. 上海:上海人民出版社,2012.

[6] 黄卫平,彭刚. 新时代中国推动建设开放型世界经济研究. 研究阐释党的十九大精神国家社科基金专项项目研究报告[R]. 北京:中国人民大学经济学院,2020.

[7] 朴贤玉. 产业内部贸易理论及实证分析[J]. 财经研究,2001(9):19-24.

[8] Antras P, Helpman E. Global sourcing[J]. Journal of Political Economy, 2004, 112 (3): 552-580.

[9] Aw B Y, Roberts M J, Xu D Y. R&D investments, exporting and the evolution of firm productivity[J]. American Economic Review, 2008, 98(2): 451-456.

[10] Bernard A B, Jensen J B, Eaton J, et al. Plants and Productivity in International Trade[J]. American Economic Review, 2003, 93(4):1268-1290.

[11] Bernard A B, Jensen J B, Redding S J, et al. Firms in international trade[J]. The Journal of Economic Perspectives, 2007, 21(3):105-130.

[12] Bernard A B, Redding S J, et al. Products and productivity[J]. The Scandinavian Journal of Economics, 2009, 111(4):681-709.

[13] Eaton J, Kortum S, Kramarz F. An Anatomy of International Trade: Evidence from French Firms[J]. Econometrica, 2011, 79(5).

[14] Falvey R, Greenaway D, Yu Z. Extending the Melitz Model to Asymmetric Countries[J]. SSRN Electronic Journal, 2006, 29(279):368-373.

[15] Frías J A, Kaplan D S, Verhoogen E A. Exports and wage premia: Evidence from Mexican employer-employee data[R]. Citeseer, 2009.

[16] Heckscher E F. The Effect of Foreign Trade on the Distribution of Income [J]. Ekonomisk Tidskrift, 1919(21).

[17] Helpman E. Increasing returns, imperfect markets and trade theory[M]// Jones R W, Kenen P B. Handbook of international economics. Amsterdam: North Holland, 1984:325-365.

[18] Helpman E, Krugman P. Market structure and foreign trade: Increasing returns, imperfect competition and the international economy[M]. Cambridge Mass: MIT Press, 1987.

[19] Helpman E, Melitz M, Rubinstein Y. Trading partners and trading volumes [D]. Cambridge Mass: Harvard University, 2004.

[20] Jones W. A three factor model in theory, trade and history[M]// J N B . Trade, Balance of Payments and Growth: Essays in Honor of Charles P Kindleberger. Amsterdam: North Holland, 1971:3-22.

[21] Kugler M, Verhoogen E. Plants and imported inputs: New facts and an interpretation[J]. American Economic Review, 2009, 99(2):501-507.

[22] Melitz M. The impact of trade on aggregate industry productivity and intra-industry reallocation[J]. Econometrica, 2003, 71(6):1695-1725.

[23] Melitz M J, Ottaviano G I P . Market Size, Trade and Productivity[J]. The Review of Economic Studies, 2008, 75(3):985-985.

[24] Mun T. England's Treasure by Foreign Trade (Reprinted)[M]. Oxford: Basil Blackwell, 1928.

[25] Ohlin B. Interregional and International Trade[M]. Cambridge Mass: Harvard University Press, 1983.

[26] Ricardo D. The Principles of Political Economy and Taxation[M]. Homewood Ill: Irwin, 1963.

[27] Salvatore D. Microeconomics: Theory and Applications[M]. New York: Oxford University Press, 2003.

[28] Samuelson P A. International Factor-price Equalisation Once Again[J]. The Economic Journal, 1949, 59(234):181-197.

[29] Samuelson, P A J T E J. International Trade and the Equalisation of Factor Prices[J]. The Economic Journal, 1948, 58(230):163-184.

[30] Smith A. The Wealth of Nations[M]. New York: The Modern Library, 1937.

[31] Stolper W F, Samuelson P A. Protection and real wages[J]. The Review of Economic Studies, 1941, 9(1):58-73.

[32] Yeaple S R. A simple model of firm heterogeneity, international trade and wages[J]. Journal of International Economics, 2005, 65(1):1-20.